1950~1970년대 중고등학교 교지 소재 발굴 문헌 자료집

정경은

1950~1970년대

중고등학교 교지 소재 발굴 문헌 자료집

정경은

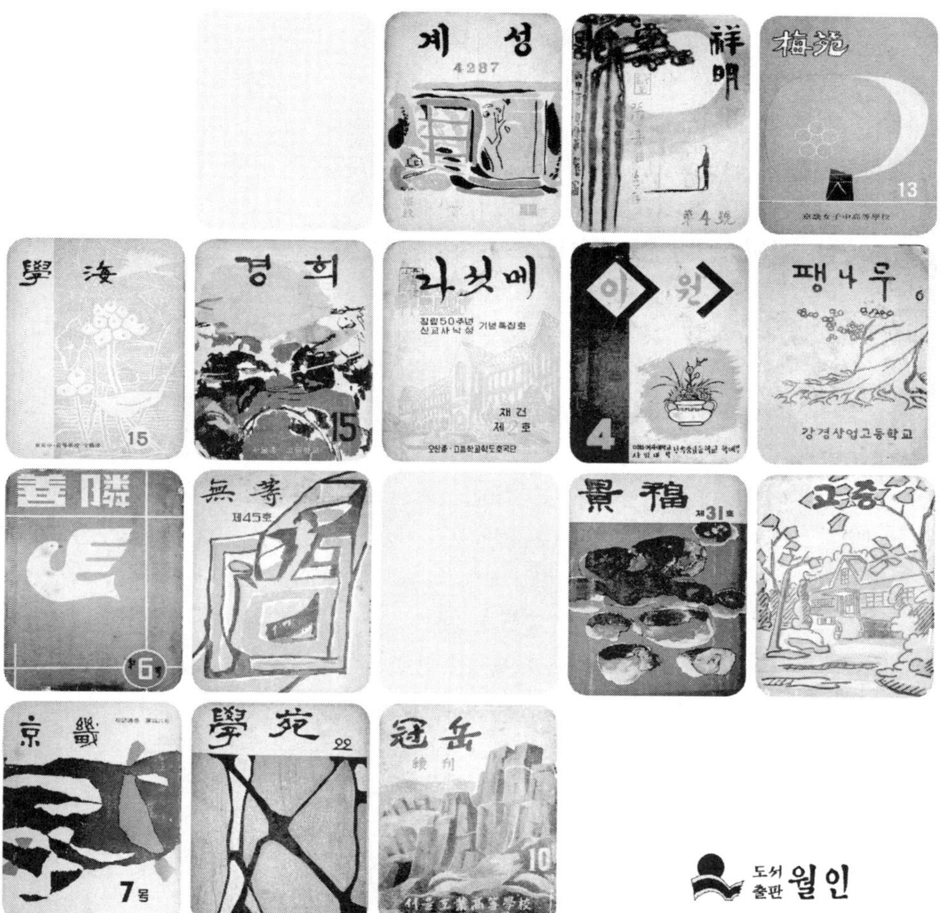

도서출판 월인

목차

3장. 1960년대 중고등학교 교지 소재 문헌 발굴자료관

4장. 1970년대 중고등학교 교지 소재 문헌 발굴자료관

일러두기

- 서지사항, 글쓴이의 직책이나 학년 표시는 교지편집자가 표기한 그대로 표시하였다.
- 중학교와 고등학교가 같이 있는 경우, 중고등학교로 표기하였다.
- 시를 제외한 모든 산문은 부분 인용이다. 인용문 중간의 '…' 표시는 저자가 임의로 생략한 부분이다.
- 서지사항을 밝히지 않은 경우는 뒷장이 파손되었거나, 교지편집자가 밝히지 않은 경우이다.
- 그림자료의 경우 긴 산문은 첫 페이지만 제시하였다.
- 신문이나 잡지, 교지와 같은 간행물은 〈 〉, 시나 글의 제목은 「 」, 단행본은 『 』으로 표기하였다.
- 뒤의 참고문헌에 제시한 교지를 모두 점검한 후, 발굴 문헌이 있는 교지만 중심으로 다루었다.
- 학교나 인명이 반복되는 경우, 앞에 한 번만 설명하였다.

서문

한국의 중학교와 고등학교에는 문예반 혹은 학예부라는 동아리가 있어서 학교 차원의 문예활동을 담당한다. 문인을 초청하여 문학 강연이나 좌담회를 개최하기도 하며, 문학의 밤이나 시 낭송의 밤 등을 주관한다. 문예부는 이러한 활동을 통해 학생들이 문학에 관심을 가질 수 있도록 하였다. 특히 교지를 발간해서 학생들에게 문예창작의 공간을 제공한다. 학생들은 시와 소설 그리고 산문과 논문을 투고했고, 이 가운데 적지 않은 학생들이 졸업 후 전국 문단 혹은 지방 문단에서 유명 무명으로 문학 활동을 이어간다.

교지(校誌)란 각 학교의 이름으로 발간한 간행물을 이른다. 1955년 무렵까지 학생들은 교지보다는 '교우지'라는 말을 사용했다. 대부분 졸업기념호 혹은 개교기념호로 발간하였다. 교지 발간은 해방 전 고등보통학교 시절부터 시작한 전통이다. 해방 전부터 발간한 교지는 〈휘문〉, 〈경기〉, 〈배재학보〉, 〈이고〉, 〈배화〉, 〈계우〉, 〈정신〉, 〈신흥〉, 〈일광〉, 〈상학계〉, 〈게자씨〉 등이다.

일 년에 한 권 이상, 한 종류의 교지를 발간하는 것이 일반적이지만 간혹 여러 종의 발간물을 내는 학교도 있었다. 경기중고등학교의 경우 〈경기〉 외에 〈화계(花桂)〉, 〈일엽주〉, 〈송탑〉, 〈홍현〉, 〈경기지광〉, 〈경기문단〉, 〈경기학보〉, 〈문예경기〉, 〈망양〉, 〈경기주보〉, 〈주간경기〉, 〈백선〉, 〈Kyunggi Times〉, 〈중학경기〉 등의 발간물이 있었다. 경신중고등학교는 문예지 〈성화〉와 교지 〈경신〉이 있었으며, 대전고등학교에는 문예지 〈석란〉과 교우지 〈한모〉가 있었고, 이화여자중고등학교에는 〈이고〉, 〈거울〉, 〈배꽃〉 등의 교지가 있었다. 경복중고등학교의 1950~60년대 교지명은 〈학원〉이었으며 1960년 발간한 〈학원〉22호의 부제는 '문예지 제2호'이다. 그리고 1970년대 교지명은 〈경복〉31(1970)이며 부제는 '종합지 제29호'이다. 교지 특집을 '문예지'와 '종합호'로 나누어 호수를 따로 구분했으며, 교지명은 바뀌었지만 발간 호수는 유지했음을 알 수 있다. 그리고 1957년 발간한 서울상업고등학교의 〈백악〉10호는 '문학특집'이라는 부제가 있다. 이처럼 교지는 문예지, 교우지, 종합호 등 교지발간의 목적이나 성격에 따라 다르게 내용을 구성했다.

교지 편집과 발간은 문예부(문예반)나 학생회 학예부 등에 속한 학생들이 주도하였으며 담당하는 선생이 있었다. 「편집후기」를 보면 교지 발간에 시간과 노력이 많이 들기 때문에 학업에 지장을 주었다는 내용이 많다. 편집회의, 구성, 원고청탁, 원고 수합, 편집, 인쇄, 배포 등 발간 과정이 쉽지 않기 때문이다. 전국 중고등학교를 대상으로 실시했던 교지공모전도 있었다. 거창대성중·종합고등학교 교지 〈호반〉13호(1972)의 1971년도 중요행사 항목을 보면, '6월 29일 교지 우수상 상패 및 상품 반납식(건대 주최)이 있었다.'는 기사가 있다. 그리고 중동중고등학교 교지 〈중동〉21호(1975)에 '중동저널' 항목의 '교지 최고 대상 획득 – 전국교지 콘테스트에서'와 같은 기사에서 당시 교지 콘테스트가 있었음을 알 수 있다. 중동 편집부는 '본교 교지 제20집이 중앙일보사 주최로 열린 제2회 전국 중고등학교 교지 콘테스트에서 1회에 이어 영예의 최고 대상을 획득했다…148개교가 참가…아마추어답지 않은 세련된 편집기술과, 수준 이상의 주제를 학생들의 힘으로 소화했다는 점을 높이 평가'받았다고 밝힌다. 아래 사진은 〈계성〉21호(1964)에 실린 것으로, '1963년도 서울대

학 신문사 주최 전국 중·고교 간행물대회에서 입상한 〈계성〉20호 편집고문과 위원'이라는 설명이 있다.

이렇게 교지가 중고등학창시절에 차지하는 분량이 적지 않지만 교지의 목록을 파악하거나 통사적 분석, 교지 소재 글들을 분석하고 연구한 결과는 거의 없다. 이에 필자는 1950~1970년대 발간된 중고등학교 교지를 연구하였다. 이 시기는 해방 전의 문화가 전쟁으로 단절되고, 새롭게 정치, 경제, 문화의 변화가 시작된 시기이며, 현대 한국문화의 기본을 이루는 대중문화가 시작되었으며 한국 민주화 과정에서 중요한 시기이기 때문이다.

1장

1950~1970년대 중고등학교 교지 개관

1. 교지의 시대적 의의

1950년대 전쟁과 복구, 1960년대 정치의 격변, 1970년대 권위주의 통치 과정 중에도 학생들은 정치, 경제, 교육과 같은 공식적인 문화에 대해 한 자아로서의 세계관, 사회관, 철학관, 문학예술관, 교육관 등 특유의 세계를 형성하였다. 이와 같은, 학생을 중심에 둔 모든 것을 아우르는 용어로 필자는 '학생계'라는 단어를 선택하였다. 학생들이 편집하고 글을 썼기 때문에 교지에는 학생들의 생각과 고민, 관심과 문화가 압축되어 있으며, 매해 발간되기 때문에 당대적이라고 볼 수 있다. 그러므로 1950년대 이후의 학생계를 이해하는 자료로 교지에 필적할 만한 텍스트는 없을 것으로 생각된다.

예를 들면, 교지는 매해 발행되기 때문에 그해의 유행, 언어, 사조 등을 첨예하게 반영한다. 담임선생을 '담탱이' 등의 은어로 부르는 이들은 주로 중고등학생들이며, 여기에는 기성세대에 대한 인식, 자신들만의 문화가 압축되어 있다. 1959년 부산고등학교에서 발간한 〈청조〉9호에는 '은어조사' 항목이 있다. 그리고 1975년 상명여자사범대학 부속여자고등학교에서 발간한 〈상원〉2호 편집부는 '여학생과 은어' 특집을 한 항목으로 구성한다. 이 글에 따르면 '허위 자백서'는 답안지, '인생강의실'은 술집, '4.8호 작전'은 컨닝 작전, '나 혼자만의 고통'은 성적표, '산업 예비군'은 재수생, '흐르지 않는 강'은 휴강, '거시기'는 남학생, '7분도 미'는 어벙한 남학생, '구름 과자'는 담배, '가봉'은 선보러 가는 것, '고무신 극장'은 동시 상영 극장, '고시공부'는 만화책이나 잡지 읽는 일, '꼰대'는 아버지나 선생님 혹은 웃어른을 비꼬아서 하는 말, '대대거리다'는 횡설수설하다, '다나까'는 바람둥이의 은어이다. 현재는 공식 단어 같은 '꼰대'가 70년대 은어였음을 알 수 있다. 이는 당대 학생들의 은어 파악과 더불어 현대 은어까지 변천사 연구에 도움을 줄 수 있을 것이다. 이와 같은 자료들로 학생계의 다양한 담론들이 어떻게 교지에 반영 혹은 재현 또는 변모하는가를 알 수 있다.

현재 1970년대 이전의 정기간행물 자료를 구하기는 쉽지 않다. 잡지의 경우 대중물이며 매월 발간되기 때문에 다음 달에는 가치를 상실하고 폐기해 버리는 경우가 대다수이다. 한해 한 번 발간되며 '비매품'이기 때문에 일반인들은 구할 수 없는 교지는 더욱 그러하다. 각 학교를 중심으로 배포되고 관련 인물들이 각자 소장하다가 어느 시기, 즉 1980년대 초까지 학교에서는 매달 폐품을 수집하였기에 여기에 섞여 버려지기도 했을 것이다. 해당 학교도서관에도 소장되지 않은 경우가 많다. 이 책의 말미에 있는 참고문헌에서 확인할 수 있는 1950년대 중고등학교 교지는 1955년 고등학교가 311개였던 것에 비해 많지 않다. 그리고 다른 해에 비해 1979년도 교지도 많지 않다. 교지는 연말과 연시, 즉 1979년 말과 1980년 초에 발간되는데 당시 대통령사망사건 등 어수선한 분위기로 인해, 교지를 발행할 만한 여력이 부족했던 것이 아닌가 추측해 볼 수 있다. 이 시점에서 자료를 확보하고 보존하지 않으면 다음 세기에는 자료가 더 희귀해질 가능성이 있다. 1970년대 이전의 원전자료를 보존, 연구해야 하는 이유이다.

해방 전과 해방공간의 교지는 선행연구를 통해 목록과 소재가 파악되었지만, 1950년대 이후의 중고등학교 교지는 확인 및 목차정리나 연구가 거의 없다. 교지 가운데 〈경기〉가 1920년대부터, 〈휘문〉이 1930년대부터, 〈배재〉, 〈경복〉, 〈숙명〉이 1940년대부터, 〈경희〉, 〈문봉〉, 〈학해〉, 〈한모〉, 〈청학〉이 1945년 즈음에, 〈중동〉이 1950년대 초에 발간한 교지이다. 발간의 역사가 오래된 만큼 학생계 담론의 변모양상을 통사적으로 파악하는 것은 필수적이다. 〈매원〉속간호는 1955년에 발간했지만 '6·25동란에 첫 순이 꺾이더니 다섯 해 만에 겨우 새움이 다시 텄다'고 밝힌 '권두언'에서 1950년에 1집이 나왔고 1955년에 2집에 나왔기에 '속간'이라고 호수를 정한 것을 알 수 있다. 이 말에 의하면 다른 교지들도 전쟁으로 인해 3년에서 4년 정도 공백기가 있었을 것이다. 이러한 이유로 1950년대에서 1970년대 각 학교에서 발간한 교지들의 명칭과 호수 파악 그리고 발굴 문헌을 다룬 본 책은 다음 학생계 연구를 위한 한 자료가 될 수 있을 것이다

2. 교지 구성의 특성

교지는 문학특집호인 경우를 제외하고는 '화보', '권두언', '논단(논문)', '특집', '문단(문원)', '소식'(학교행사, 학교의 역사소개, 근황, 좌담회, 앙케이트, 특별활동), '선배의 글', '탐방', '번역', '초대의 글', '기타'(광고, 사진, 만화) 등의 항목으로 구분한다. 주된 저자는 학생들이며 이 외에 교사, 문인, 사회저명인사, 동문 등을 초대해서 글을 싣는다. 이들의 글을 통해서 학생들의 관심사와 문화가 어떠한 방식으로 글에 반영되는지 알 수 있다. 교지에 초대한 인물은 편집에 참여한 학생과 교사가 선택하기 때문에 어떤 인물을 초대했는가에서 학생들이 선호한 인물은 누구인지, 이들이 학생들의 문학이나 사상에 영향을 미쳤는지, 이들은 어떠한 특성을 보이며 학생들의 세계관과 어떤 연관을 갖는지 살필 수 있다. 기성문인의 학생시절 글을 통해서는 전체 작품세계와 어떤 변별력과 어떤 특성을 공유하는지, 어떤 영향을 미쳤는지, 습작기 작품이 전집에 실렸는지, 개작되었는지 등을 알 수 있다.

1) 권두언, 축사(축시), 격려사

교지는 '격려사', '축사', '권두언'류의 글로 시작한다. 권두언류의 저자는 교장, 교감, 사친회, 자모회(학부형), 육성회, 동창회장, 학자, 변호사, 대학교수, 정치계 인사, 지역단체장들이며 내용의 주된 키워드는 '문화창조', '청년', '전통', '인내', '창조', '지성' 등이다. '교장선생님 같은 말씀'이라는 표현이 있을 정도로 정식, 정법, 규칙을 강조하기 때문에 대부분의 글이 「빛나는 역사의 전통의 역군이 되자」(《매원》속간, 1955), 「국난극복의 기수가 되자」(《인수봉》4, 1979)와 같은 '하자'체, 그리고 「창조하는 지성인이 되라」(《청구》10, 1966), 「작은 일에 충실하라」(《경희》27, 1978)와 같은 '되라'체 종결구를 가진다. 이들의 글을 통해 기성세대가 학생들에게 어떤 바람을 가졌는지 알 수 있다. 중고등학교 교지임에도 대학교수, 정치인 등의 글이 적지 않다. 이는 다음 장에서 세밀히 살필 것이다.

2) 특집, 논단

교지는 '논단'과 '특집'으로 항목을 나누는데, 논단은 학생논단, 교사논단, 기고논단(외부인사)으로 구성한다. 논단과 특집의 주제는 인물(사상, 학문), 예술, 정부의 사상교양사업, 학생들의 인식 등으로 나눌 수 있다. 논단과 특집은 다양한 인물들을 다루는데, 한국의 인물 중 가장 많이 논의되는 이는 군사정권의 사업과 연관된 충무공 이순신이다. 충무공 다음으로는 도산 안창호 관련 글이 많다. 그리고 문인을 제외한 한국의 인물들 가운데 수운선생, 신경준, 황진이, 위당, 균여대사, 선덕여왕, 안정복, 포은의 어머니, 허준, 여장부 부랑, 김홍도, 문명왕후, 정인홍, 신사임당, 정유 박제가, 난고 김병연, 퇴계 이황, 김홍도, 이중섭, 원효대사, 김대건, 신채호, 최현배 등을 주로 언급한다. 논단이나 특집에서 논의되는 외국의 인물들은 사상가의 빈도가 높다. 인물 특집을 통해 당시 학생계가 관심을 가졌던 해외석학, 사상의 동향 등을 확인할 수 있다.

교지의 특집과 논단은 문학을 가장 많이 언급하고, 이외에 미술, 음악, 영화, 연극, 만화, 사진에 관한 글들을 다수 볼 수 있다. 그 가운데서도 음악과 미술에 관한 글이 특히 많다. 시기별로 1950년대는 예술에 관한 글이 부족하며, 1960년대는 「현대미술을 둘러싼 여러 소리」나 「엥포르멜 회화」 등 미술 관련 글이 많다. 그리고 외국음악 관련 글이 더 많다. 그러나 1970년대는 「국악감상에 관한 연구」, 「한국음악의 발달과정」, 「국악의 현 위치」와 같은 한국음악 관련 글이 더 많다. 그리고 예술의 경우 외국에 편중되지 않고 한국의 민요나 국악에도 관심을 가지고 있으며, 조형과 회화, 한국과 일본, 과거와 현대 등 다양한 논의를 다룬다.

논단과 특집은 1950년대에서 1970년대 정부가 주도한 민족국가 성립, 국가발전, 근(현)대화, 교육, 여성 계몽 등 사상교양 사업이 학교 교육에 수용되는 양상을 보여준다. 특히 1970년대는 호국, 충효, 반공, 계몽(절약, 자연보호)과 같은 주제를 국시로 학교 차원에서 웅변대회, 백일장, 그림대회를 개최하였고, 교지에는 유신정책, 새마을운동, 충효정신, 반공, 통일 등의 주제가 주를 이룬다.

대학교 교지에는 없는 웅변원고는 1950~1970년대 중고등학교 교지의 특징이다. 학교마다 '교내웅변대회' '교내 외국어 웅변대회'를 개최하였으며, '대통령배 웅변대회'가 있을 정도로 국가가 지원한 시책 중 하나이다. 이는 웅변의 제목인 「국난에 처한 학도의 사명」, 「시국과 여성」, 「학도의 사명」, 「바다는 부른다 청년학도를」, 「참다운 애국자가 되려면」, 「색출하자 간첩」, 「분노의 포탄」, 「급행열차 통일호」, 「총화단결」, 「총화의 몽둥이로 통일을」, 「멸공의 길」, 「총화단결로 국난을 극복하자」 등에서 알 수 있다. 웅변은 정부 시책인 호국사상, 반공 등의 영향을 받아 당대 현실과 연관되며 계몽적이라는 특징을 보인다.

그리고 논단에는 「국민교육헌장과 충무정신」, 「동방의 등불 이순신」, 「충무공과 개미」, 「호국학도의 결의」, 「조국은 우리의 결속을 요구한다」 같은 현충사의 성역화나 이순신 성웅화와 관련한 '이순신', '충효', '호국'의 글들과, '자매부대를 다녀와서', '해양훈련', '조국순례 대행진'과 같은 정부시책과 관련된 글이 빠지지 않는다. 정권과 교육이 긴밀한 시대였음을 알 수 있다. 1972년 대전고등학교에서 발간한 〈한모〉22호를 보면 '지난 4월 27일 육군통신학교와 자매결연식을 거행하고 전교생이 열병 및 분열식이 있었다.' 라는 기사와 '작년 박대통령의 비상사태 선언 이후 본교는 교사 옥상에 대공사격대를 설치했으며 매월 민방공 방화 훈련을 실시하여 온다.' 같은 기사에서 학교에 무기를 설치했던 상황도 확인할 수 있다.

학생들은 「고교생의 고민」, 「나의 주장」, 「대화의 광장」, 「젊은 세대의 정신구조」, 「젊음의 제언」과 같은 특집과 논단을 마련하여 학업, 우정, 이성 교제, 선생님, 종교, 규율, 두발과 교복 자율화와 같은 주제를 발언한다. 학창생활에서 학업 외에 특별활동 혹은 서클활동은 중요한 활동 중의 하나이다. 학교마다 문예반(문예부), 도서반, 방송반, 규율반, 적십자반, 사진반, 위생반, 소녀단, 미술반, RCY, 생물반, 정구반, 부기반, 밴드만, 진학지도실, MRA, 산악반, 영어회화반, 웅변반, 체육부, 야구부, 정구부, 음악부, 바벨반, 적십자반, 영농부, 경진부 등의 동아리가 있었음을 교지를 통해 확인할 수 있다.

3) 창작

교지에는 시, 소설, 수필, 희곡 등으로 구성된 '창작문예란'(문원, 문단)이 있다. 당대 문화가 학생계에 수용되는 양상에서 '논단'과 '특집'이 공식적이라면 창작문학은 개인적 측면이 강하기 때문에 학생계의 내면의식을 반영하는 자료이다. 이 가운데 독특한 글이나 장르명으로는 '사화(詞華)'(〈청조〉9, 1959), 건축에 관계된 글의 항목인 '서사'(〈다섯매〉2, 1957), 제주도 여행기인 '무용담'(〈쌍수〉2, 1957) 등이 있다.

문학작품은 해당 학교의 교사나 학생들의 작품, 문인이 학생 시절 백일장이나 공모전에서 수상하거나 투고한 글, 문인이 선배로서 기고한 글, 기성문인의 초대 시, 소설, 에세이(편지, 일기) 등을 포함한다. 시는 교지에 실은 장르 중 가장 편수가 많다. 시를 규정하는 항목은 시원, 시단(詩壇), 시림(詩林), 시의 숲 등 다양하다. 이 가운데 〈청학〉26호(1977)에 「죽은 나무 꽃 피우기」라는 제목의 '담시' 장르는 김지하의 담시 「오적」이 1970년에 발표되었으므로 이와 연관된 것으로 보인다. 시조는 대부분 서정적 소재이며, 1970년대는 민족성 강조의 시기임에도 거의 시조창작이 없다는 것이 특이하다.

서사문학은 무시하지 못할 분량으로서 당시 학생들의 창작에 대한 열정과 관심을 알 수 있다. 대부분의 교지가 소설을 '창작'이라고 명칭한다. 이외 소설 분류 항목이 교지마다 다르다. 소설창작과 구분된 '꽁트' 항목이 있는데 장편(掌篇)이라고 지칭하며, 원고지 10장에서 20매 내외의 짧은 소설로서 한 페이지 분량이다. 극 계통의 글도 적지 않은 편수의 희곡과 시나리오를 싣는다. 1974년 무학여자중학교에서 발간한 교지 〈백학〉4호에는 교내 학습 코메디 발표회에서 발표한 극본 「다 같이 새마을 운동에 참가합시다」를 실었다.

수필, 기행문, 일기, 서간문 등은 개인 서사이기 때문에 학생들의 내면 파악에 자료가 되며, 학교나 가정의 일상과 관련되기 때문에 당대 학생들의 고민, 친구관, 부모관 등을 파악할 수 있다. 기행문에는 여행, 행사, 수련회, 수학여행, 방문기 등을 포함한다. 대부분이 국내기행으로 경주와 제주도와 설악산이 가장 많다. 그리고 절(갑사, 고란사, 동학사, 수덕사, 해인사), 산(계룡산, 속리산), 바다(남해, 동해, 만리포, 삼천포), 섬(원산도, 작약도, 어청도) 등이 기행의 대상이었으며, 「서울 여행」(〈은원〉2, 1964), 「희망의 서울」(〈신흥〉15, 1972)과 같은 서울 기행도 보인다. 1970년대는 '조국순례 기행'이 많은 부분을 차지한다. 한국에 여행자율화가 실시된 것은 1980년대이지만, 해외여행기가 보이는데, 주로 '경기고', '경기여고', '오산고', '배재고', '서울고' 등 서울지역 명문고의 교사와 학생들은 미국, 대만, 스웨덴, 뉴질랜드, 일본, 하와이, 베트남, 아프리카, 영국, 독일, 말레이시아(연도순 배열) 등을 다녀왔으며, 미국과 일본이 많은 부분을 차지한다. 1971년 발간한 경희여자고등학교의 교지 〈녹황〉9호를 보면 외국여행이 자유롭지 않은 시기이지만 교사 문인숙은 자유중국을 그리고 1학년 이해옥은 일본을 다녀온다.

> 중화민국 정부에서 건국 60주년 기념 청소년 활동 대회에 문화교류를 위하여 한중협회에서 모든 일에 적극 협조해준 덕택에 한국민속 무용 방문단의 단원은 8월 25일부터 8월 31까지
>
> – 문인숙(교사), 「자유중국을 다녀와서」, 〈녹황〉9, 경희여자고등학교, 1971, 90~93.

> 사람들은 일본이 이만큼 부유한 나라가 된 중요 원인이 일본 여자들이 애쓴 덕이라고… 성실성과 검소함… 우리는 왜 다른 나라에 뒤떨어지는 것일까. 왜 서로 미워하고 투기하는 풍조가 생겨나는 것일까
>
> – 이해옥(1년), 「일본 여행을 마치고」, 〈녹황〉9, 경희여자고등학교, 1971, 94~95.

그리고 '해외로 뻗는 경희' 항목에 '해마다 본교 학생들을 해외로 유학을 보내어 교위선양 및 문화교류에 숨은 꿈을 아끼지 않는 유학생들이 그간의 생활과 이국에서의 생활을 알려 온 편지 몇 장을 모았습니다.'라는 구성 의도를 밝히고 Golden Eagle고교, Ellinwood고교, Palisades고교, St.Monica고교, Vistule 고교에서 보낸 경희여고 학생들의 편지를 실었다. 1971년 경기여자중

고등학교에서 발간한 〈매원〉15호를 보면 '보고'항목에 고등학교 2학년 길선미의 1970년 7월 25일 Girl 창립 60주년 기념으로 일본 동경을 다녀온 「C.S 일본 캠핑」과 고3 김현경의 서독방문기가 있다.

> 서독여행 1개월 1970년 7월 22일~8월 22일까지… 서독정부의 초청… 서독정부에서는 세계 2차대전 후 기적을 낳을 만큼 부흥한 모습을 자유 진영 2세들에게 소개하고 보이기 위해 각국 고등학교 학생들을 해마다 초청하는데 금년에는 아시아에서 첫 케이스로 우리나라와 인도네시아를 초청…필답고사 '독어'…독일 남학교에 다님…교육평준화가 완전히 되어 있어 일류교, 이류교는 찾아볼 수가 없었고 대학입시공부란 언어조차 없으며 대학 수강료도 내지 않고…전공과목의 책만 사면 되는데 공부하는 대학으로서의 학구적인 기풍이 꽉 잡혀 있었다…우리나라도 어서 부강해져서 서독 학생들을 우리나라로 초청했으면
>
> – 김현경(고3), 「서독을 다녀와서」, 〈매원〉15, 경기여자중고등학교, 1971, 146~150.

교지는 '일기문'과 '서간문'코너를 마련하는데, 두 장르는 개인적이기 때문에 학생들의 내면세계를 확인할 수 있다. 특히 그날과 그 시기를 특정하기 때문에 시대코드를 분석할 수 있는 자료가 된다. '서간'의 대상은 대부분 친구(이성, 벗), 혈족(오빠, 누이, 언니, 동생, 부모, 조부모) 등이다. 우정과 이성에 대한 학생들의 생각을 확인하고, 죽은 이들에게 보내는 편지를 통해서 죽음인식을 알 수 있다.

독후감 항목은 대부분 '독후감'이라 표현하지만, '감상문', '책을 보고 나서', '문학 감상', '독서 생활' 등의 항목명을 사용하는 교지도 있다. 독후감 중 가장 많이 읽은 장르는 「죄와 벌」, 「25시」. 「갈매기의 꿈」, 「검은 고양이」, 「배따라기」, 「수호지」, 「좁은 문」, 「흙」과 같은 소설이다. 소설 이외의 독후감은 위인전이 많다. 학생들은 한국작품보다는 고전으로 분류된 외국작품을 더 많이 읽다가 1970년대는 공자, 맹자, 신윤복전, 사씨남정기, 유충렬전 등의 동양, 한국의 고전 등을 읽는다.

4) 좌담회, 설문, 앙케이트, 보고문, 학교행사 관련 글

교지에는 '설문', '앙케이트'라는 항목에 교사, 재학생, 졸업생 대상의 설문을 싣고 좌담회 내용과 결과도 다룬다. 학교발전 주제를 제외한 좌담회 내용으로는 「문인초청 문학좌담회」, 「크럽활동과 대릉」, 「졸업반」, 「절실히 느낀 스승의 온정과 학문의 애로, 느끼지 못한 〈냉정…〉 운운」, 「일본교육의 이모저모」, 「스승과 제자의 대화(명랑한 생활을 위하여)」, 「오늘의 학교 교육 무엇이 문제인가」, 「학창 생활, 어떻게 보내야 하나」 등이 있다. 학생들이 관심을 가진 주제는 문학, 클럽, 스승, 교육, 학교생활이다. 설문과 좌담회는 '학생 발언의 직접성'이라는 특성을 가지고 있기 때문에 1950~1970년대 '토론문화'를 파악할 수 있다. 1971년 숙명여자중고등학교에서 발간한 〈숙명〉30호는 고등학생들을 대상으로 설문한 후, 결과를 「오늘의 숙명생(고)」이라는 항목으로 구성한다. 설문 결과 중 의미있는 결과는 다음과 같다.

설 문	결 과
당신은 어려운 일이 생길 때 우선 누구를 찾고 있습니까 - 부모, 선생님, 친구, 혼자 해결한다	'혼자 해결한다'가 가장 많다.
결혼 이후 시부모를 모시는 문제에 대하여 당신은 어떻게 생각하십니까 1. 장남인 경우에는 모셔야 한다. 2. 여건을 무시하고 반드시 모신다. 3. 가능하면 모시지 않는 것이 좋다. 4. 관심 밖의 일이다.	고1: 1(15.9), 1(17.7), 2(33.4), 4(10.1), 무답(12.9)
	고2: 1(42.5), 2(14.2), 3(25.8), 4(10.6), 무답(6.9)
당신은 지금 남자친구를 가지고 있습니까	있다: 고1(10.3), 고2(7.4)
	없다: 고1(52.8), 고2(52.2)
	필요하지 않다: 고1(15.4), 고2(10.6)
남자친구를 알게 된 동기	'클럽 활동을 통해서'가 가장 많다.
당신은 요사이 심야 방송을 듣고 있습니까	'기회가 있으면 듣는다'가 가장 많다.

이 외에 학교소식, 학교연혁, 교사주소록, 졸업생명단, 교가, 화보 등으로 구성한다.

5) 외국문학 번역

번역은 쉽지 않은 작업이지만 1950년대는 「붉은 죽엄의 가면극」, 「16세」, 「신의 진리」, 「나의 흘리는 눈물로부터」, 「사랑은 신과 함께」, 「꼴니유 영감의 비밀」, 「편지」, 「달은 떠오른다」, 「에리자벧」, 「부치지 않는 편지」, 「기다리는 날」, 「수수께끼」, 「목마른 까마귀」, 「혀」, 「다섯 번째 날」, 「씨뿌리기」, 「소음에 대하여」, 「Abendphantasie」 등, 1960년대는 「the window」, 「A psalm of life」, 「I my self」 등, 1970년대는 「정결하고 유쾌한 곳」, 「불사조」, 「Trees」, 「빨간 조끼의 개구리」, 「불멸부」, 「시들어가는 공원으로 가련」, 「방랑자의 야가(夜歌)」, 「대비백발옹」, 「HEIMKEHR」, 「한적한 청춘의 언덕 위에서」, 「낯선 땅에서」 등을 번역 게재하였다. 1970년대보다는 1950년대의 번역문학 수가 더 많다. 점차 전문번역가와 번역서가 증가한 것과 연관할 것이다.

2장

1950년대 중고등학교 교지 소재 문헌 발굴자료관

이 장의 목적은 각 문인이나 유명인의 전집에 추가하기 위한 자료제공과 문학사의 결락을 메꾼다는 데 있다. 전집은 사회단체의 행사나 기념시들도 싣는다. 편집자들이 전집에 기념시를 싣는 것에 대해 부정적이지 않음을 알 수 있다. 그러나 교지에 실은 글들은 본인이 싣는 경우가 아니라면 실리지 않는다. 사후 편집자가 각 학교 교지를 일일이 확인해야 때문에 쉬운 작업이 아닐 것이다.

검토 결과 전집에 실리지 않은 작품들이 많았다. 글이 연보와 작품집에서 누락한 이유를 명확히 밝힐 수는 없다. 본인이 묶는 경우가 아니라면 대부분 사후에 전집을 엮었기 때문에 확인할 수 없었을 것이고, 다작 문인의 경우 여기저기에 흩어져 있는 작품이 많아서 편집자들이 교지까지는 확인하지 않았을 수 있다. 어떤 경우 자신의 작품 경향과 다르거나 수준이 떨어지는 작품이라고 하여 버린 작품일 가능성, 시간이 지나면서 자신이 교지에 기고한 사실을 잊었을 가능성, 교지는 소실한 경우가 많았기 때문에 자료의 행방을 찾기 어려웠을 가능성이 있다. 문인의 의도가 아닌 편집자가, 교지에 실린 글이라고 작품 수준이 떨어진다고 임의로 누락한 경우가 있을 수도 있다. 그러나 작품 선별에 편집자의 의도가 개입되어서는 곤란하다. 의도하지 않고 쓴 '태작(駄作)'이 문인의 무의식을 드러낼 수 있기에 작가 의식을 규명하는 단서가 될 수 있다.

따라서 보다 온전한 인물론이나 작품론을 위해서는 교지와 같은 변방의 텍스트를 확인하고 발굴하는 작업을 해야 한다. 그래야 이를 바탕으로 정확한 작품 연보를 만들 수 있으며 연구를 할 수 있다. 교지에 산일되어 있는 자료들을 발굴한 이 책이 해당 인물의 연구와 연보를 더 치밀하게 할 것이라 믿는다.

1. 〈고중〉1, 고흥중학교, 1954

고흥중학교는 1946년 개교한 전라남도 고흥군에 있는 공립 중학교이다. 고흥중학교의 교지 〈고중〉1호는 창간사(교장), 교감의 글, 시, 산문, 스승의 푸로필, 논설, 시사문제 해설, 동요, 각 학교 친목란, 재미있는 애기, 수학여행기, 우리학교 소개 페-지(교사), 구매점 운영 상황 등으로 구성한다.

신향식의 글

민주화운동기의 활동가인 신향식(1934~1982)[1]은 1952년 고흥중학교에 입학했다. 중학 3년간 학년회장을 맡았고, 자치회 구매점을 운영하고, 농촌계몽조직인 의명회에 참가하였다. 교지에 「애수에 찬 밤」(시), 「우리의 갈 길」(논설), 「소금강을 찾아서」(수학여행기) 세 편의 글을 실었다. 시는 네 쪽 분량이며, 교사의 시 바로 뒤에 위치한다. 게재 순서가 가나다순이 아닌 것으로 보아 당시 학생회장이기에 학생시 중 가장 앞에 위치한 듯하다. 논설 「우리의 갈 길」은 고흥중학교의 좋은 점을 이야기하고, 민주, 자유를 중요시하는 내용이다.

김남주 시인은 신향식을 소재로 두 편의 시를 썼다. 「잣나무나 한그루」에서는 '신향식 동지 사형대의 문턱에 한 발을 올려놓고 고개 돌려 그가 나에게 했던 말 그것은 / 죽으면 내 무덤에 잣나무나 한 그루 심어다오 그 뿐이었다'와, 「전사2」에서는 '오늘 밤 / 또 하나의 별이 / 인간의 대지 위에 떨어졌다 / 그는 알고 있었다 해방투쟁의 과정에서 / 자기 또한 죽어갈 것이라는 것을 / 그는 알고 있었다 / 자기의 죽음이 헛되이 끝나지는 않을 것이라는 것을'이라며 시로 추모하였다.

---

1 신향식: 1958년 경복고등학교를 졸업하고 그해 4월 서울대학교 문리대 철학과 입학하였고 1964년 졸업한다. 1965 동아출판사 제작부에 취직하여 임금투쟁과 노조결성을 주한다. 1968년 '통일혁명당'사건으로 구속, '간첩방조죄 및 국가보안법 위반' 혐의 징역 3년 6월, 1972년 비전향 만기출소, 1976년 이재문, 김병권 등과 '남조선민족해방전선 준비위원회'를 결성하여 중앙위원이 된다. 1979년 피검되어 1981년 사형을 언도받고 1982년 서울구치소에서 사형당한다.

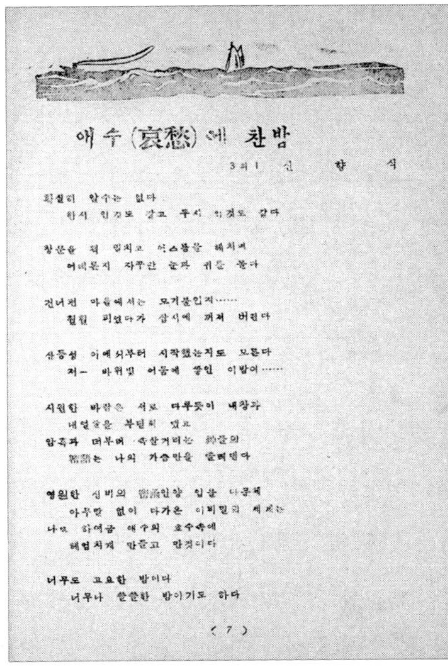

애수(哀愁)에 찬밤

3의1 신 향 식

확실히 알수는 없다
한시 인것도 같고 두시 인것도 같다

창문을 꽉 [illegible] 석스등을 해치며
어데론지 자꾸만 눈과 귀를 끈다

건너편 마을에서는 모기불인지……
힐힐 피었다가 삽시에 꺼져 버린다

산등성 이에서부터 시작했는지도 모른다
저— 바위빛 어둠에 쌓인 이밤이……

시원한 바람은 서로 다투듯이 내창가
내얼굴을 부딪쳐 갔고
암흑과 더부러 속삭거리는 [illegible]의
[illegible]는 나의 가슴만을 울려댄다

영원한 신비의 [illegible]인양 입을 다문체
아무말 없이 다가온 이비밀의 세계는
나로 하여금 애수의 호수속에
헤엄치게 만들고 말것이다

너무도 고요한 밤이다
너무나 쓸쓸한 밤이기도 하다

〈 7 〉

2. 〈배꽃〉, 이화여자중학교, 고등학교, 서울예술고등학교, 1954

서울예술고등학교는 서울 종로구 평창동에 위치한다. 1953년 재단법인 유하학원에서 이화예술고등학교를 창립하였고 이사장은 아펜셀라 선교사이다. 1953년 남녀공학인 서울예술고등학교로 변경하였다.

이화여자 중고등학교에는 〈이고(梨高)〉, 〈거울〉 등의 교지가 있다. 1934년에 〈이고〉를, 1954년에는 〈거울〉과 이화 68주년 기념호 〈배꽃〉을 창간했다. 〈배꽃〉의 「편집후기」에 '여러분께서는 다음 호를 기대하시라'라고 밝히고 있지만 〈배꽃〉2호를 발간했는지 확인할 수 없다. 서울예고학생이 쓴 글을 보이지 않고 대부분 중학교나 고등학교 1년 2년 등으로 표기한다.

〈배꽃〉은 '서명학 교감 근속 25주년 기념호'이다. 서명학 선생에 대한 글이 많은 분량을 차지하지만 구성은 여타 교지와 같다. 서명학 선생의 근속을 축하하는 특집 '서명학 선생을 말함'에는 전숙희, 신지식, 김남조, 김활란의 글이 있다.

전숙희의 글

수필가인 전숙희(1916~2010)[2]는 서명학 선생을 소설을 쓰듯 묘사한다.

> 6·25 직후 나는 길에서 우연히 서명학 선생을 만났다. 그의 얼굴이 그렇게 초췌하고 야윈 것을 대하는 것은 처음이기에 내 마음은 오래 돌보지 못한 어버이의 모습을 대하는 듯 민망하고 애처러웠다. 그러나 그의 태도만은 여전히 명랑하고 희망적이었다. 그리고 6·15 당시 가시밭에 숨어 며칠씩 밤을 새워가며 굶주리고 숨어다니시던 이야기를 해주었다.
>
> – 전숙희, 「구원의 모상」, 〈배꽃〉, 이화여자중학교, 고등학교, 서울예술고등학교, 1954, 16.

신지식의 글

아동문학가이자 이화여고 교사였던 신지식(1930~2020)은[3] 고등학생 때인 1948년 전국 여학생 현상 문예에 단편 『하얀 길』이 수석 당선한다. 1953년부터 모교인 이화여고 국어교사로 재직한다. 1963년 이화여고 주보(週報) 〈거울〉에 캐나다 작가 루시 모드 몽고메리의 『빨강머리 앤』을 국내에 처음 번역해서 소개하였다. 〈배꽃〉에 실은 글 「이화와 서선생」은 서명학의 전기를 쓰듯이 대화와 서사를 중심으로 서술한다.

김남조의 글

시인 김남조(1927~2023)[4]는 1954년 이화여자고등학교 교사였으며 서명학

---

2 전숙희: 이화여자전문학교 문과를 졸업하였다. 1938년 단편소설 『시골로 가는 노파』를 〈여성〉에 발표한다. 1954년에 수필집 『탕자의 변』을 출간했다. 전숙희의 수필은 다정다한(多情多恨)한 여성심리를 조출한 필치로 표현했다는 평가를 받는다. 대한민국 예술원상, 은관문화훈장, 독일 괴테문화훈장, 러시아 푸슈킨 문화훈장 등을 받았다.

3 신지식: 1956년 첫 소설집 『하얀 길』을 냈다. 1973년 2월 국내 소설 분야 판매순위를 보면 『하얀 길』이 1위이다. 1960~70년대 한국 청소년 문학계의 별이라는 평가를 받는다.

선생에 대해 다음과 같은 글을 쓴다.

> 나는 아무 생각 없이 던졌던 시선이 참으로 오래오래 서선생님의 얼굴 우에 머졌던 것만은 두드러지게 잘 생각이 난다. 서선생님의 얼굴은 대체로 차고 예리한 느낌을 준다. 부드럽고 따스한 감은 도시 찾기가 어려운 것 같다. 머리가 약간 곱스러지고 무섭게 집중력을 가진 두 눈이 왱 왱 소리를 내는 것 같다. 그 눈초리를 가지고 훈육주임을 하시고 사감노릇을 하시었다니 컨닝도 못하고 거짓말도 못하고…이화학교의 가랑잎 하나도 감히 누가 만져보기 조심되었을 것이다…백년 후 이백 년 후 아니 천년만년 후에도 이화학교는 살아남는다. 살아남아서 자꾸 자라나고 키가 큰다.
>
> – 김남조, 「오늘의 서선생」, 〈배꽃〉, 이화여자중학교, 고등학교, 서울예술고등학교, 1954, 28~29.

오늘의 徐先生

金南祚

— 29 —

— 28 —

---

4 김남조: 1950년 연합신문에 「성수(星宿)」와 「잔상」으로 등단하였고, 1953년 첫 시집 『목숨』을 출판하였다.

3. 〈덕성〉속간호, 덕성여자중고등학교, 1955

서울 안국동에 위치한 덕성여자 중고등학교는 1920년 조선여자교육회가 설립했다. 〈덕성〉속간호는 신관교사 완축기념, 4255년 졸업기념호이다. 속간이란 간행이 중단되었다가 다시 계속하여 간행되었다는 의미이다. 전쟁으로 중단되었다가 다시 발간되었을 것이다. 〈덕성〉속간호의 서지사항을 보면, 인쇄처는 민중서관, 발행일은 1956년 2월 20일이다.

「속간사」에서 '피비린내 나는 붉은 침략으로 말미암아 시들었던 교우지다. 이제 다사로운 조국의 품에서 무럭무럭 자라는 모교의 등걸에서 꽃핀 것이다'라는 내용으로 보아 이전에도 교지를 발간했다는 것을 알 수 있으나 몇 호인지는 정확하게 표기하지 않았다.

김광섭의 기고문

시인, 번역문학가, 문학평론가 김광섭(1905~1977)[5]은 경성중동학교 영어 교사였다. 다음 〈덕성〉에 기고한 글은 학생들이 요구한 주제인 듯하다.

> 어떤 문학자가 말하기를, 문학은 언어의 따님이라고 하였습니다…시를 짓는 시인들 측에 서서 말한다면, 감정이나 정서로써 모든 것을 붙잡는다는 것…윌리엄 블레이크의 시는…세계를 깊이 알고 우리의 마을을 닦음으로써 눈에 보이는 사물 속에 숨은, 눈에 보이지 않는 세계로 들어가게 되는 것…시만은 언제나 변함없이 진실하고 아름다운 것…여류시인 매리 캐로린 데비스가 남자를 비꼰 시…제목은 "사내들은 악마다"…2 천 년 수백 년 전 희랍의 여류시인 사포는 아름다운 사람…미와 선은 한 근원 그러므로 시는 인간과 인간성을 통하는 진선미의 길…시를 모르는 사람의 한 세상보다 시를 아는 사람의 한 세상은 백천 갑절 더 길고 더 빛나고 더 기름질 것… (4289,1,7)
>
> – 김광섭, 「여학생과 시」(기고), 〈덕성〉속간호, 덕성여자중고등학교, 1956, 48~49.

---

5 김광섭: 경희대 교수와 대통령 공보실장을 지냈다.

김광섭은 윌리엄 브레이크의 시와 글의 주제가 '여학생과 시'이기 때문인 듯 매리 캐로린 데비스, 사포 등을 언급한다.

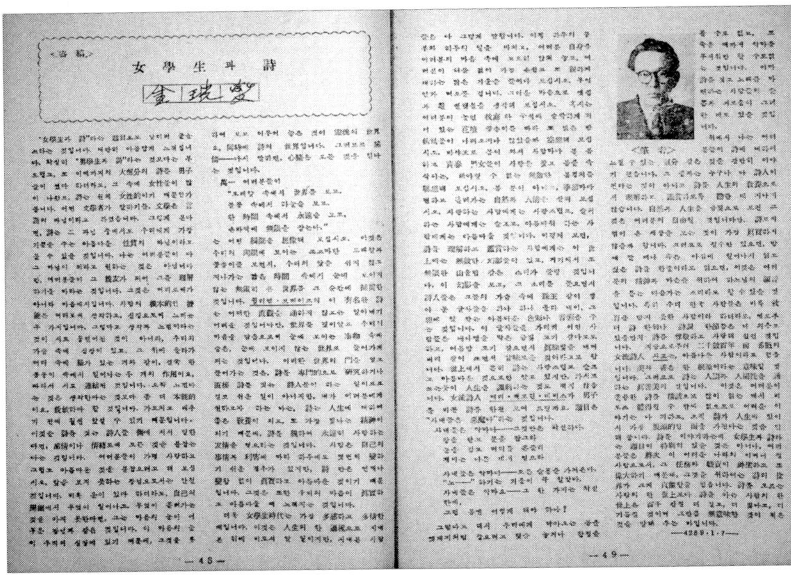
<寄稿>

女學生과 詩

金珖燮

—48—

—49—

김동리의 기고문

소설가이자 시인 김동리(1913~1995)는 여학생들이 읽어야 하는 소설에 대해 다음과 같이 말한다.

> 왜 소설의 여주인공으로는 대개 소녀들이 뽑히는가…소녀는 첫째, 아름답다. 소녀는 둘째, 순수하다, 소녀는 셋째, 다감다정하다…왜냐하면 아름답지 않고, 순수하지 않고, 다감다정하지 않으면, 사건을 일으키지 않고, 열렬한 연애의 주인공이 되기도 어렵기 때문…여학생은 일면에 있어서 소녀이기 때문에 소설을 사랑하고 소설을 애독할 권리와 의무가 있지만, 일면에 있어 여학생이기 때문에 그 선택의 방법을 선생이나 부형들에게 지도받아야 한다. 세상에는 생명과도 같이 고귀한 소설이 있는가 하면, 일방 천박하고 야비한 오락통속소설도 얼마든지 있는 것이다. 여학생으로서 만약 선생이나 부형의 안목 있는 지도를 받지

않고 소설을 택한다면, 열에 아홉을 이 오락통속소설에 빠지기 알맞기 때문인 것이다.

– 김동리, 「여학생과 소설」(기고), 〈덕성〉속간호,
덕성여자중고등학교, 1956, 50~51.

최정희의 글

소설가 최정희(1912~1990)는 숙명여자고등보통학교와 중앙보육학교를 졸업했기 때문에 덕성여자중고등학교와는 연관 없지만, 최정희의 여학생 시절을 소재로 한 글을 실었다. 그녀의 학창 시절과 성격 등을 알 수 있는 자료이다.

숙명이 나의 모교다. 이 학교에 나는 2학년 보결로 들어갔다. 1학년은 동덕에서 마쳤다. 동덕에서 1학년 2학기에 보결생으로 들어가서 2학기를 배웠던 것이다…나는 보통학교(초등학교) 5학년 1학기를 마치고 서울에 올라왔던 것이다. 서울 가는 천금이를 따라 나섰던 것이다. 물론 집에서 모르게 한 일이었다. 천금의 돈 22환을 꾸어가지고 왔다. 서울로 와서 어떻게 하리라는 프랜이 있는 것도 아니었다. 남이 떠나니까 따라 떠났던 것이다. 서울 와선 촌뚜기 짓도 참 많이는 한 것 같다. 위선 서울역에 내려가지고 전차를 탈 때 고무신 한 짝이 벗어졌는데, 겁이 나서 벗어졌단 말 한 마디 못하고 전차 속에서 발을 감추고 앉아 있었으니…나는 음악도 좋아했고 운동도 즐겼다. 농구선수로서 올림픽대회에 나간 일도 있다. 그땐 외국에 가지 않고 서울 운동장에서 했지만. 문학은 할 생각도 하지 않았다. 무도(舞蹈)아니면 음악을 할 생각이었다. 영화도 보고 와선 거울을 앞에 놓고 여배우의 흉내도 내어 보았다. 욕만 하지 않는다면 여배우가 되고 싶기도 했다. 영화 구경을 열심히 하던 일도 생각난다. 하루 저녁엔 사감 선생님에게 들켜서 경을 단단히 치웠고, "조신"을 하면서 땅콩이랑 눈깔사탕이랑 사다 먹던 생각도 났다. 싫지 않은 추억이긴 하지만 그렇게 하지 말고 좀 더 열심히 공부를 했더라면 좋았을걸 하고 뉘우치는 마음이 더 많다. 학생시절을 벗어나선 배울 수 없는 것을 알았기 때문이다. 배우고 싶어도 배울 수 없게 되는 것을

알았기 때문이다.

– 최정희, 「나의 여학생 시절」, 〈덕성〉속간호,
덕성여자중고등학교, 1956, 52~53.

김래성의 기고문

추리 소설가 김래성(1909~1957)[6]은 1939년 〈조선일보〉에 장편소설 『마인(魔人)』을 연재하였고, 『태풍』, 『비밀의 문』 등의 탐정소설을 썼다. 다음 기고문은 김래성이 자신의 소설 경향에 대해 쓴 글이다.

지금까지 온 내 소설에는 두 가지 종류가 있습니다. 그 하나는 순전한 흥미 본위인 탐정소설이고 그 둘은 보편성을 띠인 문예소설입니다. 전자에 있어서는 인생이나 혹은 인간성을 주제로 하지 않고 어디까지나 탐정적 흥미가 주안점으로 되어 있기 때문에 거기에 그려진 인간상은 말하자면 스토리 진전에 있어서 한낱 사다리로서의 역할…하나의 인형적인 존재…그러나 후자에 있어서는…인형적 인물 대신에 살아있는 인간상이 움직이고 있는 것…살아있는 인간상이란…다 개성을 지니고…개성이란…그 인물의 인격…인격이란 성격과 교양과 기능…실감을 느끼지 못하는 소설, 다시 말해서 읽고 나서 그저 알았다는 소설은 좋은 소설이 결코 되지 못하기 까닭입니다. 독자로부터 나는 편지를 많이 받습니다. 그 대부분이 여학생이고 그다음이 남학생이고 또 그다음이 군인입니다. 작가의 입장에서 보면 〈청춘별곡〉의 오유경과 〈애인〉의 오영심을 가장 이상적인 여성의 모습…오유경은 감성보다 이성이 강한 한 사람의 여성으로서의 애정의 노력을 비극적으로 이끌어간 순애자로서 보배로운 존재이며, 〈애인〉의 오영심은 이성보다 감성이 센 여성…애정의 노력을 성공적으로 이끌어간 순애자로서의 존귀한 존재…내 소설이 지니고 있는 여러 가지 요소 중에서 줄거리의 진전에 대한 흥미보다도 그 줄거리를 타고 전개되는 주인공들의 사고방법을 좀 더 중요시해서 읽어달라는 것…주인공들의 사고방법이 곧 작품의 주제로 되어 있기 때

6 김래성: 법무부 행정관 겸 촉탁위원, 민주국민당 당무위원 등을 역임하였다.

문…줄거리(사건이라고 해도 좋습니다)는 다만 주인공들의 사고 방법을 표현하는 하나의 무대 밖에는 아니되기 때문…무대 그 자체가 중요한 것이 아니고 그 무대 위에 날뛰는 등장인물의 인생관조가 문제이기 때문… (1956,1,7)

– 김래성, 「여학생과 내 소설」(기고), 〈덕성〉속간호,
덕성여자중고등학교, 1956, 54~55.

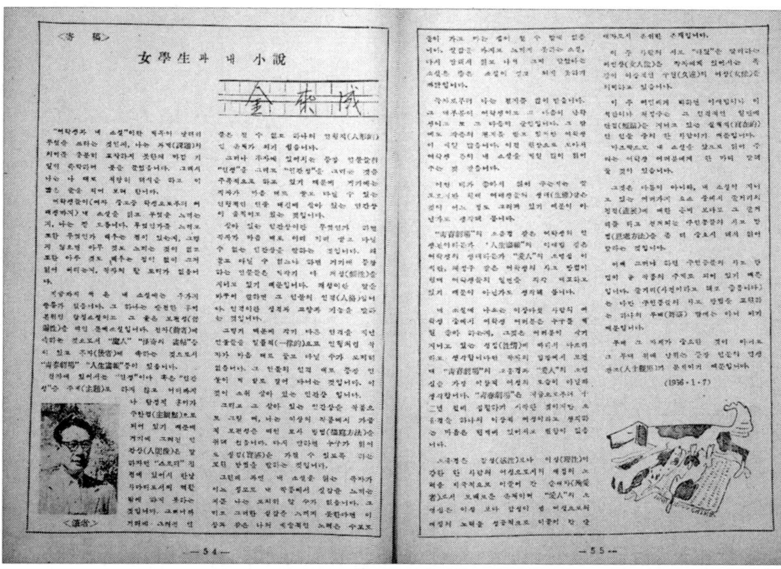
<寄稿>

女學生과 내 小說

金來成

(1956·1·7)

정비석의 글

소설가 정비석(1911~1991)[7]은 자신의 소설에 관한 글을 실었다.

내 소설은 대개가 여성의 심리와 생활풍속을 주로 그렸기 때문에…여학생의 생리적 특징이란…감상 ― 즉 센티멘탈…남학생이라 하더라도 중학시절에는 누구나 다 느끼는 감정…신의주 중학교…여름이나 가을철 같은 때 달 밝은 날이…강변으로 나아가, 아무도 없는 모래사장에서 달을 우러러 보며 혼자 눈물을 지운

7 정비석: 〈조선일보〉 및 〈동아일보〉 신춘문예에 당선했고, 소설 『자유부인』이 음란성 시비에 휘말리면서 필화를 겪었다. 1970년대 이후 『초한지』나 『손자병법』과 같은 역사물이나 중국 고전을 고친 작품을 주로 썼다.

적이 있었습니다…그 중에서도 "꽃모습"이라는 단편은 여학생간의 동성애라고 할까, 이를테면 "S" 문제를 취급한 것. 여학생들 간에는 "S"라는 것이 상당히 중요한 문제… 여러 학생들이 학교를 졸업하고 나오는 날 — 여러분 중에서는 나의 장편소설 "자유부인"의 여주인공 오선영이도 나오게 될 것이고, "여성전선"의 여주인공인 윤옥란이도 될 수 있고, "민주어족"의 여주인공 강영란이도 반드시 나올 것이니 – 나의 소설은 여러 학생들이 한 것을 앞질러 그려 놓았다고도 볼 수 있겠습니다.

– 정비석, 「여학생과 내 소설」, 〈덕성〉 속간호, 덕성여자중고등학교, 1956, 56~57.

4. 〈매원〉속간호, 경기여자중고등학교학도호국단, 1955

서울 강남구에 위치한 경기여자고등학교는 1908년 한성고등여학교로 설립했고, 1947년 경기공립여자중학교로 개칭, 1951년 경기여자중학교와 경기여자고등학교로 개편했다. 〈매원〉속간호의 서지사항은, 1955년 10월 발행, 조광인쇄주식회사가 인쇄했고, 문예반이 편집했다. 학교장 박은혜의 「권두사」에 '「매원」! 6·25 동란에 첫 순이 꺾이더니 다섯 해 만에 겨우 새움이 다시 텄다'라는 내용으로 보아 2호인 듯하며, 1호는 1950년에 발간했을 것이다.

정비석 초청 좌담회

「문인 초빙 문학 좌담회」에 정비석을 초대해서 학생들과의 좌담회 내용을 정리해 놓았다. 『자유부인』을 단행본으로 간행한 지 얼마 되지 않아 초청받았다. 이 글은 정비석의 독서관과 소설관을 보여준다. 아무리 나쁜 책이라도 읽어야 한다는 것이 다른 작가들의 의견과 다르다.

모두 닥치는 대로 읽었습니다. 자기의 의지를 중심으로 한다면 아무리 나쁜 책이라도 거기서 어떤 교훈을 얻게 될 것

–「문인초빙좌담회」, 〈매원〉속간호, 경기여자중고등학교 학도호국단, 1955, 34.

정비석은 이 글에서 소설을 쓰는 과정의 3가지 작용을 제시한다.

> 소설을 쓰는 데는 3가지 작용이 있다…첫째는 동화작용.. 내가 미망인에 대해서 쓴다고 합시다. 그러면 나는 실제로 남잔데 그들을 쓰기 위해서 정신적으로 완전히 미망인으로써 여성화하여야 한다…다음은 유리작용…동화작용에서 이탈하여 완전히 냉정한 객관적인 입장에서 그 미망인을 바라보는 것…그 다음 선택작용…동화작용을 거쳐 유리작용을 한 후 이것을 내가 선택하느냐 안 하느냐 하는 것
>
> –「문인초빙좌담회」, 〈매원〉속간호, 경기여자 중고등학교 학도호국단, 1955, 34.

5. 〈상명〉4, 상명여자중고등학교, 1956

현재는 상명고등학교인 상명여자중고등학교는 서울 노원구에 위치한다. 1937년 배상명이 상명여자고등기예학원으로 설립했고, 1951년 상명여자중학교와 분리해 상명여자고등학교로 개편했다. 학교장 배상명의 「권두사」를 보면, '6·25 동란 후 두 번째 내는 상명지'라는 말로 보아 이전에 2권을 발행했음을 알 수 있다. 〈상명〉4호의 표지는 박노수 화백(1927~2013)[8]이 그렸다. 그림의 왼쪽에 '병신 1월 월아장 제작'이라고 표기하였다. 월아장은 박노수의 당호이다. 그리고 박노수의 그림을 배경으로 한 이중거의 글이 있다.

---

8 박노수: 동양적인 선묘(線描)를 잃지 않으면서도 신선한 색채감각과 격조 높은 정신세계 구축했다는 평가를 받는다. 대한민국미술전람회에서 심사위원 및 운영위원으로 활동한다. 1957년 즈음부터 대담한 구도와 독특한 준법의 추상적 회화를 시도한다.

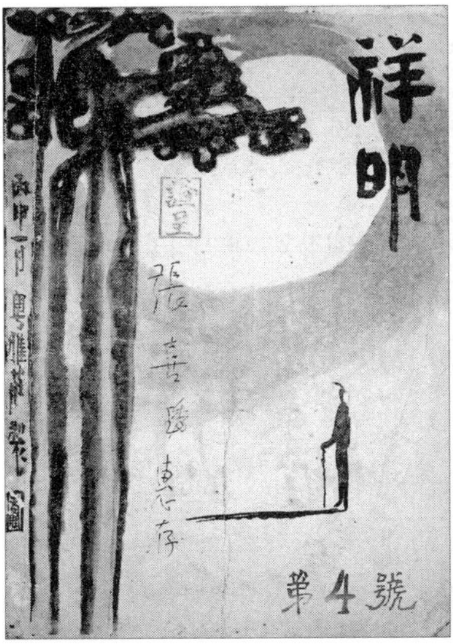

유진오의 축사

당시 고려대학교 총장인 유진오(1906~1987)[9]의 교지 발간 축사를 실었다.

> 여성의 교양이란…자녀의 교육이 제일 클 것이다…우리 여성들은 좀 더 노력하고 좀 더 알아야 한다. 그래야만 우리나라 앞날은 발전하고 오늘날까지의 천대를 면할 것이다…우리는 흔히 외국여성들은 교양이 높다고 한다. 이것은 그네들이 정치, 경제, 문화의 모든 면에 걸쳐 사회의 변천상을 알려고, 노력하는 태도를 보고 하는 말이다. 그만큼 그들의 노력은 큰 것이다. 이와 같은 교양에 따르는 부덕은 낡은 봉건도덕이 아니어야 하며, 새롭고 올바른 여성도덕이야만 한다. 진정한 여성의 미는 외모에 있는 것이 아니라 그 마음과 몸가짐에 있다…교양과 그에 따르는 부덕만이 온 집안을 언제나 명랑하게 부드럽게 할 수가 있을 것이며 나아가서는 자녀교육에 따르는 이 나라 장래를 굳건하게 만들 수 있다.
>
> – 유진오(고대총장), 「교양과 부덕(婦德)」(축사), 〈상명〉4, 상명여자중고등학교 학도호국단, 1956, 12.

9 유진오: 소설가, 법학자, 교육자(대학 교수), 정치인이다. 고려대학교의 창립 초기 멤버이며 1948년 제헌 국회 참여, 헌법기초위원회 위원, 민국당, 민주당, 신민당 등 당 지도자였다.

6. 〈예성〉4, 충주고등학교, 1956

충청북도 충주시에 위치한 충주고등학교는 1940년 개교했다. 〈예성〉4호의 서지사항을 보면, 1956년 4월 10일 발행, 편집인 충주고등학교 학도호국단, 발행소 충주고등학교 문예반, 인쇄소 새한 인쇄사이다. 교가를 시조시인 이은상(1903~1982)이 작사했고 공군군악대가 작곡했다.

신경림의 시

신경림(1936~)[10]의 시 「꽃」을 실었다. 이 시는 신경림이 충주고를 졸업한 지 2년 후의 작품이다.

> 그 갓을 밤새껏 흐르고 있는 것은 / 무엇일까 / 스스로 다사로워가는 / 입김 같은 것은 무엇일까 // 그것들이 엉켜 거기 / 소리 없이 / 이루어지는 꽃 // 바라보면 / 온몸이 저릿하니 / 밝아오는 / 따슷함이 있다. / 머물음 없이 작은 손짓들로 / 우리들을 흔들고 있는 것 // 아-아- / 그 갓을 밤새껏 흐르고 있는 것은 무엇일까
>
> – 신경림, 「꽃」, 〈예성〉4, 충주고등학교, 1956, 73.

편집후기에 '끝으로 좋은 〈예성〉을 만들기에 피눈물의 호흡을 같이 하여주신 유촌선생님'이라는 내용이 있다. 신경림은 1952년에서 1954년까지 충주고등학교에 재학하였고, 유촌선생은 국어선생이었다. 신경림의 회고에 의하면 고등학교에 들어간 신경림은 학업에 마음을 붙이지 못하고 국어 시험지를 백지로 내기도 한다. 당시 국어교사이던 유촌선생은 처벌 대신 시 다섯 편을 써오라는 과제를 내는데, 이 과제물을 매개로 유촌선생의 아들이며 고등학교 선배인 유종호(1935~)[11]와 처음 만나게 된다. 신경림은 고등학교 시절 대한교육연합회 주최 중고등학교 문학콩쿨 대회에서 산문 부문에 당선했고,

---

10 신경림: 1956년 〈문학예술〉에 「갈대」를 발표하며 문단에 나온다. 1973년 시집 『농무』를 발간했다.

11 유종호: 1951~1953년 충주고등학교에 재학했다.

교지에 평론 「이형기론」을 발표하였다.

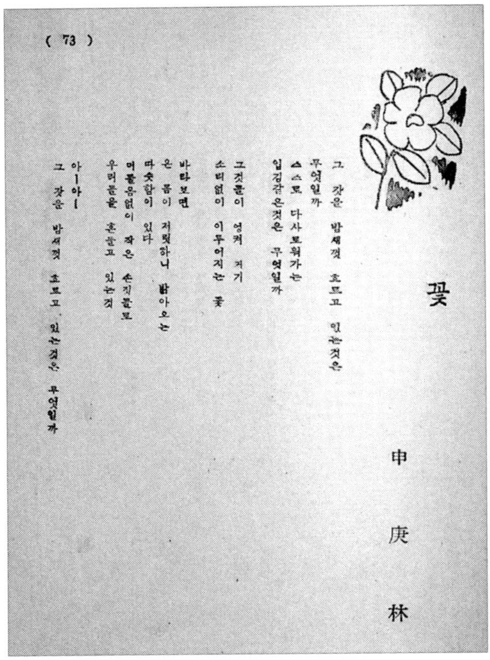
(73)

꽃

申 庚 林

그 갖은 밤새껏 흐르고 있는것은
무엇일까
스스로 다사로워가는
입김같은것은 무엇일까

그것들이 엉켜 저기
소리없이 이루어지는 꽃

바라보면
온 몸이 저릿하니 밝아오는
따숫함이 있다
머뭇움없이 작은 손짓들로
우리들을 흔들고 있는것

아ㅣ아!
그 갖은 밤새껏 흐르고 있는것은 무엇일까

7. 〈경희〉7, 서울중고등학교, 1957

서울 서초구에 위치한 서울중고등학교[12]는 1974년 고교 평준화 이전 경기고와 더불어 두 명문고였다. 교지 〈경희〉는 1948년 창간했다. 1952년 부산 송도에서 학교신문 〈경희학〉을 창간하였고, 1958년 11월 제1회 경희문학상을 제정하였다. 〈경희〉7호의 서지사항을 보면, 1957년 11월 23일 발행, 편집인 조병화, 인쇄처는 서울 신문사이다. 「편집후기」를 보면 당시 국어교사는 조병화(1921~2003)[13]와 김광식이다. 시인 조병화는 1951년부터 1959년까

---

12 서울중고등학교: 1909년 일본 고위층 자녀들의 학교인 경성중학교로 개교한다. 그래서 공식적으로 대한민국 학교가 된 1946년 3월 5일을 정식 개교기념일로 정했다. 중학교 입시 폐지 이후 서울중학교는 자진 폐교했고 현재는 서울고등학교만 남았다.

지 서울고등학교 교사로 재직했다.

이번 문예 작품에 있어서는 우리 학교 학생의 작품이 전통적으로 좋았지만 이번에도 무게 있는 것으로 고르기 위해 시는 조병화선생님 산문은 김광식 선생님이 수고해주셨다

– 편집부, 「편집후기」, 〈경희〉7, 서울중고등학교, 1957, 176.

조병화의 권두시

우리를 구원한 청춘의 숲속 / 청춘의 고향 / 삼천명 우리들 굳굳한 형제 / 길이 사랑하세 깊이 배우세 / 서울 한복판 경희 동산은 / 우리를 구원한 청춘의 숲속 / 청춘의 고향

– 조병화, 「서울 한 복판 경희 동산은」(권두시), 〈경희〉7,
서울중고등학교, 1957, 표지.

이기붕의 축사

사친회장인 이기붕(1896~1960)[14]이 축사를 썼다. 이기붕은 1957년도 서울중고등학교 사친회 회장이었다. 사친회는 학교 교육에 도움을 주기 위하여 교사와 학부형으로 이루어진 모임이다. 장남 이강석(1937~1960)은 1952년 서울고등학교를 졸업하였고, 차남 이강욱(1940~1960)은 서울고 11회로 서울고등학교 2-7반 명단에 속해 있다.

첫째로 자기 자신이 훌륭한 사람이 되어야 할 것이며 학원 내에서는 모범적이란 칭찬과 학교 밖에서는 충실하고 씩씩한 학생이 되어 달라고 부탁…예전부터 나

13 조병화: 세계시인대회 대한민국 국제 이사장, 대한민국 예술원 회장, 한국문인협회 이사장을 지냈으며, 아시아 자유문학상, 국민훈장 동백장, 모란장, 서울시 문화상, 3·1 문화상, 예술원상, 대한민국 문학상, 금관 문화훈장 등을 받았다.

14 이기붕: 이승만 대통령의 비서, 국방부 장관, 서울특별시 시장, 국회의장을 역임하였다.

려오는 우리나라 고유의 자랑될 만한 일을 다시 한번 세계 만 방에 자랑할 수 있도록…노력…이 나라를 다시 한번 빛내게 하여 달라는 것…학생풍기문제…사회적으로 보아 강박하여진 인심과 또한 시대적으로 보아…전쟁을 겪은 후인 것이…문란해진 학생풍기의 큰 원인…도저히 생각할 수 없을 정도로 탈선된 나머지 심지어는 사람으로서 못할짓을 저지르는 일이 있다고 하여서는…냉정한 이성으로 옳고 그른 것을 분별하여 옳은 것을 택함으로서 탁한 사회를 정화시키는데 선봉적 일군이 되어야

– 이기붕(사친회장), 「학생풍기확립의 선봉이 되라」(축사), 〈경희〉7, 서울중고등학교, 1957, 3~4.

마해송, 주요섭, 정비석의 앙케이트 답변

앙케이트 내용은 다음과 같다.

- 지금까지 읽으신 작품 중에서 가장 감명 깊었던 작품은
- 그 작품에 대한 선생님의 주관적 해설
- 그에 대한 선생님의 작가적 견해

마해송(1905~1966)[15]의 답변은 다음과 같다.

아꾸다가아의 『도록고』[16]…학생들이 이미 이런 외로움과 두려움을 느끼는 일이 있지나 않았을까

– 마해송(아동문학가), 〈경희〉7, 서울중고등학교, 1957, 92.

---

15 마해송: 어린이 운동가, 아동문화운동가, 아동문학가, 동화 작가, 한국 창작 아동문학의 선구자로 불린다. 1920년 일본 니혼 대학교 예술학과 재학 중 홍난파 등과 유학생극단 '동우회'를 조직, 방정환 등과 함께 '색동회' 동인, 1924년 소파 방정환, 윤극영 등과 함께 색동회 창설에 참여했다.

16 아쿠타가와 류노스케(芥川龍之介 1892~1927)의 단편 「도로코 トロッコ」(1922)는 '광차', '궤도차'로 번역한다.

주요섭(1902~1972)[17]의 답변은 다음과 같다.

빅톨 유고작 「레 미제라블」…주인공 잔 발잔과 주요인물인 코제트와 마리우스 등의 생활과 성격이 그 당시 모순된 사회상에 많은 영향을 받았다는 것, 단 한 사람의 동정과 이해가 능히 한 인간 또는 그를 생활의 생활인과 인생관을 변경 시킬 수 있는 힘을 가졌다는 것, 그 어떠한 사회적 혹은 인공적 박해나 오해도 선인을 변화시키지는 못한다는 것

– 주요섭(수필가), 〈경희〉7, 서울중고등학교, 1957, 93.

정비석(1911~1991)의 답변은 다음과 같다.

「부활」, 「죄와 벌」…옳지 못한 점에 대한 젊은이의 정의의 절규가 있고 선과 악에 대한 인간성이 풍부하게 담겨있고 우리가 미처 깨끗지 못한 인간생활의 감성이 무진장으로 묘사되어 있기 때문…인간이 존속하는 한 그리고 문학이라는 것이 인간생활에 필요할 때까지는 위의 두 작품은 언제든지 가치 있는 소질을 가지고 있을 것

– 정비석(소설가), 〈경희〉7, 서울중고등학교, 1957, 93.

김광식의 기고문

서울중고등학교 교사 소설가 김광식(1921~2002)의 기고문을 실었다.

타인에게 괴로움을 주는 자 고통을 주는 자, 남의 건강을 존경하지 않는 자 않는 사회, 초래하는 국가가 되어 그 괴로움 그 고통으로 접근하게 된다. 인간이 인간에게 괴로움을 주고 고통을 주어서는 안 된다.

– 김광식(교사), 「이기는 괴로움」(기고), 〈경희〉7, 서울중고등학교, 1957, 99.

---

17 주요섭: 소설가, 시인, 영문학자이다. 형 주요한을 따라 중국 상하이 후장 대학교, 미국 스탠퍼드 대학교 대학원에서 교육학 석사 학위를 취득했다. 『사랑방 손님과 어머니』, 『아네모네의 마담』 등을 썼다.

김광규의 소설

당시 서울고등학교 1학년이었던 김광규시인(1941~)[18]의 창작소설을 실었다. 김광규는 서울고등학교에서 조병화시인과 김광식선생에게 배웠다. 1959년 고3 때 〈학원〉에 시로 입상한다. 월간 문예지 〈신문예〉가 전국 고등학생들의 문예 작품 가운데 우수상을 뽑아 시상하는 신문예상에서 시 「청자 앞에서」로 1등을 했다. 당시 심사위원 조지훈은 '「청자 앞에서」는 그 시상의 원숙과 시어의 간명으로 해서 수위를 차지하게 되었다.'는 심사평을 썼다.

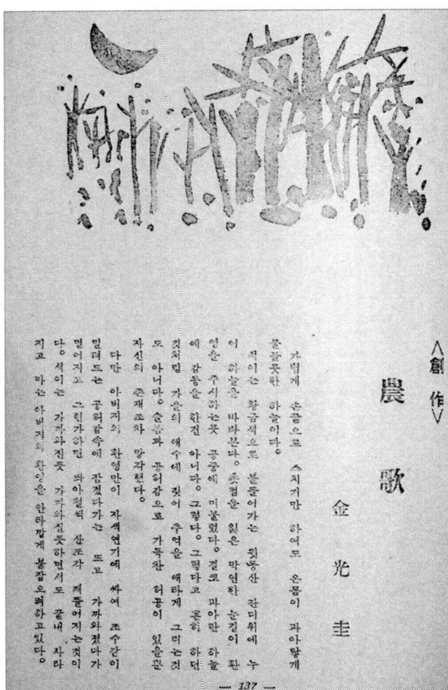

〈創作〉

農歌

金光圭

가렵게 손끝으로 스치기만 하여도 온몸이 파아랗게 물들듯한 하늘이다.

저이는 황금색으로 물들어가는 뒷동산 잔디위에 누이 하늘을 바라본다. 초점을 잃은 막연한 눈길이 퀭연을 주시하는듯 공중에 머물렀다. 결코 파아란 하늘에 감동을 휘긴 아니다. 그렇다. 그렇다고 흔히 하던 것처럼 가을의 애수에 젖어 추억을 애타게 그리는것도 아니다. 순간과 공허감으로 가득찬 허공이 있을뿐 자신의 존재조차 망각한다.

다만 아버지의 환영만이 자색연기에 싸여 조수같이 밀려드는 공허감속에 잠겼다가는 뜨고 가까와졌다가 멀어지고 그린가하면 짜아질때 삼조각 저틀어지는것이다. 저이는 가자와진 가자와진듯하면서도 끝내, 자라지고 마는 아버지의 환영을 안타깝게 붙잡으려하고있다.

— 137 —

---

18 김광규: 서울고등학교를 졸업하였다. 1975년 〈문학과 지성〉을 통해 등단하였다. 시집으로 『우리를 적시는 마지막 꿈』, 『반달곰에게』 등이 있다. 녹원문학상, 오늘의 작가상, 김수영문학상, 이산문학상 등을 수상하였다.

8. 〈관악〉13, 서울공업고등학교, 1957

서울공업고등학교[19]는 1899년 한국 최초의 실업교육기관인 4년제 관립 상공학교로 개교하였다. 교지 〈관악〉13호의 서지는 1958년 1월 23일 발행, 편집자는 이중로, 인쇄자는 한종철이다. 〈관악〉13의 목차를 보면, '특별기고란'에 '소설가 박종화', '시인 서정주'라고 밝혔다. 그리고 「편집후기」에 '옥고를 보내주신 박종화 서정주 양선생님의 글은 우리의 뼈와 살이 될 것을 믿어 의심치 않는다.'라는 내용이 있다.

박종화의 기고문

월탄 박종화(1901~1981)[20]의 기고문을 실었다.

> 어느 시대를 막론하고 사상의 전환기라든가 문교의 지도이념을 변혁하는 때라든가 국민운동을 초급으로 발휘하여 전개할 때는 반드시 청년들이 자진하여 그 중핵체가 되고 솔선하여 선봉이 되고 용기있게 지호(指呼)하는 전위가 ㅇ해야만 비로소 이 사업은 성공…신도덕 운동은 청년이 전개하라. "그대들에게 알맞은 옷을 그대들의 손으로 지어 입으라"…그대들의 조부가 입던 옷은 이미 낡았다…그대들은 좋은 옷감을 골라서 몸에 알맞게 지어 입고 세계인류와 함께 보조를 취하면서 영화롭게 행복스럽게 잘 살아가거라…대문 앞을 정결하게 쓰는 것 마당에 가래침을 뱉지 않는 것 어린이를 잘 보호하는 것 내가 하기 싫은 것을 남에게 하지 않는 것 새 도덕을 형성할 '소재의 선(善)'은 무궁무진하다.
>
> – 월탄 박종화, 「새 도덕은 청년학생이 수립하자」, 〈관악〉13, 서울공업고등학교, 1957, 22~23.

---

19 서울공업고등학교: 1904년 관립농상공학교의 공과는 관립공업전습소(현 서울공고와 서울공대의 전신)로, 농과는 수원고등농림학교(현 서울대학교 농생명과학대)로, 상과는 선린상업학교(현 선린인터넷고)로 분리된다. 1951년 서울공업고등학교와 영등포중학교로 개편되었으며, 2002년 등록문화재 제13호 지정되었다.

20 박종화: 시인이자 소설가이다. 통일원 고문, 통일주체국민회의 대의원을 역임하였으며, 문화훈장 대통령장, 국민훈장을 받았다.

서정주의 기고시

시인이며 교육자인 미당 서정주(1915~2000)의 글을 실었다. 1954년 서라벌 대학교 교수가 되었고 1956년 한국문학작가회 최고 위원이 된 서정주와 서울상고의 연관은 없어 보인다. 제목 「Peradis」는 목차에는 「Paradis」로 되어있다. 'Peradis'라는 단어는 없으므로 'Paradis'의 오자로 볼 수 있다. 인쇄과정에서의 오류일 것이다. Paradis는 스웨덴어나 루마니아어에서 낙원을 의미한다. 영어는 paradise이다. 글자는 다르지만 라틴어에 기반했기 때문에 '낙원'이라는 같은 의미이다. 〈관악〉13호는 1958년 1월에 발간했으므로 1957년에 원고를 넘겼을 것이다. 당시 서정주는 43세로 한창 활동할 시기이지만, 1957년엔 시 14편[21], 좌담 1회, 선후평 5편을 발표한다. 1958년에는 논문 1편, 선후평 6편, 시론 1편, 평론 1편과 시 6편[22]을 쓴다. 1957년과 1958년 발표한 시는 합해서 20편으로 많지 않다. 이러한 과작의 시기에 쓴 이 시는 서정주 시사에서 의미가 클 것이다.

> 빨라디! 그것은 긴긴 구중중헌 날 속에 오는 / 너이들 모든 어깨가 떠러질 / 번갯불 같은 것. / 정신이 여간만 실(實)헌 놈이 아니면, / 보아도 미칠 수밖에 없는 그런 것 그런 것 / 제일 빠른 불이라야 다불어 갈 수 있는, / 날개 돋힌 기수라야 실리여 갈 수 있는, / 그런 것, 그런 것. // 저 서른 네 살에 죽지에 못을 백힌 나사렛 청년이 / 홀로 보고 살았다는 이것은, / 내 벼룩과 진득이와 목노방에서 사귄 이와 함께 / 내가 죽어서 만들 피와 물의 구름으로서는 / 영원을 헤매다녀도 닿지 못한 그런 것! / 그렇기 때문에, / 죽지와 발등성이에 못을 백힐지라도 / 한 번 부뜰었던 입설 떼지 마러라.
>
> – 서정주, 「Peradis」(기고시), 〈관악〉13, 서울공업고등학교, 1958, 55~56.

---

21 「백결가」, 「종이야 될테지」, 「오갈피나무 상나무」, 「근업초」, 「근업초 4제」, 「노인헌화가」, 「무제」, 「8월 15일의 편지」, 「여수」, 「바다」, 「구름」, 「진주가서」, 「다수결제 부근의 정신풍속도」 등.

22 「어느 날 오후」, 「근교의 이녕 속에서」, 「꽃밭의 독백」, 「두 번째 사소의 편지 – 사소의 단장」, 「모란꽃과 나의 인연의 기억」, 「추일미음」, 「Triolet 시작」, 「가을의 편지」 등.

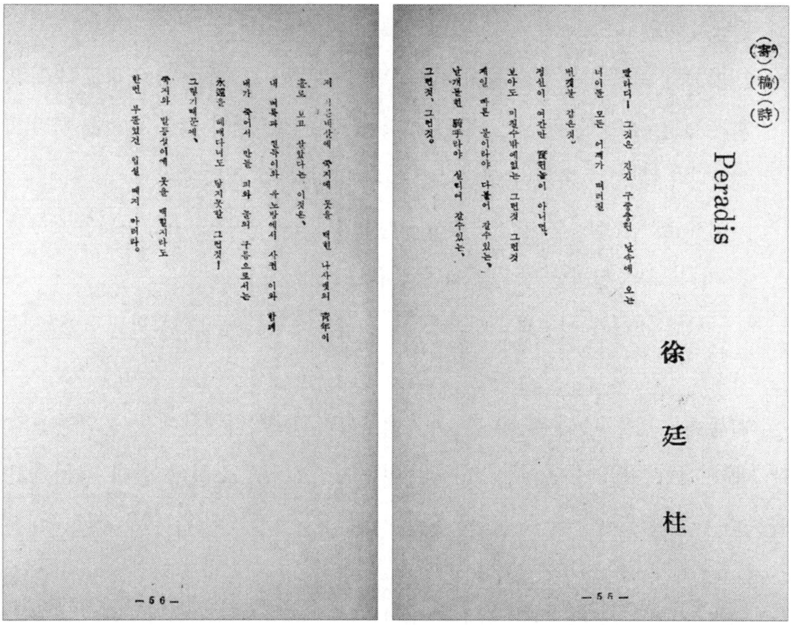
(寄)(稿)(詩)

Peradis

徐廷柱

땅아디— 그것은 진진 구중중헌 날속에 오는
너이들 모든 어깨가 떠러진
번갯불 같은것,
정신이 여간만 [illegible]놈이 아니면,
보아도 미칠수밖에없는 그런것 그런것
채일 빠른 불이라야 다붙어 갈수있는,
날개붙헌 騎手라야 실리여 갈수있는,
그런것, 그런것。

— 55 —

저 [illegible]내상에 쭉지에 옷을 매헌 나사렛의 靑年이
죽오 보고 살았다는 이것은,
내 피목과 진무이와 수노방에서 사견 이와 함께
내가 죽어서 만물 피와 술의 구름으로서는
永遠을 떼떼다니도 닿지못할 그런것!
그렇기때문에,
쭉지와 발등상이게 옷을 매힐지라도
한번 부활었건 입설 때지 아려라。

— 56 —

'관악설문' 항목의 박종화와 서정주의 답변

편집부는 '관악 설문' 항목을 마련했고, 사회 명사와 본교직원으로 나누어 설문에 답을 했다. 사회 명사는 박종화, 임영신, 김석원, 서정주, 이철범, 서영채, 김인수가 설문의 대상이다. 설문의 내용은 다음과 같다.

1. 선생님의 학생시절의 이상은 무엇이었으며, 지금 옛날로 돌아가신다면 무얼 하시겠습니까?
2. 현하(現下) 한국 학생들에게 하고 싶은 말씀은?
3. 만일 지구파멸의 전야(前夜)가 온다면 선생님께서는 어떻게 하시겠습니까?

소설가 박종화는 다음과 같이 답한다.

1. 나의 이상은 민족문학을 세워보겠다는 것이었습니다. 그때 우리는 외족의 침략과 겸제(箝制) 밑에 있었으니까요 그리고 옛날로 돌아간다면 문학동인지를

편집하겠습니다.

2. 자기의 인격을 스스로 높게 평가하면서 속된 인간들을 백안시하고 자기의 혼과 영을 조찰하도록 갈고 닦는 이러한 길을 걸으면서 많은 독서를 하라고 권합니다. 독서는 확실히 당신의 정신의 양식이 될 것입니다.

3. 내가 쓰는 소설을 시를 계속해서 구상하면서 붓을 들겠습니다. 이것은 생사간을 떠나 나의 절대한 가치인 까닭입니다.

– 소설가 박종화, 「관악설문」, 〈관악〉13, 서울공업고등학교, 1957, 87.

박종화는 〈문우〉와 〈장미촌〉과 〈백조〉와 관련[23]되었음에도 문학동인지에 대한 더한 마음이 있다는 것을 보여준다. 그리고 소설이 절대 가치라고 답한다.

시인 서정주는 다음과 같이 답한다.

1. 인류의 친우 시인이고저 했다. 외국어를 되도록 다수히 공부하겠다.
2. 천성을 잃지 말고 공부하고 수행할 일이다.
3. 천지를 다시 한 번 더 정(淨)히 보고 친한 사람들과 마지막 한 번 더 만나고 좋은 안주에 약주나 취할 만큼 마시고 그러고 있다가 귀화(歸化)할 것이다.

– 시인 서정주, 「관악설문」, 〈관악〉13, 서울공업고등학교, 1957, 88.

서정주의 이상은 인류의 '친구'로서의 시인이다. 서정주가 외국어에 관심을 가지고 중요시했다는 것은 여러 자료를 통해서 확인할 수 있는데 학생들에게도 이를 강조한다. 옛날로 돌아가면 '다수의 외국어'를 공부하겠다는 답변에서 외국어 학습의 중요성을 시사한다.

---

23 박종화: 문학동인지 〈문우〉를 발간했고, 1921년 〈장미촌〉 창간호에 시 「오뇌의 청춘」과 「우유빛 거리」를 발표했다. 그리고 1922년 〈백조〉의 동인으로 참가했다.

9. 〈다섯매〉재건 제2호, 오산중고등학교, 1957

오산학교는 이승훈이 1907년 평안북도 정주군에서 설립하였으며, 현재의 오산중고등학교는 6·25 후 서울에 재건한 것이다. 춘원 이광수가 교가를 작사하였다. 1947년 교장 주기용을 비롯한 교사와 학생 대다수가 월남하여 6·25 후 서울에 재건했기 때문에 1955년 이후 1호, 2호로 명명한 듯하다. 1955년 재건 1호를 발행한 기록이 있다. 〈다섯매〉[24]2호는 창립 50주년 신교사 낙성 기념특집호이다. 서지사항은 1957년 5월 14일 발행, 학예반 편집, 민중서관이 인쇄했다. 앞부분에 '삼가 이 작은 교지를 남강선생께 바치나이다'라고 밝힌다. 그리고 교지 발간 전 해에 사망한 오산학교의 동문 화가 이중섭(1916~1956)의 그림을 프린트해서 실었다.

함석헌 작사

함석헌(1901~1989)[25]은 1928년에서 1938년까지 오산학교의 교사였다. 함석헌이 작사한 남강 이승훈을 기리는 '남강을 바람'이라는 노래를 실었다.

1. 멀리서 바란 기상봉이요 영이로니 그 안에 들어 보니 품이요 동산이라 솟는 샘 마시고 나선 시원한 맘뿐이니 솟는 샘 마시고 나선 시원한 맘뿐이니 2. 옆에서 듣는 소리 범이요 용이러니 무릎에 앉아 보니 봄이요 어이로다 절절한 그 음성에는 녹아든 맘뿐이니 절절한 그 음성에는 녹아든 맘뿐이니 3. 마주 서 쬐는 얼굴 번개요 우레러니 가슴에 안겨보니 별이요 풀무로다. 뜨거운 불길에 들은 같이 탄 맘뿐이니 뜨거운 불길에 들은 같이 탄 맘뿐이니

이승훈에게 많은 영향을 받은 사회운동가 함석헌이 가사를 지었고 이것을 교지에 실었다. 남강 이승훈은 함석헌에게 영향을 끼친 인물이다. 1930년

---

24 다섯매: 오산학교를 처음 설립한 평안북도 정주군에 있는 다섯 산의 한글 표현이다.

25 함석헌: 1984년 남강문화재단을 설립했고 말년에는 자신의 집을 남강문화재단에 기부하였다.

5월 9일 남강이 임종한 후 함석헌은 〈성서조선〉에 '이때껏 저만큼 광휘있게, 저만큼 뜨겁게, 저만큼 기운차게 저만큼 참되게 산 이를 보지 못했다.'고 쓴다. 그리고 1984년 남강문화재단을 설립하고 말년에는 자신의 유일한 재산인 집을 남강문화재단에 기부하기도 했다.

주요한의 시조

주요한시인(1900~1979)[26]의 시조인가를 확인하기 위해 「편집을 끝내고」를 보면

> 문교부 장관님을 비롯해서 백락준 박사, 내무부 장관님, 체신부 장관, 오천석 박사, 김영훈 교육관님의 축사는 큰 영광입니다. 박희현 선생, 배성룡 선생, 주요환 선생, 주석균 선생님들께서 바쁘신 중에도 특별히 기고하여 주셔서 이 교지를 빛내 주신 것을 감사합니다.
>
> – 편집부, 「편집을 끝내고」, 〈다섯매〉재건 제2호, 오산중고등학교 학도호국단, 1957, 202.

'편집을 끝내고'에는 '주요환'으로 표기하지만 내용에는 '주요한'으로 표시되어 있다. 오자일 것이다. 선생이라고 호칭하지만 교직원 일람표를 확인해보니 '주요한'이라는 이름은 없었고, 당시에 주요한과 동명의 시인은 없기 때문에 시인 주요한으로 보는데 무리는 없을 것이다. 주요한의 시조는 교사의 글이나 논문이 아닌 '특집' 항목에 싣는다. 특별히 시조라고 표기하지 않아도 되지만 '시조'라고 밝힌 것으로 보아 학생들이 시조를 써달라고 요청했던지, 아니면 주요한이 원고를 주면서 시조라고 장르를 정해준 듯하다. 1957년은 주요한이 정치인으로 활동하던 시기이다. 이는 다음 시조 마지막 행의 '의사당'이라는 단어와도 연관이 있다.

---

26 주요한: 자유시 「불놀이」로 한국근대시 형성에 영향을 끼친다. 소설가, 시인, 언론인, 극작가, 번역문학가, 기업인, 정치가이다.

토스카니니 죽었다. 아흔 살에 죽었다. / 빙판진 서울 길에 보슬비가 나리는 날 / 눈감고 레코드 틀고 손ㅅ길 본 듯하여라. // 슈바이처 살아있다. 여든 살에 살아있다. / 올ㅅ겨울 코리아는 예년 없이 추웠는데 / 쟝글 속 찌는 더위는 여전한 줄 압네다. // 조국의 거리들은 자유 대신 피가 깔려 / 헝거리안 15만 명 국경을 넘어섰다. / 오늘도 신문 파는 아이들 눈비 맞고 뛰는데. // 크리스마스 휴가 마친 유엔 대표들 돌아들고 / 휴전선 조카에게서 편지 한 장 날아온 날 / 묵묵히 의사당 앞에 모여섰는 사람들.

– 주요한, 「병신년 겨울」(시조), 〈다섯매〉재건 제2호,
오산중고등학교 학도호국단, 1957, 5, 14, 55.

위 시조의 제목인 병신년은 1956년이지만 1957년 1월이 병신년 말이므로 시간배경은 1957년 구정 전까지이다. 〈다섯매〉는 1957년 5월 14일에 발간했으므로 1957년 1월경에 교지 편집부에 원고를 넘긴 듯하다. 위의 시조는 주요한이 시작 활동을 거의 하지 않은 시기에 나온 거의 유일한 작품이다.

10. 〈백악〉10(문학특집), 서울상업고등학교, 1957

서울상업고등학교는 1899년 고종황제의 칙령으로 한국 최초의 실업교육기관인 4년제 관립상공학교로 개교했고, 2002년 등록문화재 13호로 지정된다. 교지 〈백악〉10호의 서지사항을 보면 1957년 9월 20일 발행, 주간은 김관식, 인쇄처는 조광인쇄주식회사이다. 교지 뒤표지에는 Chief Editor Kim Kwan Sik Poet라고 표기했다. 교지의 앞부분 사진 화보에 교장이나 교감의 사진, 그리고 학교행사를 소개하는 사진이 있는데, 여기에 '시인 김관식 선생'이라고 표기한 사진이 있다. 그리고 김관식의 서예 작품 「至誠如神」을 한 페이지에 싣는다. '지성여신'이란 중용에 있는 말로서 지극한 정성을 기울이면 신과 같이 된다는 의미이다. 서예작품 옆에 노당(老棠) 김관식선생 手筆이라 표기한다. 김관식의 호는 추수(秋水), 만오(晩悟), 우현(又玄), 현현자(玄玄子)이기 때문

에, 늙은 산앵두라는 '노당'은 알려지지 않은 호칭이다. 김관식은 한학에 능해서 사서삼경 중 가장 어렵다는 『시경』(1968)을 번역하기도 했다. 그리고 첫 개인시집 『낙화집』(1952)의 후반부에 자작 한시 37편을 수록한다. 번역서 『노당한시존(老棠漢詩存)』(1958)을 출간했다고 하는 자료가 있으나 실체를 확인하기는 어려웠다. 1958년의 김관식 작품연보에서도 이 책을 발견할 수 없다. '노당한시존'을 노당의 한시로 해석한다면, 노당이라는 이름을 가진 인물의 시를 번역했을 터이지만 노당이라는 이름을 가진 시인을 찾을 수 없었다. 노당이 번역한 한시라는 의미로 읽으면, '노당'은 김관식이 한문학이나 서예에 관련된 서명에 사용하는 호일지도 모른다.

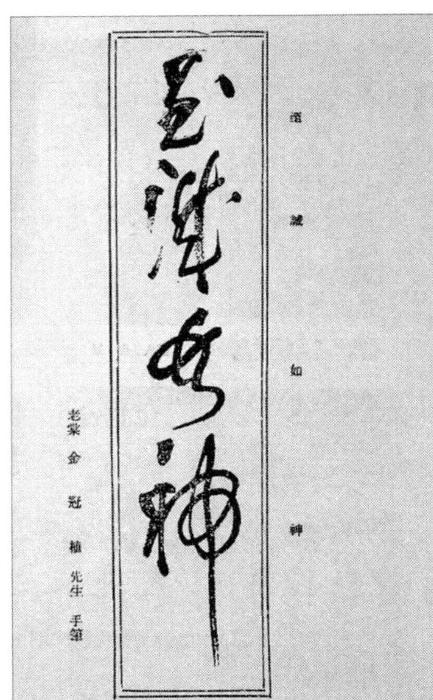

김관식의 권두시

김관식(1934~1970)은 시인이자 번역가이다. 서울상업고등학교 교사로 재직하고 있던 1955년 〈현대문학〉에 「연(蓮)」(5월), 「계곡에서」(6월), 「자하문 밖」(11월)으로 등단하였다. 김관식의 '권두시'는 '권두언' 앞에 위치한다. 1957년 발간한 교지에 실었으므로 『김관식 시선』(1956) 이후의 시이다.

카시오페아 성좌 아래 두 손을 들고 섰는 동상이 있고 / 나의 과거를 묻지 말아다오. 무위한 세월. 평범한 생활보단 가시의 면류관과 차라리 고혹한 형벌을 주렴. 운명의 구릉을 타고 넘기에 서릿발 칼을 맞아 너무나 쇠해빠진 약질이었다. // 하룻밤 닭 울기 전 세 번 뿐이랴. 은돈 서룬 양에 스승을 팔은 유다라는 사람의 이름을 부름으로 위안을 받던 어리석은 시절에 괴테의 광명은 아랑곳없이 무슨 때문에 샤알르 보오드레르처럼 괴로워야 했던가. // 떠스트엡스키이를 좋아하던 젊은 루바쉬카 나는 / 톨스토이가 한촌의 역에서 얼어죽던 날처럼 눈포래가 사나웁게 휘몰아치던 인사롭흐의 그 전날 밤에 투루게네프. 폭풍 속의 강아지마냥 웅숭거리고 화로불을 뒤적어려 호호 부는 손 끝에 그대의 산문시의 페이지는 떨고. / 아하, 어둡다 모파쌍이여. 꽃 한 포기 피지 않는 암흑(闇黑)의 계절 앞에 참회의 눈물 한 방울 흘릴 수도 없구나. 인간이 하는 선은 모두가 위선, 허무에의 의지요. 신은 어데 있는가. 천당도 없고 지옥도 없다. / 피가 되거나 살이 되지 못하는 크리스트의 포도주와 빵들을…/ 프랑시쓰 쟘의 당나귀를 타고서 매마른 가을바람에 옷자락을 날리며 무전여행을 떠나가리라. / 카시오페아 성좌 아래 두 손을 들고 섰는 동상이 있고.

– 교사 김관식, 「죽엄의 계절 앞에 선 기려(羈旅)의 노래」(권두시), 〈백악〉10(문학특집), 서울상업고등학교, 1957, 20~21.

1957년 김관식은 「성인초(聖人抄)」, 「사계절」, 「양생수(梁生修)」 세 편의 시를 썼다. 그리고 1958년 네 편, 1959년 네 편, 1960년부터 67년까지는 한 편도 없다가 1966년 두 편을 쓴다. 김관식이 시작활동을 거의 하지 않은 이유는 1959년 서울상고 사직 후 〈세계일보〉 논설위원이 되었고, 1960년 국회의원 선거에 출마했다가 낙선했으며. 이후 폐결핵 등으로 건강이 나빠져 1970년 사망[27]했기 때문이다. 이처럼 시에 집중할 수 없었던 시기에 쓴 시이다.

---

27 김관식: 1960년 국회의원선거에서 서울 종로구에 출마하여 장면과 겨루었으나 낙마한 후 궁핍에 시달리다 병을 얻어 37세에 사망한다.

11. 〈참대〉5, 중앙여자중고등학교, 1957

중앙여자고등학교[28]는 1940년 경성부 서대문구에서 개교했다. 〈참대〉5호 속지에는 4290년도라고 표기했지만, 뒷장에는 4291년 4월 20일 발행으로 표기하였다. 편집후기에 '원고모집에 원고가 적어서 얼마나 시간을 끌었는지'라는 내용으로 보아 원고가 부족해서 다음 해에 발간한 것으로 보인다.

서정주의 번역시

서정주가 번역한 보들레르의 시를 실었다.

우리는 펴리라 아득헌 향기 그윽한 잠자리, / 무덤만이로 밑 없는 이불을. / 그래 우리는 거기 보리라, / 그중 고운 하늘 밑 / 우릴 위해 몸 나톤 / 칭칭히 개벽(開闢)허는 꽃숭이들을. // 마지막 정은 기껏 키여서 / 우리 두 가슴은 큰 횃불 같으리라. / 우리 두 혼령, 그 쌍석경(雙石鏡)에 / 두 빛 어려 울림하는 큰 횃불 같으리라. / 장미와 웅뎅이 빛의 밤을 / 우리는 우리만의 번개를 맞대리라. / 이별로 차솟구치는 통곡 같은 번개를. // 하여, 이 거울이 끄을고, 이 불이 자질면 / 빙그레히 문을 열고 관음(觀音)은 나타나서 / 고스란히, 또 신명나게 / 이 거울을 밝히고 이 불을 살리리라.

– 서정주 역, 「원앙(鴛鴦)의 죽엄」, 샤르르 보오드레-르, 〈참대〉5, 중앙여자고등학교, 1958, 12~13.

서정주가 선택한 번역어는 동양적, 한국적 단어들이다. 시언어의 구사가 탁월하고, 심혈을 기울여 언어를 선택했다. 그래서 위의 시는 보들레르의 시라고 밝히지 않으면 서정주의 시라고 보아도 무리가 없을 정도이다. 보들레르에 많은 관심을 가졌던 서정주가 의역에 가깝게 중역했다.

---

28 중앙여자고등학교: 1946년 중앙여자중학교로 개편, 1946년 중앙고등여학교로 인가되었다.

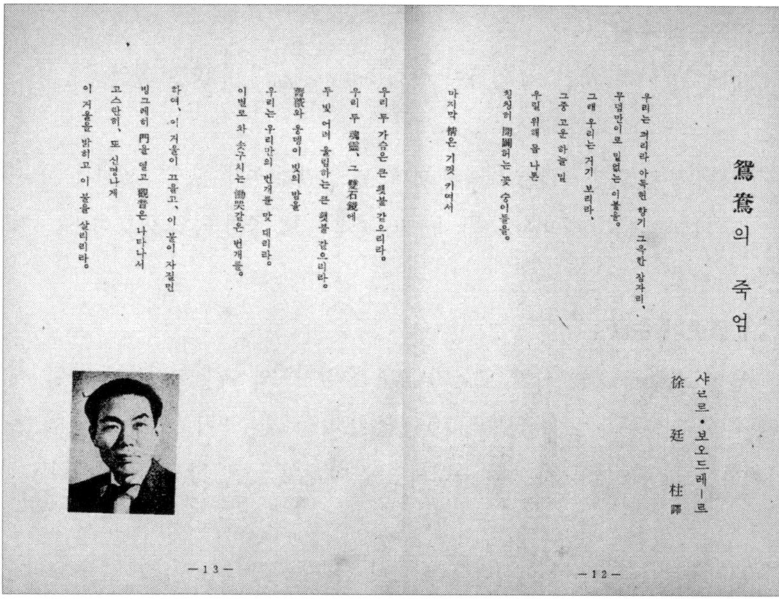

鴛鴦의 죽엄

샤르르·보오드레ー르
徐 廷 柱 譯

우리는 커리라 아득한 향기 그윽한 잠자리、
무덤만이로 밑없는 이불을。
그때 우리는 거기 보리라、
그중 고운 하늘 밑
우릴 위해 움 나본
칭칭히 開闢허는 꽃 송이들을。

마지막 情은 기껏 키여서

— 12 —

우리 두 가슴은 큰 횃불 같으리라。
우리 두 魂靈、그 雙石鏡에
두 빛 어리 울렁하는 큰 횃불 같으리라。
薔薇와 웅댕이 빛의 밤을
우리는 우리만의 번개를 맞 때리라。
이별로 차 솟구치는 慟哭같은 번개를。

하여、이 거울이 끄울고、이 불이 자질면
빙그레히 門을 열고 觀音은 나타나서
고스란히、또 신명나게
이 거울을 밝히고 이 불을 살리리라。

— 13 —

12. 〈계우〉34, 중앙중고등학교, 1958

서울 종로구에 위치한 중앙중고등학교는 1908년 기호학교로 개교하였고 최남선이 교가를 작사하였다. 1910년 중앙학교로 개칭하였고 1981년 문화재로 지정되었다. 50주년 기념 특집호인 〈계우〉34호의 서지사항은, 1958년 8월 20일 발행, 편집인 중앙중고 문예반, 인쇄소는 민중서관 공무국이다. 특집 '기록의 광장' 항목에 김형석(철학자, 본교 전교감[29], 연세대교수)의 「옛날 이야기」와 나운영(교우 제 30회, 작곡가, 연세대 교수)의 「음악감상에 대하여 – 특별한 예비지식이 필요」를 실었다.

29 김형석: 중앙중고등학교에서 7년간 교편을 잡았다.

이희승의 수필

국어학자이며 시인, 수필가인 이희승(1896~1989)의 수필을 실었다.

> 만사형통은 오직 올바른 전망에 있다. 넓게 멀게 높게 깊게 전망하자.
>
> – 이희승(교우, 문리대 교수), 「전망」, 〈계우〉34, 중앙중고등학교, 1958, 134.

변영로의 수필

변영로(1898~1961)는 시인, 교육자이다. 중앙학교에 재학하다 중퇴했다. 성균관대학교 영문과 교수였으며, 1953년 코리안 리퍼블릭(코리아 헤럴드의 전신)을 발행하던 대한공론사 사장을 역임하였고 아래의 글은 당시 쓴 글이다.

> 나는 똥키호테를 배우고 싶다. 닮고 싶다. 하다못해 숭내라고 내고 싶다. 그러나 나 역시 불행한 현대인의 하나이다. '얌전'과 '조촐'과 '자딸은 총명'과 '부스러기 지혜'로 하여 나의 생의 영역은 좁아진다. 어느 세력의 침략을 당한다. 슬프다. '똥키호테'의 무후함이여!
>
> – 변영로(교우, 코리안리퍼블릭사장), 「똥키호테의 무후(無後)」(수필), 〈계우〉34, 중앙중고등학교, 1958, 135~136.

김화영의 시

'중앙문예부록, 작품집' 항목에 경기고등학교 1학년 김화영(1941~)[30]의 시를 실었다.

> 눌더라 물어보리 / 뻐꾸기만 우는데… / 첩첩 산중 / 안개 같은 허공만 / 가슴에 부닥쳐 … / 산은 고와 / 꽃이 열렸네 / 언제쯤엔 / 얼핀 산노루도 / 앞장을 서리… / 하늘이 어쩌면 / 잎새 사이마다 비치우고 / 작은 하늘… 푸드득 / 산 꿩이 나래를 차는데 / 뻐꾸기 / 산길 따라 / 무서운 목청 / 꽃잎에는 자욱한 이슬 덮이고

30 김화영: 불문학자이자 평론가이다.

/ 갈수록 / 갈수록 / 하늘이 좁아 / 눌더라 물어보리… / 첩첩산중 / 호랑이 / 쩌러렁 / 뒷골서 울어라

– 김화영(경기고, 고1), 「무인지경」(시), 〈계우〉34, 중앙중고등학교, 1958, 28~29.

13. 〈사원〉8, 대구사범학교, 1959

현재 경북대학교 사범대학의 전신인 대구사범학교는 1949년 개교하였다. 현재는 사범대학이지만 〈사원〉8호를 발간한 1959년 당시는 본과 1학년에서 3학년, 중학(부속중학교) 1학년에서 3학년으로 나누어 학년을 편성했다. 그리고 교지에 중등과정 학생들의 글을 실었기에 이 책에 포함했다. 〈사원〉8호는 개교 10주년 기념호이다. 서지사항은 1959년 9월 25일 발행, 편집인은 문예반, 발행처는 대구사범학교, 인쇄소는 경북인쇄소이다.

특집 '나의 창작과정' 항목을 구성한 편집부는 '문학을 지망하는 학생에게 주는 써비스'라고 밝힌다. 여기에는 당시 작가들의 창작과정을 짧게 소개하였다. 편집후기에 작가들에 대한 특별한 후기가 없는 것으로 보아 당사자들로부터 원고로 받은 듯하다.

오상원의 글

나는 담배를 많이 태우는 편은 아니지만 작품을 쓸 때에처럼 담배를 많이 태우는 적은 없다. 이것도 아마 그러한 초조감에서 오는 것인지 모른다.

– 오상원, 「등장, 인물과의 암투」, 〈사원〉8, 대구사범학교, 1959, 269~270.

팔봉 김기진[31]의 글

조선일보에 연재했던 「해조음」…이것도 한 시간에 열 장씩은 썼다…「청년 김옥균」을 구상하고 자료를 정리하는데 무척 고생했었다…「통일천하」이래 지금은 한 시간에 다섯 장 혹은 일곱 장밖에 쓰지 못한다. 아마 기운이 모자라는 모양이지요.

– 김팔봉, 「필요에 응하여」, 〈사원〉8, 대구사범학교, 1959, 270.

안수길의 글

사변 전만 해도 밤을 밝힌 기억이 있으나 지금은 어림도 없고 그렇게 무리할 필요도 없다. 하루에 십 매 정도일까 신문 일회 분(소설이든 단문이든) 이 꼭 알맞은 속도로되 파지를 많이 내는 것이 또 완강한 습관…가장 많이 낸 것으로 「취국」, 칠십 매에 이백 매 가량? 「제2의 청춘」은 이 천 오백 매에 배는 되었을 것이다.

– 안수길, 「파지를 많이 내야」, 〈사원〉8, 대구사범학교, 1959, 270~271.

김동리의 글

내가 지금까지 써온 작품 가운데 가장 어렵게 쓴 것은 「솔거」라면, 가장 쉽게 쓴 것은 「강유기」이다…작품의 성과는 반드시 그 제작 과정에 소요된 시간이나 노력에 정비례하는 것이 아닐 뿐만 아니라 가다가는 오히려 반비례 되는 경우도 없지 않다.

– 김동리, 「진도와 성과에 대하여」, 〈사원〉8, 대구사범학교, 1959, 271~272.

---

31 김기진(1903~1985): 문학평론가, 소설가, 시인이다. 식민지시기 프로문학 이론가이다. 소설집으로 『청년 김옥균』(1936), 『해조음』(1936), 『통일천하』(1956) 등이 있다.

차범석의 글

나는 인물과 "프롵"이 결정되면 먼저 얘기 줄거리를 요약해서 써본다. 그리고는 무대를 그려서 항상 옆에 펴놓고 쓰기 시작한다. 희곡이 읽기 위한 문학이 아니라, 무대상에 형상화하기 위한 문학이기 때문이다. 그리고 대화는 써놓고 입안에서 외워 봐야 하기 때문에 얼마큼 구상이 짜여지면 먼저 붓을 드는 것이다.

– 차범석(극작가), 「대화를 외워가며」, 〈사원〉8, 대구사범학교, 1959, 273.

정비석의 글

신문원고는 날마다 오전 중에 사무 보듯이 한 회분씩 쓰고 밤이면 잡지 기타의 원고를 씁니다. 쓰면 쓸수록 어렵게 느껴지는 것이 소설인 것 같습니다.

– 정비석, 「갈수록 어려운 소설」, 〈사원〉8, 대구사범학교, 1959, 273.

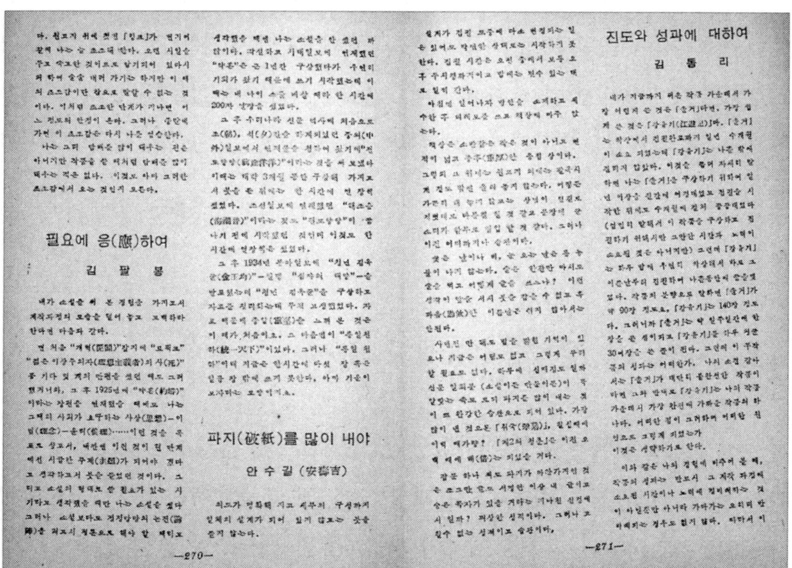

필요에 응(應)하여

김 팔 봉

파지(破紙)를 많이 내야

안 수 길 (安壽吉)

진도와 성과에 대하여

김 동 리

—270—

—271—

14. 〈숭의〉5, 숭의여자중고등학교 학생회, 1959

서울에 위치한 숭의여자중고등학교는 1903년 미국 북장로교 선교회 경영으로 평양 경창문 안 여성 경학원 원사에서 개교하였다. 1938년 신사참배 거부로 폐교했고, 1950년 서울에서 숭의여자중학교를 재건하였다. 교지 〈숭의〉5호는 개교 56주년 기념호이다. 서지사항을 보면 1959년 10월 31일 발행, 발행소는 숭의여자중고등학교 학생회이다.

주요한 작시, 재건교가

교가 외에 재건교가가 있다. 재건교가는 주요한이 작시했고 김의작이 작곡했다.

봄이 와서 나무 싹은 피어나며 길다 해도 밤은 가고 아침 되니 눌렸다가 일어나며 거친 터에 다시 세워 사랑의 동산 이루었어라 손을 잡고 힘을 엮어 거룩한 일에 하나이 되자 사명도 아름답다 우리 숭의 배움으로 자라나면 헤여지고 흩었어도 다시 창자 모이리니 홍겨울 때 겸손하며 서러울 제 힘을 냄은 믿음의 용기 민족의 정신 부드럽고 굳셈으로 영원한 생명 열매 맺으라 소망도 뚜렷하다 우리 숭의

15. 〈학원〉19, 경복중고등학교, 1959

서울 종로구에 위치한 경복고등학교는 1921년 경성 제2 고등보통학교 개교했다. 1938년 경복중학교로 개칭, 1953년 경복중학교와 경복고등학교로 분리 개칭하였다. 〈학원〉19호의 서지사항은 2월 25일 발행, 편집인은 문예반, 민중서관이 인쇄했다.

서정주의 심사평

서정주의 심사평에 의하면, 학교차원의 백일장은 1959년 경복고등학교가 실시한 교내 백일장이 처음인 것으로 보인다.

이번 경복 중고등학교의 백일장은 교내적 행사로는 아마 우리나라에서 처음되는 일일 것으로 그 의의는 중대한 것이어니와 이 효과도 또한 적지 않은 것…지혜와 정서의 풍부함…전통중시 경향과 동심의 건재함도 기쁜 일…표현면에 있어서도 평소의 많은 연찬(硏鑽)을 보여주어 저윽히 마음 든든…중등부 장원…착상도 유니크하고 실하려니와 표현도 풍부…2등… 문장의 전달상의 유통력이 좀 미약…고등부 1등… 전달상의 유통력은 군의 장점…2등.. 그 시상의 역량을 높이 사서 상에 넣었다. 시상의 배치와 말법을 유창히 하기에 힘써야

– 서정주, 「시선후감 – 뽑고 나서」, 〈학원〉19, 경복중고등학교, 1959, 239.

안수길의 심사평

중등부 1등…정확하고 싱싱한 문장으로 빛났으며 군소리가 없어 선명하다…겨울과 단풍은 원수 같다는 말…재미있고 살아있는 표현… 고등부 1등…말이 제 놓일 자리에 놓여 빛나고 멋들어지다…2등…구체적이어야 실감을 줄 수 있을 것…가작…잃어버린 고무신 한 짝에 대한 처리가 없는 것이 이 글의 흠

– 안수길, 「수필 선후감」, 〈학원〉19, 경복중고등학교, 1959, 253.

조병화의 시

조병화는 광복 후 경성사범학교, 제물포고등학교, 서울고등학교 교사를 역임하였다.

긴 생각에 잠긴 시인의 애인처럼 / 도시의 나무들은 고요해지고 / 창을 열면 그늘에 살찐 도시의 여인들 // 임자 없는 가을에 거미줄처럼 걸친 / 가을에 / 가을이 쉰다 // 가을은 떠나는 계절 / 그리워서 잠시 머므는 계절 // 지금 평생

> 집을 가지지 않은 채 떠나가는 벗이 있습니다. / 지금 낙엽에 바람이 날리고 / 낙엽이 날리는 길에 여기 저기로 날리는 벗이 있습니다. // 라이나 마리아 릴케 / 계단을 내리며 / 무수히 허뜨러진 사람의 발자취 // 임자없는 가을에 거미줄처럼 뚫린 / 나의 가슴에 / 먼- 시인의 애인처럼 가을이 걸린다
>
> – 조병화(시인), 「도시와 나와 가을」, 〈학원〉19, 경복중고등학교, 1959, 106~107.

조병화의 「도시와 나와 가을」은 교지의 목차에는 「가을의 계단」으로, 내용에는 「가을의 계단을 내리면」으로 표기한다. 인쇄 오류로 보인다. 1957년 발간한 시집 『서울』에 「가을의 계단을 내리면」이라는 제목으로 실은 시이다. 2년 후 여러 부분을 수정하고 제목을 바꿔 교지에 재게재하였다. 1957년의 시는 다음과 같다.

> 긴 생각에 잠긴 시인의 애인처럼 / 서울의 나무들은 고요해지고 / 창을 열면 그늘에 살찐 서울의 여인들 // 임자 없는 가을의 거미줄처럼 걸린 / 가슴에 / 가을이 샌다 // 가을은 떠나는 계절 / 그리워서 잠시 머무는 계절 // 지금 평생 집을 가지지 않은 채 떠나는 / 벗이 있습니다 / 지금 밤을 새워 책을 읽고 긴 편지를 쓰는 / 벗이 있습니다 / 지금 낙엽이 바람에 날리는 길에 여기저기로 / 구르는 벗이 있습니다 // …계단을 (계단에?) 내리면 / 무수히 흐트러진 사람들의 발자취 // 임자 없는 가을의 거미줄처럼 뚫린 / 내 가슴에 / 먼 시인의 애인처럼 가을이 걸린다
>
> – 조병화, 「가을의 계단」, 『서울』(성문각, 1957, 84)

'서울의 나무들'은 '도시의 나무들'로, '서울의 여인들'은 '도시의 여인들'로, '임자 없는 가을의 거미줄처럼 걸린'은 '임자 없는 가을에 거미줄처럼 걸친'으로, '가을이 샌다'는 '가을이 쉰다'로, '떠나는'은 '떠나가는'으로, '지금 낙엽이 바람에 날리는 길에 여기저기로'는 '지금 낙엽에 바람이 날리고 낙엽이 날리는 길에'로 바꾸었으며, 시집에는 없는 '라이너 마리아 릴케'를

첨가한다.

성찬경의 시

성찬경시인(1930~2013)[32]은 1959~1960년까지 경복중학교 영어교사로 재직할 때 다음 시를 교지에 싣는다.

오 당신의 옆모습의 아름다움. / 그 왕국엔 / 관념이란 금붕어의 무리가 유유히 헤엄치는 / 깊은 사상의 강이 흐르고. / 시간은 꿈 속의 무지개 되어 / 중천에 영원히 옴낫 않고 걸려 있고. / 7색의 곧고도 굽은 띠는 / 그곳을 다스리는 율법이고 / 총탄으로 찢기운 애기를 안은 어느 어머니의 / 가슴을 묻어버린 골짜구니엔 / 언제나 화사한 들꽃이 피어있다. / 엷은 구름 오고 가는 저 건너는 / 오곡을 고루고루 생산하는 풍요의 모태. / 7인의 여인들도. / 한 땐 많은 사람을 홀린 무서운 요물이었다. / 언젠가 당신 앞에서 눈물 흘리며 / 마음을 돌린 뒤론 휘황한 보석의 옷을 / 소복으로 바꾸고 귀여운 맨발하고 / 지금은 들 제기(祭器)를 닦고 있다. / 신을 기리는 / 마음이 뜯어대는 거문고의 가락을 / 먼곳까지 날르는 것은 / 수정의 바람 속에 깃드린 삼엄한 고요. / 종다리처럼 위로 위로 올라만 가 / 이젠 아슬히 까마득한 당신의 눈의 화살은 / 해처럼 눈이 부셔 곁에서 보노라면 / 오. 당신의 옆모습은 아름다워요

– 성찬경(교사, 시인), SCHOENE SEELE, 〈학원〉19, 경복중고등학교, 1959, 136~137.

SCHOENE SEELE는 '아름다운 영혼'이라는 의미이다. 성찬경은 이 시를 7년 후 자신의 첫 시집 『화형둔주곡』(1966)에 '스승께'라는 부제만 첨가하여 하나도 바꾸지 않고 싣는다. 시집에는 이 시를 1957년에 쓴 것으로 표기한다. 1957년에 쓴 시 가운데 한 편을 골라서 교지편집자에게 넘겼을 수 있다.

---

32 성찬경: 시인, 1956년 〈문학예술〉로 시단에 나와, 1966년 『화형둔주곡』 이후 열 권의 개인 시집을 출판하였다. 1978~1995년까지 성균관대학교 영문과 교수로 재직하였다.

송명호의 동시

1954년 제1회 잡지 〈학원〉문학상 시입선자는 유경환(경복고1), 송명호(경복고1), 황동규(서울중3)이다. 당시 심사위원은 정비석, 마해송, 조지훈, 최정희, 서정주, 김동리, 최인욱, 김용호, 조병화, 장만영이다. 송명호(1938~?)[33]의 다음 인용문은 동시라고 구분되어 있지만 짧은 동화 같다.

어느 날, 나는 동화 대궐 속에서 꿈을 꾸었습니다.

조용한 바닷가에, 하늘나라 아기별들이 수학여행을 와서, 해녀와 속사기는 소리를 들었습니다.

분홍별 – 해녀님 바닷속엔 용궁나라가 정말 있나요?

해녀 – 그럼요 토끼간을 못 가져왔다는 죄로 거북님은 몇백 년, 몇천 년, 무거운 갑옷을 입고 살아야 한답니다.

빨간 별 – 해녀님은 겨울에도 춥지 않나요?

해녀 – 천만에, 내 몸은 불덩이야요, 그래서 나는 몸을 식히려고 바다에서만 살죠…

초록별 – 해녀님, 매일아침마다 둥근 햇님이 동쪽 바다에서 떠오를 무렵이면, 초록별 나라에는 해녀님의 숨찬 휘파람 소리가 들려온답니다. 초록별은 그 뜻을 꼭 알고 싶어요.

해녀 – 버들피리를 좋아하던 우리 아기는. 늘 봄만 있다는 초록별 나라로 가버렸답니다. 초록별님 초록별 나라로 돌아가시거든 우리 아기에게 이 말을 꼭 전해주세요. 바닷속엔 별난 것이 다 있지만 네가 좋아하던 버들피리만은 없다고요, 그래서 엄마는 자맥질을 하다가도 초록별 나라를 향해 버들피리 대신 휘파람을 분다고요!…

초록별 – 제 이름이 뭐냐고요 제 이름은 초록별 송경자야요…

초록별 – 어머니 이것인 꿈인가요? 정말인가요?

---

33 송명호: 아동문학가. 1953년 〈소년 태양신문〉 동화 당선, 1954년 학원문학상, 1959년 문공부 5월 신인예술상, 1976년 소년아동문학상, 1976년 소천아동문학상 등을 수상했다.

해녀 – 얘야 네 오빠가 깨어날 시간이 다 되었구나 또 만나자 다시 만나자, 여기는 꿈을 꾸는 네 오빠의 동화 대궐 속이란다.

– 송명호(신춘문예 당선 아동문학가), 「해녀와 아기 초록별」(동시), 〈학원〉19, 경복중고등학교, 1959, 110~111.

유경환[34]의 편지

아동문학가인 유경환(1936~2007)의 편지글을 실었다.

친구여 어서 나의 집으로 와 주게나, 모래를 일기 위한 물결소리가 그칠 줄 모르는 기인 바닷가. 여긴 매일 아침 진귀한 조개껍질이 굴러들어 온다네, 이건 내가 만 십 년을 벌어서 자리 잡은 작은 집 한 채 빨간 지붕을 덮은 벽돌집, 창문이 서넛 구멍이 났네. 작은 고기잡이 목선 한 척, 젖 짜는 양 겨우 몇 마리. 철따라 과일이 열리고, 채소밭도 갈아엎고, 또 집 주위론 나무를 심어 아침마다 맑은 새의 목소릴 듣네…친구여 어쩌란 말인가 하늘에 고인 찬별 떨기도, 밤안개도 바다에 찬 울음도 내 가슴을 식히지는 못하니. 더운 입김으로 조개껍질에 무늬를 새겨보네. 무늬는 맴을 돌고 세월은 가네. 기적도 맴을 돌고 세월만 가네.

– 유경환(시인), 「기적은 맴을 돌고 세월만 가네」(편지), 〈학원〉19, 경복중고등학교, 1959, 108~109.

34 유경환: 1957~58년 〈현대문학〉으로 등단, 1953년 〈소년세계〉에 동화로 당선했다. 1954년 학원문학상, 1955년 새벗문학상, 1970년 현대문학 신인문학상, 1974년 소천문학상을 수상하였다.

3장

1960년대 중고등학교 교지 소재 문헌 발굴자료관

1. 〈경기〉2(통권43), 경기중고등학교, 1960

김화영의 시

불문학자이자 평론가인 김화영(1941-)은 고등학교 1학년때 중앙고등학교 교지 〈계우〉34(1958)에 시를 초대받기도 했다. 그리고 1959년 경기고 3학년 재학 중 '학생시단'에 다음 시를 투고한다.

> 푸른 해협을 돌아가며 돌아가며 / 어머니가 아득한 음성으로 부르고 있었다. / 메아리를 앗아간 파도소리… // 가랑잎 같은 손을 흔들며 / 헤어진 / 자리에는 / 따가운 얼굴들이 쌓여 들국이 새로 핀다. // 물살소리로 목 놓아 우는 소나무 꽃….! 그 아래로 정신없이 달리며 할딱이던 숨결이 희고 검은 건반을 두드리고 // …. 귀 밑에 살아오는 회화(會話)… 아름다운 과수원 … 무성한 사랑의 수림(樹林)…허물어진 교실의 학예회…까치발로 소색이던 꽃잎…파도소리…어두운 묘지의 바람소리…// 창밖에는 / 먼 진동을 뿌리며 비가 따르고 / 소년은 신나게 달음박질쳐 갔다. // …그리고… / 얼마나 오랜 하늘이 흘렀는가. // 눈물처럼 가슴에 젖어오던 가을의 어깨 넘어, / 마구 두 눈을 두드리는 눈보라 소리 속에서 / 문득, 나는 저 갈앉은 화음에 귀를 모우는 것이다.
>
> – 김화영(고3), 「풍금 앞에서」, 〈경기〉2 (통권43), 경기중고등학교, 1960, 226~227.

김화영은 1964년 〈세대〉 신인상에 당선하고 1965년 〈조선일보〉 신춘문예 시부문에 당선했다. 김현, 정현종, 황동규 등과 함께 〈사계〉, 〈68문학〉 동인으로 활동하였다.

2. 〈무학〉18, 마산고등학교, 1960

마산고등학교는 1936년 개교했다. 〈무학〉18호의 서지사항은 1960년 발행, 문예반 편집, 발행소는 마산고등학교, 인쇄는 문화인쇄소가 했다. 마산고등학교의 교가는 윤이상이 작곡했고 이상철이 작사했다.

이제하의 시

졸업생 기고 항목에 시인 이제하(1938~)의 시를 실었다.

이쪽 산에 오르며 / 이쪽에서 저어리로 강은 흐른다 // 흘러간 하늘은 / 뒷 곁으로 뒷 곁으로 돌아 닿는다. // 눈으로 들어오면 눈물이 되는! / 너는 저 양지짝 담집들을 건너다 보듯 / 모든 것은 오래오래 보아 두어라 // 눈으로 들어오면 눈물이 되는 / 바람은 소리소리 질러 / 샘물같이 차디찬 눈물이 흐른다

– 이제하, 「산 위에서」(졸업생 기고), 〈무학〉18, 마산고등학교, 1960, 78~79.

이제하는 1953년 마산고등학교 1학년 때 시 「청솔 그늘에 앉아」로 1회 학원문학상을 수상하였다. 심사위원은 박목월과 조지훈이었다. 「청솔 그늘에 앉아」는 1960년대까지 중3 교과서에 수록되었다. 『저 어둠 속 등빛들을 느끼듯이』(1982)와 『빈 들판』(1998) 등의 시집을 발간하였다.

3. 〈상살미〉9, 거창농림고등학교, 1960

경상남도에 위치한 거창농림고등학교는 1930년 거창 농림 농업 보습학교로 개교하였다. 교지 〈상살미〉9호는 서지사항을 적지 않고 편집후기로 끝내기 때문에 언제 발간했는지 알 수 없지만, 이은상의 시 제목이 「새해 아침의 송가」이며, 마지막에 '1960,1'로 적어 놓은 것에서 1960년 2월 무렵부터 개교기념일인 4월 20일 사이에 발간했을 것이다.

이은상의 시

교지 〈상살미〉는 조판으로 인쇄한 것이 아니라 손글씨이기 때문에 다음 이은상의 거창고등학교 개교 30주년 기념시도 글씨가 뭉개져서 파악할 수 없는 부분이 많다.

동해의 아침 햇빛 / 불쟁반 같이 / 떠오르는 나라 / 그러길래 오늘 아침 따라 / 유난히도 바라뵈는 강산 / 서글픈 세기의 낙인(烙印)이여 / 타다 남은 자국이여 // 숨김없이 똑바로 보라 / 찬란한 저 모습을 / 「흥분」이란 제목 아래 / 빚어진 조각들인가 / 머리에 가시관조차 쓴 / 수난자의 대열(隊列)이여 // 끝없는 행진이다 / 깃발은 앞으로 간다 / 불덤지에서 살아 나오는 게 / 불사조만은 아닐 거다 / 부정(否定)도 / 기만도 없다. // 가야 할 길은 가야 한다 / 어두운 추억들랑 / 낙○에 울리지 말라 / 정진 / 정열 / 올해도 씨를 뿌리자 / 저 깃발 역사가 물을 적에 / 대답할 말이 있어야 한다. // 내일의 파도마냥 / 숨 가쁘게 닥치는구나 / 봄이란 ○○ 속에 / 도리화(桃李花)되어 있지 않느냐 / 피 맺힌 ○○을 안고 / 이 고개를 / 넘으란다 (1960,1,○)

– 이은상, 「서원–새해 아침의 송가」, 〈상살미〉9,
거창농림고등학교, 1960, 22.

4. 〈우암〉10, 청주상업고등학교, 1960

청주상업고등학교는 1934년 설립했다. 교지 〈우암〉10호의 서지사항을 보면, 1960년 3월 25일 발행, 청주상업고등학교 학도호국단 발행, 청주상업고등학교 문예부 편집, 상당인쇄소 인쇄했다.

신동문의 시

'시단' 항목에 시인 신동문(1929~1993)의 시를 실었다. 신동문은 충북 청주 출신으로 충북문학회를 창립했고 청주문학상을 수상하였다. 「아! 신화같이

다비데군(群)들」「풍선기」 등이 한국 전후 문단에 활기를 불어넣으며 울림을 주었다는 평가를 받는다.

기다리다 못하여 / 한숨짓는 사람과 / 기다리다 못하여 / 울고 있는 사람과 /
기다리다 못하여 / 미쳐버린 사람과 / 기다리다 못하여 / 죽어버린 사람과 //
기다리다 못하여 / 웃고 있는 사람과 / 기다리다 못하여 / 노래하는 사람과 /
기다리다 못하여 / 잊어버린 사람과 / 기다리다 못하여 / 졸고 있는 사람과 //
기다리다 못하여 / 찾어 나선 사람과 / 기다리다 못하여 / 믿어보는 사람과 /
기다리다 못하여 / 도라서 간 사람과 / 기다리다 못하여 / 기다리는 사람과 //
기다리다 못하여 / 기다리다 못하면 / 어찌해야 하는가

– 신동문(在淸詩人), 「조건사(條件史) – 부호(符號)?」, 〈우암〉10, 청주상업고등학교, 1960, 36.

편집자는 신동문을 청주지역에서 활동하는 재청시인으로 소개하고 편집 후기에 '시인 신동문 선생님의 옥고는 우리 마음의 무엇인가 자극을 줄 것으로 여기에서 감사의 말씀을 거듭 드립니다.'라고 밝힌다. 위의 시 「조건사」는 〈사상계〉(1957.12)에 실린 시이며, 『신동문 시전집(시)』(솔출판사, 2004)에는 「조건사초 – 부호?」로 실려 있다.

5. 〈우애〉16, 성신중고등학교, 1960

현재는 가톨릭대학교인 성신중고등학교는 1837년 예수성심학교가 설립했다, 설립자는 프랑스와방전교회이며 초대교장은 Pierre Guinand 신부이다. 교지 〈우애〉16호는 1958년 졸업생 특집호이다. 서지사항은 1960년 3월 1일 발행, 발행소는 성신중고등학교이다. 교가는 시인 최민순 신부(1912~1975)가 작사했는데 최민순 신부는 소명여자 중·종합고등학교의 교가도 작사했다.

진세를 버렸어라 이몸마저 버렸어라 깨끗이 한 청춘을 부르심에 바쳤어라. 성신의 그 느르심 아늑한 이 동산에 우리는 배우리라 구원의 Ve-ri-tas (후) 성신 성신 Al-ma Ma-ter이여 Al maMater Al maMater 우리 성신이여

– 교가, 최민순 신부 작사, 이문근 신부 작곡

'특별기고' 항목에 김남조 선생(숙대교수)의 「제야」(특별기고)를 실었는데, 「제야」는 1960년 5월 10일 정양사에서 발간한 김남조의 제4시집 『정념(情念)의 기(旗)』에 실린다. 교지에 먼저 투고하고 시집에 실었다.

함세웅의 시

함세웅(1943~)[35] 신부가 고등학교 3학년 때 쓴 시이다.

'오르르' 어린이들이 몰려가고 난 뒤 / 벌건 해가 서산으로 힘없이 기울어지며 / 어두움이 스며 오는 / 쓸쓸하고 호젓한 마당. / 호올로 성모 / 예수 아기 품고 계시다. // 십자가의 길 / 열세 번째 고개에서 / 예수의 상처를 씻으시던 그 눈물. / 지금은 고새 숙이시고, / 호올로 성모 / 흘리셔야 했다 // 《별빛조차 자취를 잃고 앙상한 가지에 겨우 달리었던 마르고 시들은 잎마저 떨어져 버린다》 // 추운 밤, / 눈보라 속에 / 예수 아기 꼬-옥 품으시고, / 호올로 성모 / 눈물지으신다. / 한마디 말씀도 없이 고개만 숙이시고…

– 함세웅(고3), 「호올로 성모」, 〈우애〉16, 성신중고등학교, 1960, 94~95.

---

35 함세웅: 교수, 작가, 사회운동가이다. 1960년 가톨릭대 입학, 1974년 천주교 정의구현 전국사제단 창립 주관, 1974~1992년까지 가톨릭대 신학과 교수, 1989년 평화방송 사장을 역임했다.

6. 〈인창〉3, 인창중고등학교, 1960

서대문구에 위치한 인창고등학교는 1922년 경기도 고양군에 인창의숙(仁昌義塾)으로 설립하였다. 1947년 6년제 인창중학교로 개편하였으며 1953년 인창고등학교와 인창중학교로 분리, 개편하였다.

오상순의 시

공초 오상순(1894~1963)은 〈폐허(廢墟)〉(1920,7)에 평론 「시대고와 희생」으로 등단하였으며 1960년대 시집으로는 『공초 오상순 시선』(1963)이 있다. 다음은 4·19를 소재로 한 권두시로서 발간일이 1960년 12월 15일이므로 4·19 이후 창작시이다. 편집후기에 '권두시를 보내주신 공초 오상순 옹께 무한한 감사를 올리며 여전하신 건승을 비는 마음 간절하다.'는 내용이 있다.

> 드디어는 폭발하고야만 새 세대, 젊은이들의 패기 있는 모습을 본다. // 오랫동안 말없이 침체 속에서 눌리우고 살아온 넋이 이제 그 가슴을 활짝 펴고 거침없이 대기를 향하여 호흡할 때는 왔다. // 누가 준 것도 아니고 오직 자신들의 피와 힘으로 억센 물결과 대결하여 젊음의 본연의 자태를 '여기' 찾았다. // 그 기백이 천지를 뒤덮을 때, 아세아는 다시 잃었던 빛을, 동방의 등불을 비치게 되었다- // 이것은 오직 4·19라는 이름의 소생인 것이다. 불행도 불만도 때 늦은 잠꼬대- 오직 힘차게 암흑을 뚫고 나아가는 젊은이들의 용감한 진격이 있을 뿐. // 그래서 모든 아악(雅惡)[36]을 물리칠 수 있는 야망을 지니자- // 야망이 있는 곳에 젊음의 약동은 영광에 빛나리라
>
> - 공초 오상순, 「야망을 지니자」, 〈인창〉3, 인창중고등학교, 1960, 12~13.

위의 시는 『공초 오상순 시선』(1963)이나, 『공초 오상순 전집』(2022)에도 없다. 위의 시를 전후로 한 오상순 작품연보를 보면 「꿈」(〈현대불교〉, 1959,12), 「한

36 아악은 사악(邪惡)의 오자인 듯하다.

방울의 물」(〈예술원보〉6, 1961,6)뿐이다. 이렇게 본다면 1960년에 쓴 시는 이 한 편이기 때문에 의미있다 할 것이다.

7. 〈전고〉7, 전주고등학교, 1960

전라북도 전주시에 위치한 전주고등학교는 1919년 관립 전주고등보통학교로 개교하였다. 〈전고〉7호의 서지사항을 보면, 1960년 2월 15일 발행, 전주고등학교 발행, 전주고등학교 학예부 문예부 편집, 동방출판사가 인쇄했다.

김대준의 권두시

해강 김대준(1903~1987)은 〈조선문단〉13호(1925,11)에 시 「달나라」를 발표하며 창작 활동을 시작했고, 해방 전에는 잡지 〈시건설〉의 발행인으로 현실비판 시를 발표하였다. 1968년 발간한 『동방서곡』에 실은 시 「가던 길 멈추고 – 마의태자 묘를 지나며」는 중고등학교 국어 교과서에 수록되었다.

김대준은 보성고보 재학시절 기미독립만세 사건으로 낙향한 후, 60여 년 동안 고향 전주를 떠나지 않았다. 그리고 전라도 지방과 관련한 「전북의 노래」, 「전주시민의 노래」, 「춘향의 노래」 등과 여러 학교의 교가[37]를 작사하였다. 전주사범학교를 졸업하고 초등학교에서 교편을 잡다가 1958년부터 1968년까지 전주고등학교 교사로 재직하였는데, 이때 전주고등학교의 교지 〈전고〉7호에 다음 시를 싣는다. 『김해강 시전집』(국학자료원, 2006)에 전주고등학교 '응원가'와 '찬가'는 있지만 이 시는 없다.

---

37 익산여산중, 전주동초, 전주교육대, 고창해리중, 전주중앙초, 전주남초, 전주진북초, 완주삼우중, 완주용진중, 고창해리고, 전주비사벌예술고, 전주사범, 전주완산초, 전주금암초, 전주 풍남초등학교 등의 교가.

종이 운다 / 노송대(老松臺) 위에 하늘이 열린다 파랗게 파랗게 하늘이 열린다 / 우람한 교문! 교문이 섰다 교문이 새로 섰다 / 교문을 들어서는 어깨와 어깨 위로 젊은 산맥이 달음질친다 / 춤추듯 우쭐우쭐 산맥이 달음질치는 어깨 위 다섯 빛깔 찬란하게 / 햇살이 퍼진다 / 힘차게 뻗어라. / 벋어라. 버지거라. 트거라. 피거라. 열리거라. 종이 운다. / 파랗게 파랗게 / 열리는 노송대 위 푸른 하늘은 / 푸른 하늘은 더한층 높다랗게 높다랗게 바람이 드높다

– 김해강, 「전고송(全高頌)」(권두시), 〈전고〉7, 전주고등학교, 1960, 12~13.

신석정의 시

시인 신석정(1907~1974)은 1954~1960년까지 전주고등학교 교사였다.

내죽도(1)

연보라빛 꽃이파리로 / 10월을 밀어내면서 / 돌담을 넘어 낯을 붉힌다. // 겨울도 봄인냥 / 부푸는 바다를 닮어 / 네 가슴도 뜨거운 탓이지…

풍란(2)

삭은 향나무 등걸에 / 뿌리를 감고 / 못견디어 칭칭 뿌리를 감고 // 햇볕과 공길 마시고 사는 / 네 가녀린 숨소리 속에 // 나는 시방 외로운 나그네로 / 백록담 물소리를 멀리 듣고 있다.

용설란(3)

사막에서 배운 버릇으로 / 햇볕을 마냥 과식한 / 짐승스런 혀ㅅ바닥을 / 돌담과 가즈런히 내밀고 // 고국이 그리워도 / 니그로처럼 망향가도 잊어 / 차마 울음도 터뜨릴 수 없는 / 혓바닥엔 가시가 돋았나보다

동백(4)

푸르다 지쳐 검은 이파리 속에 / 이윽고는 터뜨릴 꽃봉오리 속에 / 꽃봉오리마다 가득 담은 이야기 속에 / 〈고을라(高乙那)〉의 손주딸의 웃음소리 속에 / 꽃보다 진하고 뜨거운 입맞춤 속에 / 〈탐라〉는 아직도 젖어 바다에 떠 산다.

– 신석정(교사), 「탐라식물지」, 〈전고〉7, 전주고등학교, 1960, 140~143.

위의 시 「탐라식물지」는 1960년 2월 1일부터 8일까지 〈전북일보〉에 실은 시이다. 협죽도, 문주란, 풍란, 석곡, 유자, 종려, 용설란, 소철, 동백 9편이다. 위의 시보다 5편 연작이 더 있다. 〈전고〉7호는 2월 15일 발행했으므로 먼저 쓴 시의 일부를 건넨 것으로 보인다. 신석정은 「편집후기」에 다음과 같은 소감을 남겼다.

> 원고 넘긴 지 실로 한 달 열이틀이 어떻게 지나갔는지 모르겠다. 참으로 이번 교지는 난산 중의 난산이었으나 다행히 문예반 하근 일부 홍근 동길 제군의 핏땀이 좋은 조산역이 되었고, 동방출판사 여러분의 로고의 선물인가 생각하는 나도 이런 고역은 남생 처음인 것 같다. 티끌 없는 여러 학생의 옥 같은 원고를 다 넣지 못해서 마음 아프다.
>
> – 신석정, 「편집후기」, 〈전고〉7, 전주고등학교, 1960, 223.

8. 〈춘추〉5, 제물포고등학교 인천중학교, 1960

인천광역시에 위치한 제물포고등학교[38]는 1930년 인천부립 인천중학교로 개교하였다. 교지 〈춘추〉5호는 개교 15주년 기념호이다. 서지사항을 보면 1960년 11월 27일 발행, 인쇄소는 한영사이다.

김동리의 제3회 제인문학상 심사평

> 아직 젊은 학생들의 작품이기에 소질과 기초를 무겁게 보기로 하였습니다…너무 자기의 힘에 겨운 소재였기 때문에 이야기의 갈피를 제대로 풀어나가지 못했기 때문…어떤 훌륭한 인물의 생애와 업적을 이야기한다는 태도 그 자체가 단편소설에 어울리지 않는 태도…아름다운 작품입니다. 그렇지만 너무 탐미적 경향

38 제물포고등학교: 인천중학교는 1972년 평준화 정책에 따라 폐교한다.

이어서 이렇게 가다가는 자칫하면 너무 병적 공상에 빠지기 쉽습니다. 반드시 사회성이나 현실성이라는 것을 강조하는 것은 아니지만 건실성을 잊지 않도록…역사소설…단편소설에는 좀 더 덜 어울립니다

– 김동리, 「소설작품 심사소감」, 〈춘추〉5, 제물포고등학교, 인천중학교, 1960, 311~312.

9. 〈풍문〉7, 풍문여자중고등학교, 1960

서울시에 위치한 풍문고등학교[39]는 1937년 경성휘문소학교로 개교하였다. 교지 〈풍문〉7호의 서지사항을 보면, 1960년 11월 1일 발행, 발행소는 풍문여자중고등학교 학생회, 편집인은 학예부 문예반, 광명인쇄공사가 인쇄했다.

손숙의 수필

연극 배우 손숙(1944~)은 풍문여자고등학교 1학년 때 수필 「무제」를 실었다.

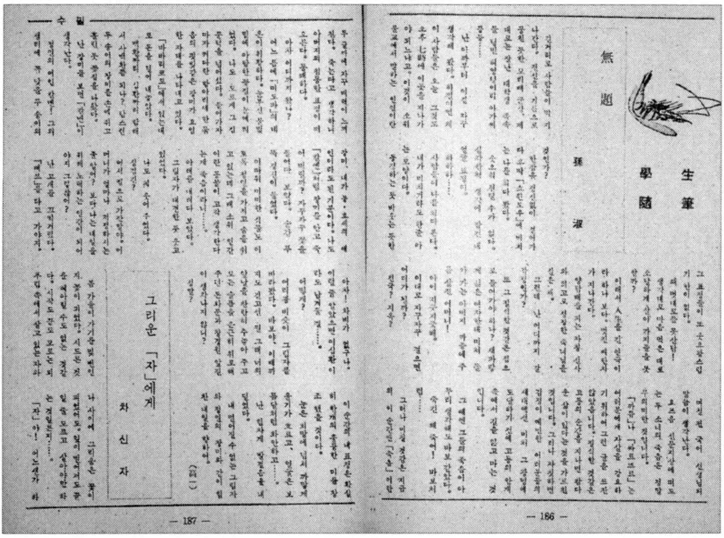
學生隨筆

無題

孫淑

그리운 「자」에게

차신자

— 186 —

— 187 —

39 풍문여자고등학교: 현재는 남녀공학 풍문고등학교이다.

박화목의 시

시인이자 아동문학가인 박화목(1924~2005)의 시를 실었다.

10월은 낙엽의 달. / 밤내 창가에 낙엽이 소리 없이 쌓이고 / 시시로 내 마음을 고요히 노크하는 소리. // 벽간의 귀뚤이 즐즐이 울어예고 / 동산에 떠오르는 저 가을 달은 / 왜 또 그리 휘영창하게 밝은지… // 10월은 그리움에 사뭇치는 달. / 옛 생각이 떠올라 잠 못 이루고 / 오솔길에 서면 가랑잎 구울어 오고. // 지금은 애기에게 젖 물리고 누웠을 / 얼굴이 달같이 하얀 순이네. / 그 창가에도 저 달을 환히 비쳐라. // 10월은 내 마음에도 낙엽이 지고 / 낙엽이 구울어 오는 안타까운 / 아 진정 안타까운 달

– 박화목(시인), 「10월」, 〈풍문〉7, 풍문여자중고등학교, 1960, 94~95.

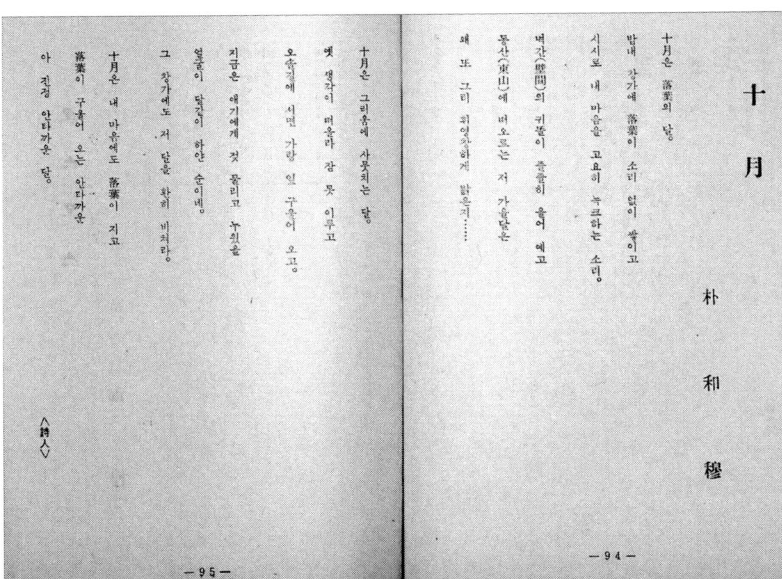
十月

朴和穆

十月은 落葉의 달。
밤내 창가에 落葉이 소리 없이 쌓이고
시시로 내 마음을 고요히 노크하는 소리。
벽간(壁間)의 귀뚤이 즐즐히 울어 예고
동산(東山)에 떠오르는 저 가을달은
왜 또 그리 휘영창하게 밝은지……

—94—

十月은 그리움에 사뭇치는 달。
옛 생각이 떠올라 잠 못 이루고
오솔길에 서면 가랑 잎 구울어 오고。
지금은 애기에게 젖 물리고 누웠을
얼굴이 달같이 하얀 순이네。
그 창가에도 저 달을 환히 비쳐라。
十月은 내 마음에도 落葉이 지고
落葉이 구울어 오는 안타까운
아 진정 안타까운 달。

〈詩人〉

—95—

황금찬의 시

코가 이뿌다고 하였다. / 또 언제나 고향의 호수가 잠긴 듯한 / 눈매가 안타깝다고 하였다. / 그리고 슬픔이 어려서 웃음 웃는 앓니 / 참 서운하다고 하였다. / 이것은 죽은 내 어린 딸년의 모습이다. // 째듯한 달밤 언덕에 서서 / 조용히 생각하는 꽃 / 코스모스 / 살아오고 또 살아갈 날을 손꼽는 것은 / 차라리 부질없구나. // 이제는 잊어버리자. / 내 한정된 기억 속에서 // 네 이름도 그리고 네 모습도 / 남모르는 눈물처럼 씻어 버리자. // 하얀 서리로 쌓아 올린 허공에 / 은은히 날리는 옥피리 소리 / 울음 우는 꽃 / 코스모스 // 아, 이 가을을-다시는 내 가는 곳을 묻지 말라

– 황금찬(시인), 「코스모스」, 〈풍문〉7, 풍문여자중고등학교, 1960, 96~97.

10. 〈학원〉22, 경복중고등학교, 1960

〈학원〉 22호는 문예지 제2호이다. 서지사항을 보면, 1960년 10월 31일 발행, 편집은 학우회문예반, 발행은 경복중고등학교, 경향신문사 공무국에서 인쇄했다. 다음 편집후기는 편집의도와 어떠한 작가들의 글을 실었는지 설명하며, '문예지'와 '종합호'가 있다는 것을 밝힌다.

1957년 내에 데뷔한 선배들의 글을 모아 동문시단이라는 이름으로 특집을 꾸며 보았다…옥고를 보내준 화운헌, 박이문, 노양환, 유경환, 송명호, 김영태 동문 시인들께 사의가 크다. 언론계의 노선배이신 조풍연 선생님의 수필과 문단의 중진작가이신 7회 동운 장만영 선생님의 시를 실었다. 이번 편집의 귀한 빛이다. 전반 장르에 걸쳐 많이 들어온 힘찬 글들을 다 싣고 싶었지만 문예지의 개성을 허물지 말자는 데서 문예물 밖의 것은 다름 종합호에 밀기로 했다.

– 편집부, 「편집후기」

조풍연[40](한국일보 논설위원 겸 소년 한국일보 주필)의 수필 「순수함과 현실」과 동문 시단 항목에 유경환(31회 동문)의 시 「염소새끼를」과, 송명호(31회 동문)의 시 「첫서리」를 실었다.

장만영의 시

시인이자 번역 문학가 장만영(1914~1975)은 1932년 경성 제2 고등보통학교, 현재의 경복고등학교를 졸업했다. 시집으로 『밤의 서정』(1956), 『저녁종소리』(1957), 『장만영선시집』(1964), 『등불따라 노을따라』(1970), 『저녁놀 스러지듯이』(1973) 등이 있다. 『놀따라 등불따라』(1988)는 장만영의 미발표 유고시집이다.

어느 날 황혼 / 어제와 같이 그 시간에 그녀와 나는 / 언덕 위에 가축모양 말없이 / 앉아있었다, 언제까지나. // 이윽고 그녀와 나는 / 어느새 작은 물고기가 돼 있음에 놀랐다. / 몸에는 수없이 많은 비늘이 돋혀있었다. / 그리고 조그만 꽁지까지 생겨 / 움직이면 요리조리 제법 꼬리쳤다. // 그녀와 나의 눈앞으로 / 등불이 흘렀다. 노을이 흘렀다. / 등불이, 노을이 물 위로 흘렀다. // 등불 따라 노을 따라 / 그녀가 흘렀다. 내가 흘렀다. / 우리는 새벽을 찾아가는 것이었다. / 웃으며 떠들며 꽁지치며 / 흘러가는 것이었다. 자꾸자꾸 흘러가는 것이었다. // 새벽을 만나면 그녀와 나는 / 그 어느 물 푸른 보리밭 고랑으로 찾아 들어가 / 아름다운 한 쌍의 종달새가 될 수 있다고 믿으며 / 흐르는 것이었다, 그녀와 나는 / 등불 따라…노을 따라…

– 장만영(7회 동문 시인), 「등불따라 노을따라」, 〈학원〉22, 경복중고등학교, 1960, 90~91.

안수길의 심사평

제1회 교내 문학상 당선작을 실었으며 장만영의 시와 평론 심사평과 안

---

40 조풍연(1914~1991)은 아동문학가, 수필가, 소설가, 언론인이다. 일제 말기 문예지 〈문장(文章)〉을 편집하였고, 1960년 이후 소년한국일보 주간으로 재직하였다.

수길의 소설과 수필 심사기를 실었다. 안수길이 심사평에서 '고교생의 작품으로 놀랍다'고 언급한 '황수영'은 소설가 황석영(1943-)의 본명이다.

> 주제는 무거운 것을 잡았고 4월 혁명의 생생한 소재를 다루었다는 점, 적으나 호감이 가나, 문장이 좀 더 세련되었으면 싶었다. 날려썼다는 느낌이다. 그리고 기계적인 구성이다…「부활이전」(황수영 고1)은 가롯유다의 배신에 대한 새로운 해석이다. (나는 생각한다. 나는 존재한다.)의 타라푸레이스가 암시하듯 이 작품에서 작가가 말하려는 것은 한마디로 유다의 배신은 예수를 인간으로 만들기 위함이라는 것이다. 종교적인 각도에서는 어떨지 모르나, 유다의 배반의 동기를 이렇게 해석한다는 것은 소설로서는 있을 수 있는 일일뿐더러 재미있는 시점이라고 하지 않을 수 없다. 더구나 묘사도 어지간히 되어 있어 고교생의 작품으로는 놀라지 않을 수 없는 정도다. 이 작품을 발견한 걸 나는 문학적인 관점에서 기쁘게 생각한다.
>
> – 안수길, 「놀랄만한 소설과 깊이 있는 수필들, 중학부엔 분발을 바란다」(소설·수필 심사기), 〈학원〉22, 경복중고등학교, 1960, 88~89.

황석영의 소설

제1회 교내 문학상 고교 소설부 1석 작품인 황석영(1943~)[41]의 고등학교 1학년 때 소설 「부활 이전」을 실었다. 황석영의 이 작품을 누군가가 도용해서 제목도 바꾸지 않고 지방 일간지 신춘문예에 투고하였고 당선했지만 도용했다는 사실이 밝혀져 취소됐다. 황석영은 1962년 경복고등학교를 자퇴하고 같은 해에 사상계에 「입석 부근」이라는 단편소설로 등단한다. 심사위원은 '글에서 원숙미가 느껴지는 게 40대 중년 남성의 작품 같다.'고 하였지만 고등학생의 작품이라는 사실에 놀랐다고 한다.

---

41 황석영: 소설가이다. 소설집으로 『객지』(1971), 『장길산』(1984), 『무기의 그늘』(1985), 『손님』(2001), 『바리데기』(2007) 등이 있다.

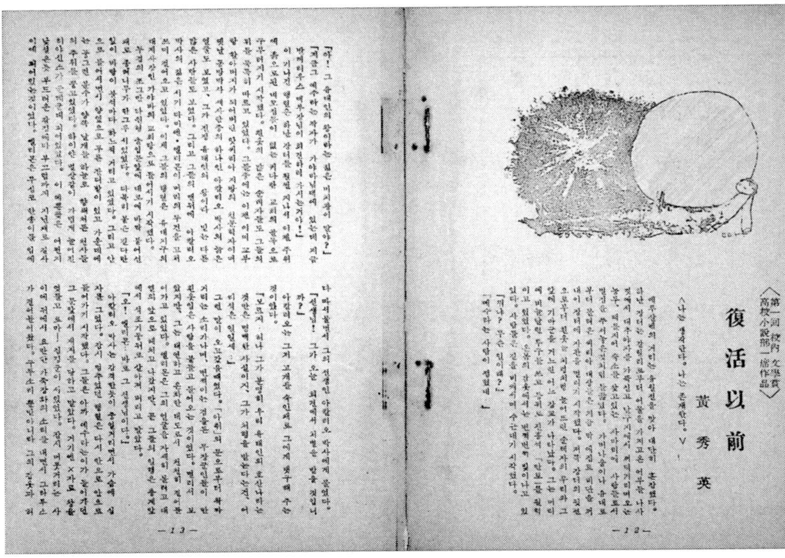
〈第一回 校內文學賞 高校小說部一席作品〉

復活以前

黃秀英

황석영의 시

황석영은 소설뿐 아니라 시도 입상했고 교지에 실린다.

물결과 별과 바람의 흐름은 / 미래로 향한 얼굴. // 자꾸 가면 / 어디엔가 막혀 있을 문. / 꽃다발 한 아름 안고 / 기다리고 // 하늘은 삶을 위하여 / 백지로 갔는데 // 시간은 / 오늘 / 내일 / 소라 같은 자세로 얼굴을 그리다.

– 황수영(고1), 「상」(제1회 교내 문학상 고교 시부 3석 작품),

〈학원〉22, 경복중고등학교, 1960, 96~97.

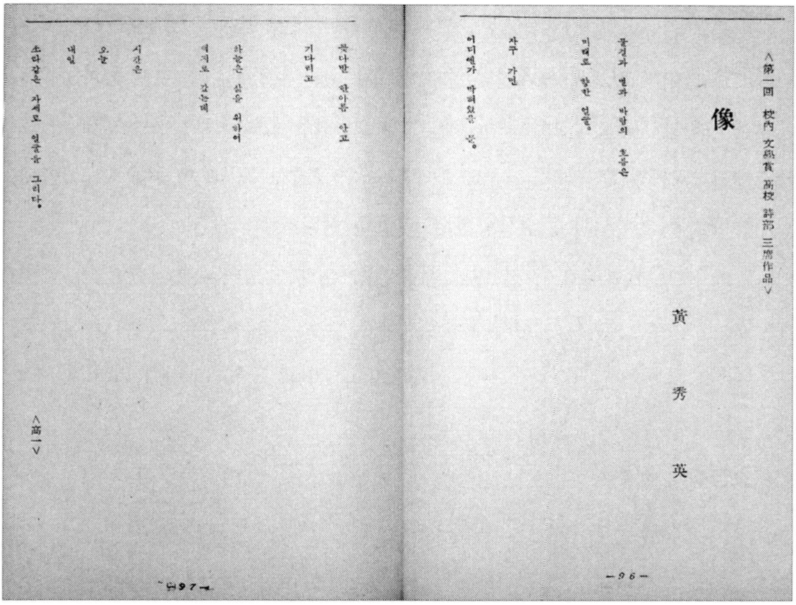

<第一回 校內 文藝賞 高校 詩部 三席作品>

像

黃 秀 英

풍경과 별과 바람의 호응은
미래로 향한 얼굴.
자주 가면
어디엔가 박혀있을 뿐.

— 96 —

꽃다발 한아름 안고
기다리고
하늘은 삶을 위하여
여기로 갔는데
시간은
오늘
내일
조각같은 자세로 얼굴을 그리다.

<高一>

— 97 —

11. 〈경희〉11, 서울중고등학교, 1961

서울중고등학교 교지 〈경희〉11호는 개교 15주년 기념호이다. 서지사항을 보면, 1961년 12월 30일 발행, 편집인은 문예 신문반, 발행소는 서울중고등학교, 본문 인쇄처는 동아출판사 공무부, 표지 인쇄처는 고려인쇄 주식회사이다. 〈경희〉11호가 밝힌 서울중고등학교 연혁을 보면, 1958년 제1회 경희문학상을 제정했고, 1960년 미국 뉴욕의 고등학생으로부터 5,000여 권의 책을 받았다.

최현배의 글

'주는 글' 항목의 외솔 최현배의 글은 서울고등학교가 가로줄로 된 순 한글교지라는 것에 의의를 부여한다.

미래는 청년의 것이다. 한글만 쓰기로써 한글문화를 빛내며, 가로줄 글씨 – 내지 가로 풀어 쓰기로써 세계인의 글자 생활로 더불어 영진하여, 겨레 문화의 약진을 꾀하는 훈련이 〈경희〉 속에 이루어지고 있음을 4294년 11월 서울 중고등학교 개교 15돌 해를 축하 기념하고 더구나는, 가로줄로 된 순 한글 교지 〈경희〉의 특집호에 부치고자 노고산망에서, 외솔은 적다.

– 최현배(한글학자, 전 연대 부총장), 「미래는 청년의 것 – 한글 가로쓰기 경희에 부침」(주는 글), 〈경희〉11(개교 15주년 기념호), 서울중고등학교 문예 신문반, 1961, 13~15.

조병화의 권두시

'권두시' 항목에 은사인 조병화(1921~2003)시인의 시를 실었다.

하늘 하늘로 구름다리를 / 논다 // 꿈의 무게처럼 / 가벼워지는 다리 // 하늘을 밟으며 / 그곳을 / 간다 // 다정한 사람을 내려다보면 / 구름 속에 가라앉은 / 먼 먼 / 그 고향 // 지구는 푸른색으로 / 원을 / 그린다

– 조병화(시인, 은사), 「하늘 하늘로」(권두시), 〈경희〉11(개교 15주년 기념호), 서울중고등학교 문예 신문반, 1961, 1.

조병화는 1951년에서 1959년까지 서울고등학교 교사로 있었다. 위의 시는 조병화의 시집에서 발견할 수 없었다. 조병화의 시 「봄이여 사월이여」는 '하늘로 하늘로'로 시작하지만 위의 시와는 다르다.

마종기의 기고

서울고등학교 6회 졸업생 마종기시인(1938~)[42]은 황동규시인을 언급한다.

---

42 마종기: 시인이다. 시집으로 『평균율1』(1968), 『보이는 것을 바라는 것은 희망이 아니므로』(2004) 등이 있다.

청탁해온 제목은 「나의 습작시절」이란 것이었지만…5년 전 내가 서울 중고등학교에 다닐 때…서울중고등학교 동기동창으로 지금도 절친한 친구인 '서울대학원 영문과'에 적을 둔 '황동규' 시인이 있습니다. 중학교 3학년 때부터 쭉 사귀어오면서 그와 나 그리고 몇 친구는 작은 문학 '그룹'을 만들었습니다…끝으로 문학을 사랑하는 여러 친구들에게 하고 싶은 말은 모든 면으로 (비록 문학만이 아님) 노력하자는 것입니다. 인내하고 노력하여 성실한 하나의 인간이 되기를 바라자는 것입니다. 훌륭하고 생명이 오래가는 작품은 얼빠진 넋두리나 일시적인 허영심이 아니고 성실한 인간의 끊임없는 노력에 의해서 이루어지는 것을 함께 잊지 말아야 할 것입니다.

– 마종기(제6회 졸업생, 시인), 「문학을 사랑하는 친구들에게」(기고), 〈경희〉11(개교 15주년 기념호), 서울중고등학교 문예 신문반, 1961, 201~204.

최인호의 소설

제4회 경희문학상 수상작을 발표하였는데 수상작으로 당시 서울고등학교 1학년이었던 최인호(1945~2013)[43]의 창작작품 「반항 뒤에 오는 것」을 실었다. 최인호는 1963년 서울고등학교 2학년 때 단편 「벽구멍으로」로 〈한국일보〉 신춘문예에 입선하였으며, 1967년 단편 「견습환자」로 〈조선일보〉 신춘문예에 당선했다.

43 최인호: 소설가이다. 소설집으로 『별들의 고향』(1972), 『바보들의 행진』(1972), 『도시의 사냥꾼』(1976), 『고래사냥』(1982), 『겨울나그네』(1984) 등이 있다.

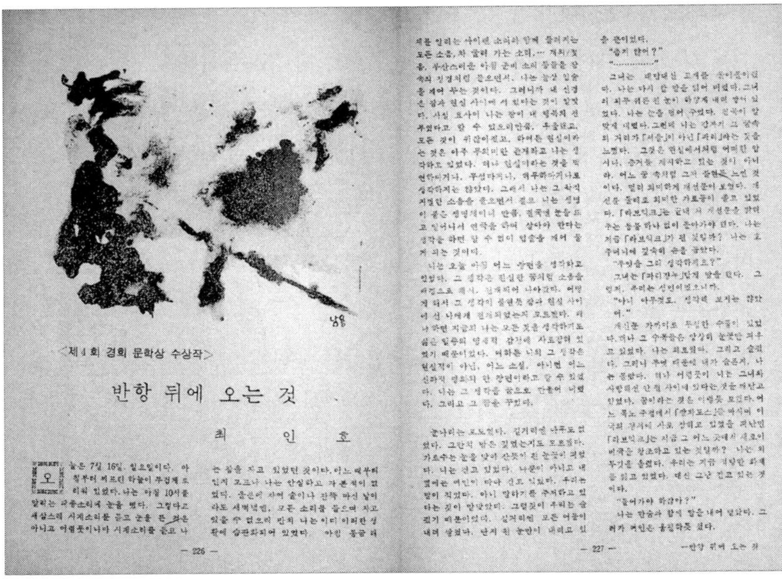

12. 〈크로바〉9, 인천여자고등학교, 1961

인천여자고등학교는 1908년 일본인이 인천공립고등여학교로 창설했으며, 32회에는 한국인이 87명 졸업했다. 교지 〈크로바〉9호의 서지사항은, 단기 4294년 2월 14일 발행, 발행은 인천여자고등학교, 인쇄는 삼영인쇄주식회사가 했다.

고은 방문기

'방문기' 항목에 고은 시인이 승려였던 시절 만난 이야기가 있다. 목차 제목은 '시인 고은 스님을 찾아서'이지만 내용 제목은 '시인 고은 스님을 만나고'라고 표기한다. 고은의 청년시절을 세밀하게 묘사하였다.

가을 방학을 이용하여 강화에…전등사…창백하도록 흰 얼굴에 부드러운 음성은 '인자' 글자 그대로가 온몸에서 풍겨 나오는 것 같을 뿐만 아니라 마음속에 이 세상 어느 것도 비길 수 없을 무겁고 성스러운 '무언'의 양식을 깊이 보관하신 것만 같았다. 중이 된다는 것은 심적으로 얼마나 큰 원인과 깊은 상처가 있었겠지만 이런 분이 우리 사회에 나가서 일한다면 우리나라가 좀 더 부흥될 수 있지 않을까…주지스님…고은…시를 쓰는 것은 시인에게는 하나의 종교가 될 수도 있고 글을 씀으로써 시인들은 다른 사람들은 절대로 느낄 수 없는 법열을 가질 수 있다고 하신다.

– 정경자(2-2), 「시인 고은 스님을 만나고」(방문기), 〈크로바〉9, 인천여자고등학교, 1961, 218~221.

13. 〈유란〉6, 대구여자고등학교, 1962

대구여자고등학교는 1954년 시립여자고등학교로 시작했다. 교지 〈유란〉6호의 서지사항을 보면, 1963년 2월 7일 발행, 발행은 대구여자고등학교, 편집은 문예반, 인쇄는 경북인쇄소가 했다.

청마 유치환시인(1908~1967)[44]은 대구여자고등학교 교장으로 재임하고 있었는데, 이를 '학교연혁'부분에 '1962년에 8대 교장 유치환선생님 취임'이라는 내용에서 확인할 수 있다. '화보'에 '집무하시는 교장선생님' 유치환의 사진이 있다. 그리고 '교직원일람표'를 보면 교장-유치환-경남(본적)-최종출신학교(연희전문 중퇴)로 되어 있다. 대구여자고등학교의 교가는 따로 있으며, 교지 앞부분 화보에 유치환이 작사한 「난초의 노래」(김종환 작곡) 악보를 실었다.

1. 금수강산 어여뿐 겨레의 딸로 아스라이 이어온 정한 순결이 여기 금호 기슭에 고히 머물러 달 자태 꽃향기로 꾸며나나니 2. 밝은 아미 아가씨의 요조한 뜻을

---

44 유치환: 1937년 〈생리(生理)〉를 주재했고, 시집으로 『청마시초』(1939), 『울릉도』(1947), 『예루살렘의 닭』(1953), 『뜨거운 노래는 땅에 묻는다』 등이 있다.

봄비 가을 바람에도 못내 수심져 다수굿이 지녀 닦는 빛난 슬기사 일편단심 크신 임께 받들이고저 후) 난난 기품 높고 맑은 난이여 이 낳에 웃고 울며 맺는 우정을 자랑 많은 청춘의 꿈과 더불어 길이도록 아끼리 우리의 모교

유치환의 권두사

'권두사'에 유치환시인의 글을 실었다.

아무리 진기한 화초라 한들 꽃을 피우지 못한다면 그것을 어찌 화초라 할 것이며 또한 아무리 귀한 씨앗이라 할지라도 그것이 땅에 떨어져 움틀지 못한다면 무슨 소용이 있겠는가 말이다. 사람도 이와 꼭 마찬가지인 것이다. 사람이란 누구나 제대로의 천분을 가졌으므로 많은 남과 구별되어 '나'일 수 있는 그 천분의 이유가 타의에 있든 자의에 있든 간에 가시덤불이나 돌자갈밭에 떨어진 씨앗처럼 봄이 왔어도 여짓것 가지에 매달인 열매처럼 또는 꽃을 피울 줄 모르는 화초마냥 그처럼 움도 틀고 꽃도 피워내지 못한다면 그것은 자신의 생명에의 죄악이며 오묘 무궁한 대자연의 섭리에의 거역인 것이다. 그러므로 교육-사람

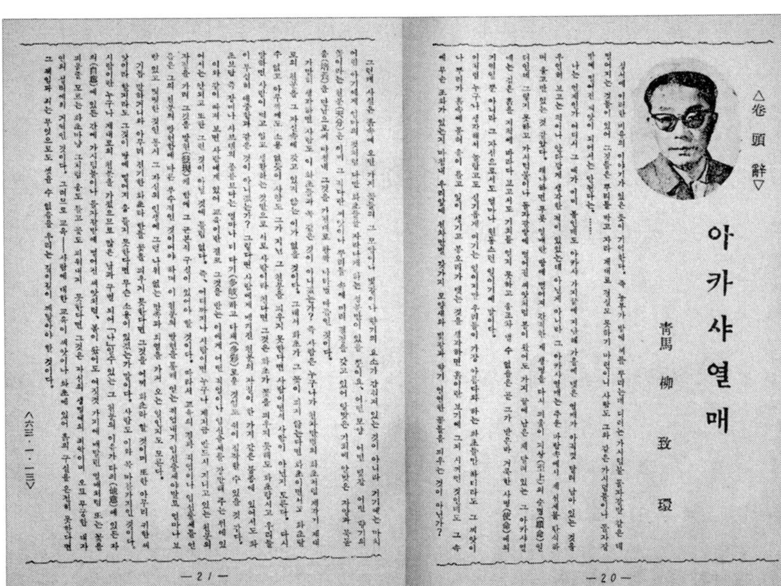
△卷頭辭▽

아카샤열매

靑馬 柳致環

-20-

-21-

에 대한 교육이 씨앗이나 화초에 있어 흙의 구실을 온전히 못한다면 그 책임과 죄는 무엇으로도 씻을 수 없음을 우리는 깊이깊이 깨달아야 할 것이다. (63,1,13)

– 청마 유치환(학교장), 「아카샤 열매」(권두사), 〈유란〉6, 대구여자고등학교, 1962, 20~21.

14. 〈의화〉5, 한성여자중고등학교, 1962

서울 성북구에 위치한 한성여자중고등학교는 1945년 설립자겸 교장 김의형이 구 여자기예학교를 인수, 1946년 한성여자중학교로 교명을 변경하였다. 교지 〈의화〉5호의 서지사항은 1962년 11월 10일 발행, 편집겸 발행인 김의형, 발행소는 한성여자중고등학교, 인쇄처는 도서출판세문사이다.

모윤숙의 기고시

'특별기고' 항목에 모윤숙시인(1909~1990)[45]의 시를 실었다.

어디서 왔는지 또 어디로 가는 길인지 / 휘둥그런 하늘이 닿인 입술에 / 바람 떠 가듯이 둥둥 가고 있다. / 땅은 진 눈까비에 젖어 움추려 들었어도 // 달 여울 어린 눈 둘레에 / 아스라한 노을 빛깔들이 / 까 앉고 그늘저 밤이 된다 / 가고 다시 오는 그 밤은 아니라도 // 고함소리엔 가슴이 미여지고 / 찌푸린 눈살엔 창을 도로 닫으면서 / 행여 앞섶에 찬기운 스며질가 / 여린 누덕이 속에 그대를 감춘다. // 인정도 산산히 분해된 날 / 흩어진 편편에라도 뜻을 기댈가 / 기우리는 조바심에 시간은 밀려가고 / 풍화된 들더미 우에 혼자 남아 있으면 // 그만 혼미해져서 / 앗질히 주저 앉았다가도 / 깊은 신음에 깨며 이러날 땐 / 생은 그대로 앞에서 줄을 끄은다 / 또 어디로 가는 길인지 / 얼룩진 무늬를 남기며

---

45 모윤숙: 시인, 수필가이다. 저서로 『렌의 애가』(1937), 『정경(情景)』(1959), 『구름의 연가(戀歌)』(1964), 『논개(論介)』(1974) 등이 있다. 시 「국군은 죽어서 말한다」는 교과서에 실리기도 했다.

발자욱을 옮긴다.

– 모윤숙(시인), 「얼룩진 무늬를」(특별기고), 〈의화〉5,
한성여자중고등학교, 1962, 29.

위의 시 「얼룩진 무늬를」은 〈자유문학〉(1962.3)에 기고한 시이다. 〈의화〉5호는 1962년 11월 10일에 발행했으므로 〈자유문학〉에 실은 시를 재기고한 것이다.

팔봉 김기진의 기고문

'특별기고' 항목에 소설가 김팔봉의 글을 실었다.

근래에 우리나라 문단에 나타나는 수필을 보건대, 거의 그 태반이 허잘것 없는 군소리로 종결되어서 그것을 읽는 독자에게 아무런 감흥도, 공명도 사색도 끼치지 못하는 것들이니, 이것은 무슨 까닭일까…신변잡기를 쓰는 것이 나쁘다는 말이 아니다. 몽테에뉴의 말과 같이, 타인을 이야기하는 것이 아니고 자기를 이야기하는 것이 수필이 대부분인 바에야, 어찌 자기의 주변을 건드리지 아니할까보냐…필요한 것은 독자가 필자와 함께 감흥을 느끼고 공명을 하고 그리고 사색하는 것이 아니다. '공감', '공명', '사색'은 문학의 생명인 까닭이다…필자의 내성과 사고와 성실…인생과 자연을 파고 뒤지고 캐내고 거두어 모으고 또다시 추리어 보는 것이 문학하는 사람의 일…근래에 사이비 '수필'이 많이 보이므로 감히 일언 하는 것이다.

– 김팔봉(소설가), 「수필문학의 정도」(특별기고), 〈의화〉5,
한성여자중고등학교, 1962, 42~43.

15. 〈경고학보〉56, 경남고등학교 재건학생회, 1963

부산 광역시에 위치한 경남고등학교는 1942년 부산 제2 공립중학교로 시작했다. 〈경고학보〉56호는 졸업특집호이다. 서지사항을 보면 발행일은 1961년 1월 30일, 편집인은 경남고등학교 문예반, 발행인은 경남고등학교 재건학생회, 인쇄소는 한협인쇄소이다.

박목월의 시

졸업생에게 주는 박목월시인(1916~1978)의 시를 실었다. 박목월은 조지훈, 박두진과 함께 청록파시인이다.

> 라이나 마리아 릴케 / 흘러가 버리는 것이 얼마나 소중한 일이겠습니까? / 청춘이나 사랑이나, / 그리고 우리의 생명으로 약속한 언약이 스스로 마련된 운명의 갈림길에서 서로 손을 놓고 마는 것이. // 그것은 흘러 버린 탓으로 비로소 생명의 근원에서 광채를 품으며, / 지난날의 무심한 것이 새롭고 그지없이 깊고 은은하고 아름다운 미소를 머금고 이미 내가 닿을 수 없는 안타까운 언덕 위에서 소생하여 나를 굽어보는 것입니다. // 그로 말미암아 내 눈물은 또 얼마나 흘려야 합니까. / 그 눈물방울마다 / 그것은 한결 선연(鮮姸)하고 한결 광채롭고 한결 장엄하고 그리고 내 안에서 밝게 증명하면서 또렷이 소생하는 것입니다.
>
> – 박목월, 「별전(別箋) – 졸업생에게 부치는 글」, 〈경고학보〉56, 경남고등학교 재건학생회, 1963, 4~5.

16. 〈경희〉13, 서울중고등학교, 1963

서울고등학교의 교지 〈경희〉13의 서지사항은 1963년 12월 31일 발행, 편집인은 문예신문반, 발행소는 서울 중고등학교, 인쇄처는 동아 출판사이다. '특집, 조국을 바란다 – 현시점에서 조국이 바라는 학생형' 항목에 선우회, 신지식, 김형석, 김옥길의 글이 있다. 신지식(이화여고 교사)은 「구김살 없는 표정을」에서 '오월의 신록처럼 지니고 자신있게 공부하는' 학생형을 제시한다. 김형석(연대교수)은 「선에 대한 노력」에서 '오늘의 젊은 학도들은 언제나 조국을 위하여 봉사와 희생의 뜻을 지니고 자라야 할 것이다'라고 한다. 김옥길(이대 총장)은 「자기 할 일을 아는 자」에서 '한 인간이 생명보다 더 귀중하게 조국을 사랑할 때 그처럼 위대하고 빛나는 일이 이 세상에 또 있을까 싶지 않습니다.'라는 내용의 글을 썼다.

선우휘의 글

소설가이자 언론인인 선우휘(1922~1986)[46]는 「무형의 재산 소유자」라는 제목으로 다음 글을 기고한다.

> 현재 맡겨진 임무에 무상의 노력을 기우리며 한 시각 한 시각을 충실히 살아나가자!. 4·19는 별로 중요한 것이 아니다. 단지 올 것이 학생의 손으로 왔다는 것뿐…첫째, 무형의 재산－즉 가을하늘 같은 마음을 가지면 어떠냐는 것…무일푼이며 내일이 막연해도 왕자 같은 마음을 갖고, 초조해하지 말 것…4·19 학생의거를 들고, 학생의 사회적 사명감을 높이 치켜들는지 모르나, 4·19 같은 학생 의거란 오십 년에 한 번 아니면 백 년에 한 번쯤 있어야 마땅한 일…둘째, 희망을 갖지 말자는 것…젊은 세대는 낡아빠진 입신출세의 꿈을 갖지 말고, 까뮤의 「페스트」에 나오는 의사 '류' 같은 실존주의적인 인생관을 가질 일
>
> － 선우휘(조선일보 논설위원), 「무형의 재산 소유자」, 〈경희〉13, 서울중고등학교, 1963, 75~76.

최인호의 소설

소설가 최인호가 고등학교 3학년 때 쓴 소설 「위대한 유산」을 실었다.

---

46 선우휘: 1955년 〈신세계(新世界)〉에 「귀신」으로 등단했다. 『오리와 계급장』(1958), 『깃발없는 기수(旗手)』(1959), 『십자가 없는 골고다』(1965), 『노다지』(1986) 등의 소설을 발표했다.

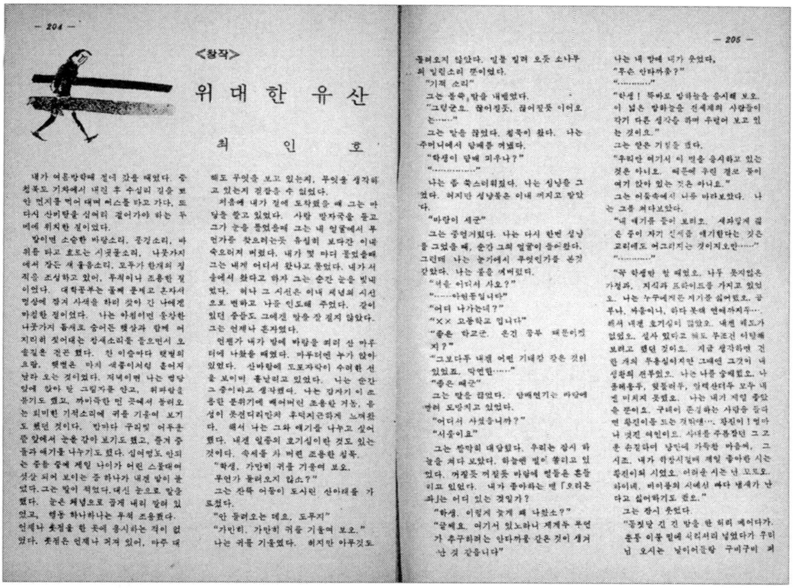

— 204 —

<창작>

위대한 유산

최인호

— 205 —

1982년 이상문학상 기념 소설집 『위대한 유산』(문학과 지성사)은 최인호의 이상문학상 수상작인 「깊고 푸른 밤」을 비롯 8편을 실었다. '70년대 주요 양상 가운데 하나인 정신의 황폐감과 절망을 주제로 한 소설들'을 묶었다고 밝힌다. 최인호는 '우리들의 가족이야말로 하느님이 만들어주신 최고의 '위대한 유산'(최인호 유고집 『나의 딸의 딸』, 2014)이라는 표현을 자주 썼다고 한다.

조병화의 심사평

경희문학상 심사평에 조병화시인의 평을 실었다.

학생들의 작품들이 순수한 자기에서 나오지 않고, 문단 선배들의 작품을 모방한다든지, 그렇게 멋을 부려본다든지, 해서 나온다는 것은 대단히 슬픈 일…솜씨와 표현이 기성의 유행의 모방에 빠짐…장부일(고3)의 「나도 한그루 수목이었으면」…수상작품으로 손색이 없다고…시를 만들어 나가는 솜씨도 훌륭할뿐더러 그 내용이 대단히 사색적이며, 내면적이고, 깊은 정서의 세계로 생생히 흐르고 있는 시적 철학의 세계가 좋았습니다. 이미지가 선명하고 생활이 시로서 정화되어있는 솜씨 – 매우 우수한 작품으로서 추천하는 바입니다.

– 조병화(은사, 시인), 「경희문학상 심사평 – 시부」, 〈경희〉13, 서울중고등학교, 1963, 168.

장부일의 시

위의 조병화가 칭찬한 장부일(1946~)의 시는 다음과 같다.

… 가을 공원을 들어서면, / 하루 종일 피곤한 다리를 하여 / 잠시 공원, 파란 벤치에 앉으면, // 나무들은 무척 다정한 속삭임으로 / 자기네들 끼리서만 갈색 바래움을 한다./….// 나도 한그루 수목이었으면… // 엷은 '머플러'를 하듯 / 하늘을 이고 // 한 계절을 질식의 부드러움 속에 / 나의 몸둥아리를 담구어 / 나의 가슴을 적시어 // 아직은 어린 날 / 어머니의 마음속 깊은 곳에서부터 / 어리광을 부릴 때처럼 / 그러한 꿈속에 별 밭을 가듯 / 순설이 나의 체온을 녹이고 / 부드러운 손길로 나를 쓰다듬어 주는, // 저편 하늘 밑, 훈훈한 대지 위에서 / 이 한겨울을 / 나도 한 그루 수목이었으면… // 그리하여 이제껏 키워오던 의식들을 / 각질화된 의지를 빌어 / 모두 다 낙엽해 버리고픈. // 아니면 실국화가 그러하듯 / 조용한 시선으로 여유조차 머금은 채 / 흩날려 버리고픈 욕망. // –해서, 홀가분한 말초신경만을 갖고 / 오로지 한그루 수목으로 / 이 계절을, / 동면을 누릴 수 있다면

– 장부일(고3), 「나도 한그루 수목이었으면」(제6회 경희문학상 수상작), 〈경희〉13, 서울중고등학교, 1963, 148~149.

장부일은 방송통신대 교수를 역임하였다. 최인호의 에세이 「인연」을 보면 장부일이 제일 친한 친구였다고 하고, 최인호의 소설 『바보들의 행진』에 나오는 「고래사냥」은 장부일 교수가 〈서울대학신문〉에 발표했던 시라고 한다.

17. 〈무학〉21, 마산고등학교, 1963

마산고등학교 교지 〈무학〉21호의 서지사항은 1963, 1월 발행, 편집인은 마고 문예반, 발행소는 마산고등학교, 인쇄소는 미문인쇄소이다.

이제하의 시

이제하는 마산고등학교의 졸업생으로서 다음 시를 기고한다. 이 시에 등장하는 마리노 마리니(Marino Marini, 1901~1980)는 이탈리아의 피스토이아 출신이며 휴머니스틱한 전통을 계승한 조각가라는 평을 받는다. 이제하는 마산고등학교 졸업 후 홍익대학교 조소과에 입학했다. 이 시는 당시 미대 수업과 연관된 것으로 보인다.

> 열두 살의 내 기원은 흰 말을 타고 / 낯선 마을 어구로 사라져 갔다! / 사라져 갔다, 그 내 기원은 흰 말을 타고! / 마는, 변할 리가 있으랴, 그 천명턴 기원 / 수레를 끌며 가는 병든 말을 보아도 / 열두 살의 내 기원은 변함이 없다! / 어, 샐녘 머리맡의 은발굽 소리는 / 아침마다 내 발바닥을 밀어 올리고 / 우리 마을은 황천물빛의 / 아스팔트도 이제는 흘러 들어와 / 갈거나 내 몫의 삯을 받으러 지전을 받으러 / 누님댁을 가듯이 가 볼거나 / 만약에 저승에서 말이나 되거든 / 떼거덕 떼거덕 돌아올거나
>
> – 이제하(시인, 본교 졸업생), 「말(馬)노래 – 마리노 · 마리니씨에게」 (특별기고), 〈무학〉21, 마산고등학교, 1963, 75.

18. 〈의화〉6, 한성여자중고등학교, 1963

한성여자중고등학교는 서울 성북구에 위치한다. 1945년 경성여자기예학교 자리에 김의형이 한성고등여학교를 설립한 것이 시초이다. 체육관 개관 기념호인 〈의화〉6호의 서지사항을 보면, 1963년 11월 29일 발행, 발행소는

한성여자중고등학교 학생자치회, 인쇄소는 삼일인쇄주식회사이다.

박종화의 글

박종화(문학박사)는 「의화 6호를 축하하며 – 한성의 여학생들에게 보내는 편지 – 당신들의 진실한 자태가 반갑습니다」라는 글을 기고했다.

최정희의 송사

소설가 최정희(1912~1990)는 한성여자중고등학교 체육관 개관을 기념하는 다음과 같은 송사를 기고했다.

> 여기 청사를 기록하며, / 하나의 거대한 집이 섰다. / 꽃바람이 보내온 이 소식은 / 세기의 선구를 기리는 하나의 노래라. / 힘의 약동이 구공(九空)을 향해 솟아오르면 / 이 속에서 숱한 생명들 / 격랑의 전설을 엮어 나가리니 / 보라 그 몸과 마음을 닦아 / 이 나라 체육의 다귀찬 자취는 / 천만인 더불어 / 여기서 아로새겨지리니!
>
> – 최정희(작가), 「한성의 체육관에 부치는 송사」, 〈의화〉6, 한성여자중고등학교, 1963, 33.

19. 〈중동〉8, 중동중고등학교, 1963

중동중고등학교는 1906년 한어학교 교관 오주식, 유광렬, 김원배 세 선생이 관립 외국어학교 내 교실 세 개를 차용하여 한어, 산술, 양과의 야학을 설립한 것이 시초이다. 1907년 전기 야학을 중동야학교라 칭하고 일어 1과를 증설했다. 〈중동〉8호의 서지사항을 보면, 1963년 1월 19일 발행, 편집인은 중동중고등학교 학생회 문예반, 인쇄처는 대한교과서주식회사이다.

김광섭의 선후평

제2회 교내 문예현상 입선작품 발표 항목에 김광섭시인(1905~1977)의 시와 수필 부문 선후평을 실었다.

> 표상을 일석으로 한 것은 비교적 이메지가 선명하고 또 시를 파악하는 솜씨가 있기 때문…강덕군의 「고백」을 1석으로 한 것은 문장력도 있고 솔직한데다가 수필적인 기질이 있기 때문…수필 전에 있어서 힘써야 할 것을 전한다. 특히 명심할 것은 너무 길게 쓰지 말고 원고지 12,3매 정도로 어떤 제목에 대해 자기를 충실하게 나타내 보라.
>
> – 김광섭, 「선후평」, 〈중동〉8, 중동중고등학교, 1963, 156.

한광구의 시

'시단' 항목에 한광구시인(1944~)이 고등학교 3학년 때 쓴 시, 문예현상 1석 작품을 실었다. 한광구는 1957년에 중동중학교에 입학했으며 1960년에 중동고등학교에 입학했다.

> 표정 없이 서 있는 벽뿐이 아닙니다. // 술에 담겨진 한 남자의 사랑과 / 가난한 명동의 이야기가 출입하는 / 여인이 서 있었습니다. // 기다림에 지친 눈매로 / 단 한 번도 행복한 적이 없는 / 울먹이는 애태움의 여인이었습니다. // 하이얀 몸은 / 먼 이국의 향수 / 당신의 굳어버린 가슴 밑으로 / 누적하는 슬픔은 / 이미 슬픔이 아니었습니다. // 당신의 내심에서 비롯한 종소리는 / 불행한 연대(年代)의 청각마다에 / 뜨겁게 울려오는 맥박소리 –. // 밤마다 / 기다림도 없이 / 방향을 잃은 몸부림이 / 잃은 것에서 다른 귀의(歸依)를 찾는. // 어두운 요일에 / 하늘을 보는 것은 하마 / 돌아오지 않는 그리움의 / 표상때문인지도 모르겠습니다. // 사방은 / 모두 출항(出港)한 항구의 밤처럼 / 벽들만 빈 곳에 못내 서 있습니다.
>
> – 한광구(고3, 시 1석), 「표상」, 〈중동〉8, 중동중고등학교, 1963, 158~159.

백일장 심사위원 김광섭시인은 위의 시를 장원으로 뽑은 이유를 '표상을 일석으로 한 것은 비교적 이메지가 선명하고 또 시를 파악하는 솜씨가 있기 때문'이라고 한다. 한광구는 1974년 7월 〈심상〉에 「혹」, 「10·4」, 「가는 길」로 등단한다.

20. 〈계성〉21, 계성중고등학교, 1964

정호승의 꽁트

정호승시인(1950~)이 중학교 3학년 시절 쓴 꽁트를 실었다. 정호승시인은 1962년 대구계성중학교에 입학했다. 정호승은 1972년 〈한국일보〉 신춘문예에 동시 「석굴암을 오르는 영희」로, 1973년 〈대한일보〉 신춘문예에 시 「첨성대」로 당선했으며, 1982년에는 〈조선일보〉 신춘문예에 단편소설 「위령제」가 당선되어 소설가로도 등단하였다.

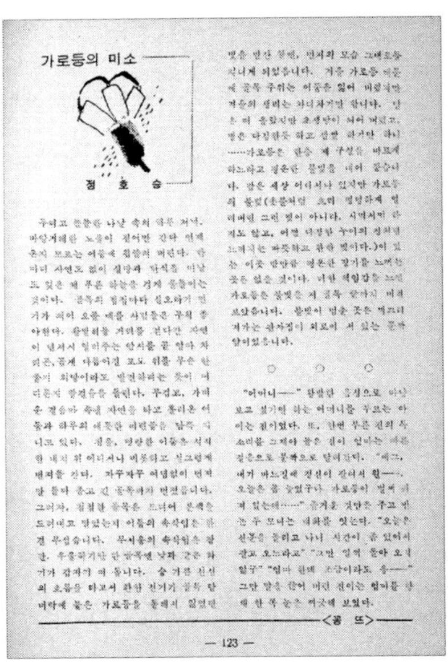
가로등의 미소

정 호 승

<꽁 뜨>

— 123 —

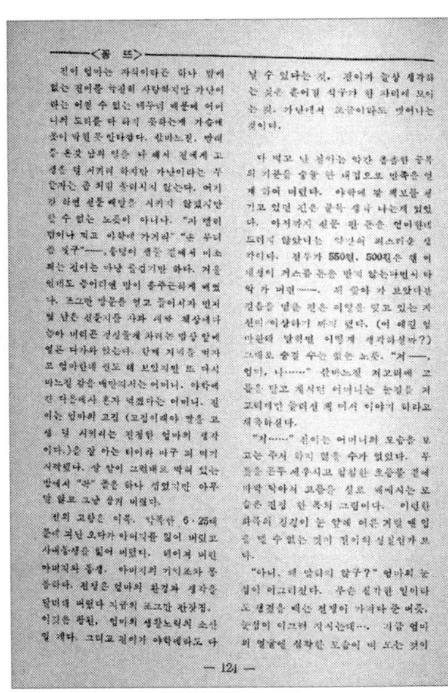
<꽁 뜨>

— 124 —

21. 〈영신〉3, 영신여자중고등학교, 1964

영신여자중고등학교는 1958년 삼양학원으로 개교했으며, 1965년 중앙대학교 사범대학 부속여자고등학교로 교명을 변경하였고, 1997년 중앙대학교 사범대학 부속고등학교로 교명을 변경하였다. 〈영신〉3호의 서지사항을 보면 1964년 12월 15일 발행, 편집실 편집, 조판인쇄는 정우사, 발행은 영신여자중고등학교이다.

성기조의 산문

'대화주변' 항목에 성기조시인(1934~)[47]의 산문을 실었다. 이 글이 시인 성기조가 쓴 것인지 확실하지는 않지만 성기조시인의 한자 이름이 같으며, 202면에 成耆兆 시집, 『별이 뜬 대낮』(현대사) 광고가 있다. 203면 교사명단에 성기조의 주소가 종로구 신문로로 되어 있다. 그러나 성기조시인 약력에 교사였다는 사실은 발견할 수 없었다.

對話周邊

成耆兆

<1>

<2>

<3>

<4>

- 100 -

- 101 -

47 성기조(成耆兆): 1958년 〈시와 시론〉에 「꽃」으로 등단했다. 1953년 예산농업고등학교 졸업, 1959년 국민대 졸업, 교원대 교수.

22. 〈크로바〉10, 상인천여자중학교, 인천여자고등학교, 1964

상인천여자중학교와 인천여자고등학교는 1913년 인천공립고등여학교로 창립했고, 1951년 학제 개편으로 인천여자고등학교와 인천여자중학교로 분리했다. 교가를 모윤숙시인이 작사하고 이흥렬이 작곡했다. 〈크로바〉10호의 서지사항은 1964년 1월 23일 발행, 신화정판사가 인쇄했다.

태현실의 산문

인천여자고등학교를 졸업한 배우 태현실(1942~)이 「여학교시절을 회고하면서」라는 산문을 썼다.

23. 〈학원〉26, 경복중고등학교, 1964

〈학원〉26호의 서지사항은 1964년 1월 15일 발행, 편집인은 문예반, 인쇄인은 승일인쇄주식회사이다. 경복중고등학교는 1963년 10월 13일 비원에서 제6회 교내백일장을 실시하였고 심사자는 안수길과 서정주이다.

안수길의 수필 심사기

산문의 요체는 생각하는 것과 느낀 것을 정확하게 표현하되, 요령 있게 다시 말하면 군말이 없이 표현하는 데 있다. 더욱이 『비원을 거닐다』라는 제목은 당일의 현장에서 보고 느낀 것을 쓰기에는 꼭 알맞은 것이라고 할 수 있는 것이다. 단풍이 든 고원에 가을비는 내린다. 얼마나 좋고 오히려 글 제목으로 쉬운 것이라 할 수도 있는 것이다. 그러나 너무 어렵게 생각한 탓인지, 당일의 분위기를 솔직히 옮겨 놓은 글이 적었다. 그중에서 유재화(고2)군의 글은 실경을 그리려는데 노력했고, 그것이 비교적 요령 있게 표현되었다. 문장도 간결하고 비유도 적절했다. 좀 더 깊이가 있었으면 싶었으나 그런대로 장원으로 결정했다.

– 안수길(소설가), 「수필부 심사기 – 중등부의 저조」,
〈학원〉26, 경복중고등학교, 1964, 172.

서정주의 시선후감

고등부의 장원이 된 서강수(1년)군의 「비 속에서 하고 싶은 것」은 백일장의 즉흥시다웁지 않게 시상을 차분하고 자세히 간추려 나간 점이 좋았습니다. 말하자면 표현가의 역량이 있습니다. 정서의 소재 등에 기분만 낸 게 아니고 끝까지 탐구할 수 있는 시인의 성실력이 있어 믿음직합니다. 많이 노력해 가기를 바랍니다.

– 서정주(시인), 「시선후감 – 그 감흥을 이제부터 살려」,
〈학원〉26, 경복중고등학교, 1964, 182.

24. 〈경복〉27 경복중고등학교, 1965

〈경복〉27호의 서지사항을 보면, 1965년 1월 25일, 편집인은 문예반, 인쇄인은 삼성인쇄이다. 1964년도 학교 주요행사(초)를 보면, 4월 15일 학생회 정 부회장 선거, 7월 25일 〈경복신문〉제45호 발행, 9월 26일 운강시낭독회, 10월 9일 백일장 경시대회, 사생대회(비원)를 개최했다.

이숭녕의 특별기고

시간 계약을 하면 주인이 있든 없든 그 시간 충실히 일하는 미국 대학생의 '알바이트'의 태도가 오늘의 미국의 부흥을 유지하고 있다 하겠다. 우리는 '자유' '인권' '권리'를 부르짖기 전에, 그보다 몇 배 '책임' '의무'에의 반성과 실천이 가장 필요한 것이라고 하겠다.

– 이숭녕(본교 제1회 졸업 서울문리대교수 문박), 「민주주의와 한국의 체질」, 〈경복〉27, 경복중고등학교, 1965, 22~25.

박두진의 시부 심사평

조지훈, 박목월과 함께 청록파 시인인 박두진(1916~1998)의 교내 백일장 경시대회 심사평을 실었다.

백일장이라는 특수한 조건 아래서 이만한 수준의 시들이 나왔다는 것은 매우 대견스러운 일이었다. 정형적인 한시가 시조의 경우와 달라 일정한 제목과 일정한 시간의 제약을 자유시인 현대시의 창작에 과한다는 것은 여러 가지로 상당한 무리가 따르기 때문이다. 단순한 우연이나 특출한 개성만의 소산이 아니고 어떤 보이지 않는 경복의 전통의 흐름에도 힘입은 것이라면 경복시원의 앞날은 양양하다고 할 수 있다…「수목」(樹木)(이남규, 장원) 시의 구성이 약간 이색적이고 서정의 내용도 깊이 있고 건실하다. 언어 다룸이 좀 생경하고 의미가 모호한 곳이 없지 않으나, 오히려 이러한 티는 시의 대성적인 특징의 장래를 위하여 포용적으로 보아줄 수도 있다. 앳되면서도 툭툭 불거진 소박한 서정이 깊은 연못의 표면처럼 번뜩이는 상(想)의 심도와 어울려 좋은 시의 장래를 짐작케 하고 있다.

– 박두진, 「시부 심사평」, 〈경복〉27, 경복중고등학교, 1965, 191.

오영수의 산문부 심사평

소설가 오영수(1909~1979)는 경남여자고등학교에서 재직했으며, 1949년 「남이와 엿장수」를 〈신천지〉에 발표하였고, 「머루」로 〈서울신문〉 신춘문예에 당선했다.

이번 백일장 경시대회의 산문부 심사를 본 개괄적인 인상은 비교적 수준 높은 것이었다. 다만 즉흥 산문제목으로서는 좀 어려운 출제와 그에 반해 짧은 시간과 주제의 종합정리를 위한 이유 때문에 각자의 역량을 제대로 발휘못한 점에 또렷이 보여 유감으로 생각한다. 김기수(장원)군은 문장을 애써 다듬으려고 않고 학생다운 성실성에 호감이 간다.

– 오영수(소설가), 「산문부 심사평」, 〈경복〉27, 경복중고등학교, 1965, 202.

25. 〈무등〉45, 광주서중학교, 광주제일고등학교, 1965

광주제일고등학교는 1919년 전라남도 내 유지 50여 명이 사립 광주보통학교 설립기성회를 결성한 것으로 개교하였다. 1929년 광주학생운동의 주축이 되었으며, 1953년에 광주제일고등학교로 개편했다. 광주서중학교는 1972년 중학교 평준화 정책으로 폐교하였다. 〈무등〉45호의 서지사항을 보면, 1964년 1월 20일 발행, 광주서중·일고 학생회 발행, 편집은 문예반, 국제출판사가 인쇄했다.

범대순의 논문

광주제일고등학교 교사였던 범대순[48] 시인의 논문을 실었다.

며칠 전 여러분 가운데 한 사람이라고 기억하는 학생이 찾아와서 문예반 학생에게 이야기를 해달라는 청을 받았습니다. 아무 이야기나 좋다는 거예요. 새로운 사람이면 그가 풍기는 분위기가 있어 여러분에게 자극이 될 게 아니냐는 것입니다.

문학하는 분위기를 내가 들어 한동안 조성한다 생각하면 정직한 이야기가 기쁘기도 하고 해서 나는 서슴치 않고 'YES'하고 수락하였습니다…나의 시에 대한 이야기가 이런 분위기에서 불합리한 또 하나의 이유는 아직 온상 속에 애틋한 여러분에게 너무나 자극적이 될 전쟁이며 죽음이며 불안이며 따위 이야기를 하고 싶지 않기 때문입니다…오늘은 7월 4일 미국의 위대한 작가 헤밍웨이가 죽은 지 2년이 되는 무렵입니다. 그가 죽었다고 슬플 것도 그렇다고 기쁠 것도 없는 일입니다.

– 범대순(고 교사), 「사자의 꿈 – 헤밍웨이 문학론」, 〈무등〉45,
광주서중학교, 광주제일고등학교, 1965, 45~49.

26. 〈학해〉13, 경동중고등학교 문예반, 1965

서울 성북구에 위치한 경동고등학교는 1940년 욱구공립중학교로 개교했다. 1972년 중학교 입시 개혁에 따라 중학교를 폐교했다. 교지 〈학해〉13호의 서지사항을 보면, 1965년 1월 25일 발행, 인쇄인은 광명인쇄공사이다. 편집후기 항목을 보면 '올해의 〈학해〉는 예년과는 달리 그 내용부터가 풍부함은 물론 편집방식도 색다르게 꾸며놓았다. 작년의 9P활자가 올해에는 8P

48 범대순(1930~2014): 광주 출생, 1944년 광주 서중 졸업, 1957년 목포여고 교사, 광주제일고 교사, 1965년 전남대 영문과 교수, 1978~1980년 전남영어영문학회 회장.

로 줄어들고 기사도 많이 게재되었다'고 밝힌다. 글자의 크기가 줄었음을 알 수 있다. 특집 '학생과 문학' 항목에 평론가 조연현과 소설가 홍성유, 작가 오학영의 글을 실었다.

신석정의 시

신석정시인(1907~1974)의 서시를 실었다.

파란 하늘에 흰구름 가벼이 가고 / 가뜬한 남풍이 무엇을 찾아 내일 듯이 / 강 넘어 푸른 언덕을 더듬어 갑니다. // 언뜻 언뜻 숲 새로 먼 못물이 희고 / 푸른빛 연기처럼 떠도는 저들에서는 / 종달새가 오늘도 푸른 하늘의 먼 여행을 떠나겠습니다 // 시내물이 나직한 목소리로 나를 부르고 / 아지랑이 영창 건너 먼 산이 고요합니다. / 오늘은 왜 풍경들이 나를 그리워하는 것 같애요. // 산새는 오늘 어데서 그들의 소복한 궁전을 생각하며, / 청아한 목소리로 대화를 하겠습니까? / 나는 지금 산새를 생각하는 「빛나는 외로움」이 있습니다. // 임이여 무척 명랑한 봄날이외다. / 이런 날 당신은 따뜻한 햇볕이 되어 / 저 푸른 하늘에 고요히 잠들어 보고 싶지 않습니까?

– 신석정, 「봄의 유혹」(서시), 〈학해〉13, 경동중고등학교 문예반, 1965, 화보.

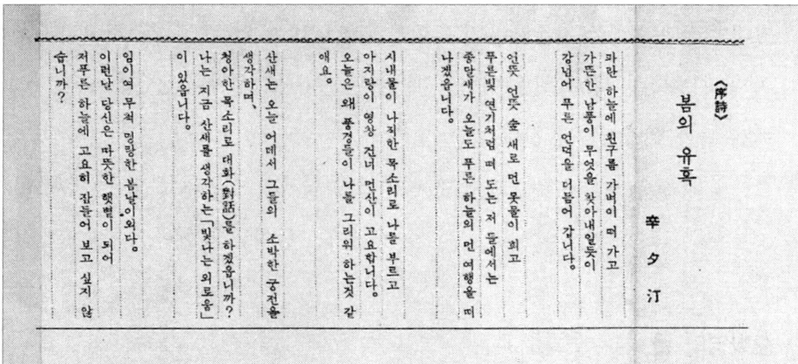

〈序詩〉

봄의 유혹

辛夕汀

파란 하늘에 흰구름 가벼이 떠 가고
가뜬한 남풍이 무엇을 찾아내일듯이
강넘어 푸른 언덕을 더듬어 갑니다。

언뜻 언뜻 숲 새로 먼 못물이 희고
푸른빛 연기처럼 떠 도는 저 들에서는
종달새가 오늘도 푸른 하늘의 먼 여행을 떠
나겠읍니다。

시내물이 나직한 목소리로 나를 부르고
아지랑이 영창 건너 먼산이 고요합니다。
오늘은 왜 풍경들이 나를 그리워 하는것 같
애요。

산새는 오늘 어데서 그들의 소박한 궁전을
생각하며、
청아한 목소리로 대화(對話)를 하겠읍니까?
나는 지금 산새를 생각하는 「빛나는 외로움」
이 있읍니다。

임이여 무척 명랑한 봄날이외다。
이런날 당신은 따뜻한 햇볕이 되어
저푸른 하늘에 고요히 잠들어 보고 싶지 않
습니까?

조연현의 글

조연현(1920~1981)은 시인, 문학평론가이다. 1955년 잡지 〈현대문학〉을 창간했다.

> 학생이란 그 자체가 아직도 미완성의 한 인생이다. 이 말은 학생이란 아직도 수업하는 한 인생이란 뜻이다. 그러므로 학생에게는 그 자신의 완성을 위한 긴 장래와 많은 기회가 그 앞에 가로 놓여 있다. 그러나 그 앞에 가로 놓여 있는 긴 장래와 그 많은 기회를 옳게 살릴 수 있는 유일한 기초는 아직도 미완인 채 있는 현재의 청춘을 어떻게 가치 있게 수업하느냐 하는 데 달려있다.
>
> – 조연현(평론가), 「문학도들이 알아야 할 사고방식」, 〈학해〉13, 경동중고등학교 문예반, 1965, 84~86.

홍성유의 글

홍성유(1928~2002)는 소설가이다. 1947년 경동고등보통학교를 졸업했고, 1957년 〈한국일보〉에 장편소설 「비극은 없다」로 당선했다.

> 「학생과 문학」이란 제목의 원고를 써 달라는 학생들의 부탁을 받고 필자는 우리의 학창시절을 생각했다. 한마디로 해서 꿈과 환상 속에서 살던 시절이었다. 그때의 꿈과 환상이 지금의 필자로 이끈 원동력이 됐을런지도 모른다고 생각하며 필자는 학생생활(특히 하이틴일 때)의 환상이 문학생활에 영향을 주는 바에 대해 잠깐 언급하고자 한다.
>
> – 홍성유(소설가, 제3회 본교 졸업생), 「학생의 생활과 문학」, 〈학해〉13, 경동중고등학교 문예반, 1965, 87~91.

오학영의 글

경동고등학교를 졸업한 희곡작가이자 소설가 오학영(1937~1988)의 글을 실었다.

내가 문학을 본격적으로 시작할 시기에 이르러 매우 놀라운 사실을 깨닫게 되었다. 그것은 이제까지 경멸해 오던 국내 작가의 작품이 결코 내용이나 사상이나 그 문장이 경멸의 대당이 될 수 없는 커다란 존재로 내 앞에 나타나게 된 것…지금 학생들의 문학적 자세로 봐서 반항 없는 순종은 맹목적인 반항보다 더 불쾌한 것이지만 자각 없는 반항으로 기성문단을 거부하고 배격하는 태도는 수정되어야 한다. 우선 거부하고 배격하기에 앞서 연구하는 태도를 갖는다면 기성문단이 반드시 거부, 배격해야 할 것이 아니라고 깨닫게 된다. 또스또예프스키의 작품을 읽는 학생은 김동리의 작품을 읽는 학생보다 조숙하다. 그러나 확실히 이 조숙함은 조로하게 되고 만다…우리는 내 것을 멀리서 구하려는 노력을 버리고 가까이 찾아보자. 내 것은 항상 가까이 있는 법이다.

– 오학영(희곡작가, 동문), 「학생과 문학수업」, 〈학해〉13,
경동중고등학교 문예반, 1965, 92.

27. 〈경기〉4(통권45), 경기중고등학교, 1966

경기중고등학교의 교지 〈경기〉4호의 서지사항을 보면, 1966년 1월 28일 발행, 발행인은 경기중고등학교 학생회, 편집인은 경기중고등학교 문예반, 인쇄는 동아 출판사 공무부이다. 편집후기에 '앞으로 매년 교지가 나오게 될 거라고 하시니 찬 반가운 일이다.'라는 기사로 보아 어느 시점에는 교지가 매년 나온 것은 아니었던 것으로 보인다.

유진오교수의 기행문

외국을 여행하려면 그 나라 사람들의 생활 속으로 뚫고 들어가는 것이 그 나라를 이해하는 첩경일 뿐 아니라 때로는 뜻하지 않았던 이득도 얻을 수 있다.

– 유진오(교수 20-1회동문), 「'리스본'의 인상」(기행), 〈경기〉4(통권45),
경기중고등학교, 1966, 208~211.

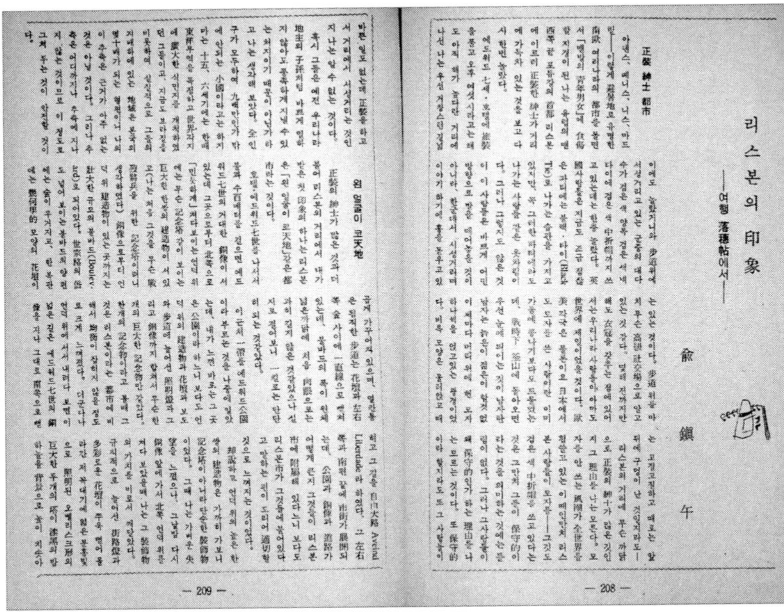

리스본의 印象

—여행 落穗帖에서—

兪鎭午

正裝 紳士 都市

원 얼굴이 코天地

— 208 —

— 209 —

28. 〈경복〉28, 경복중고등학교, 1966

경복중고등학교의 교지는 1950년대는 〈학원〉이었다. 중간에 교지명이 바뀌었거나 문예지와 종합지의 명칭이 다를 수 있다. 서지사항을 보면 1966년 6월 10일 발행, 통권28호 종합지 제26호, 문예반이 편집했다.

유경환의 축시

북악의 치솟은 바위 / 더 높이 바라볼 수 있는 터에 / 그 깎인 기상을 닮아 / 나래 키운 앉음새 / 너, 십여 년의 자리잡음 이여. // 그 자리, 전쟁을 맨손으로 걷어내고 / 그 자리, 우리들 맨손으로 터 닦고 / 우리의 바램 대신 우거졌던 풀 뽑고 / 십 년을 품어온 보람이여. // 나래짓 꿈꾸는 그 눈망울들 / 이제는 눈, 비와 바람을 막고 / 나래짓을 익히리 / 하늘을 눈망울에 담고 / 해마다 북악을

넘나 날으리

– 유경환(31회 동문), 「북악에 앉은 10년 조(鳥) – 모교의 대강당 낙성식에 부쳐」(축시), 〈경복〉28, 경복중고등학교, 1966, 표지.

유진오의 축사

청소년은 어디까지나 미래의 일꾼으로서 수련하는 도상에 있는 사람들인 만큼 이를 보호하고 육성하지 않으면 안 되는 것이다. 회초리 대신 인격과 설득의 따뜻한 채찍으로

– 유진오(전고대총장), 「훈육의 예전과 지금 – 축사에 대신하여」, 〈경복〉28, 경복중고등학교, 1966, 20~21.

조풍연의 기고문

'선배기고' 항목에 조풍연의 기고문을 실었다. 이 글에서 1930년대 경복고등보통학교에서는 각 학년 잡지를 거의 월 1회 발간했다는 것을 알 수 있다.

어느 시대이고 세계적인 유행이 있는 법이다. 내가 고등보통학교(지금의 고교) 시절에는 '제2의 문예부흥'이라고 일컬을 만큼 문학이 세계적으로 왕성하던 1930년 전후이다…신문의 학예란(문화란)은 독자의 관심을 많이 끌면서 매우 다채로웠다. 「학생문단」이란 난이 특설되어서 주로 고교의 청소년 문학 지망자들이 투고하였다. 이런 일들을 당시에는 「문학소년」 또는 「문학소녀」라고 불었다…내 상급학년에서는 「새벽종」이라는 것이 만들어져서 거의 월 1회 발행되었으며, 그리고 우리 학급에서는 「신학생(新學生)」이 나왔다. 이 중에서 「새벽종」이 가장 잡지다와서 학급생들이 다투어 빌려다 보곤 하였다.

– 조풍연(동문, 소년 한국일보 주간), 「나의 고교시절」(선배기고), 〈경복〉28, 경복중고등학교, 1966, 22~23.

이호철의 심사평

경복중고등학교 제8회 교내백일장은 1965년 10월 9일, 비원에서 개최하였다. 시부는 유경환, 산문부는 이호철이 심사하였다. 소설가 이호철(1932~2016)은 1961년 단편 「판문점」으로 제7회 현대문학상을 수상하였고, 1962년 단편 「닳아지는 살들」로 동인문학상을 수상했다. 작품집으로 『나상』(1961), 『서울은 만원이다』(1966) 등이 있다.

> 섣불리 어른이 되려고, 어른다운 글을 쓸 생각 말고, 자신의 느낌에 우선 충실하고, 자기의 느낌이나 생각에, 허황한 윤색풍 혹은 거짓이 끼어들지 않도록 애써야 할 것이다.
>
> – 이호철, 「산문부 심사평」, 〈경복〉28, 경복중고등학교, 1966, 281.

국회의장 이효상의 특별 기고시

이효상(1906~1986)은 정치인, 교육자, 철학자, 시인이다. 1963~1971년까지 역대 국회의장 중 최장 재임기간 기록을 세웠다. 시집으로는 『산』(1948), 『사랑』(1955), 『안경』(1960) 등이 있다.

> 새해를 맞이할 때마다 굳은 맹세를 하였사오니 / 한 번도 그대로 되는 일 없음은 어인 일이오니까. / 이제는 아예 맹세도 하지 말아야 하오리까 // 유구한 시간을 임의로 토막질하여 사람이 편의상 연월일시를 붙인 것밖에 / 어제와 오늘이 무슨 다른 날이리까마는 / 그래도 하냥 가슴에 벅차오르는 무엇을 어찌오리까 / 행복이라는 것, 행복을 원한다는 것 / 남을 위한 말이외다, 자기를 위한 말이 아니외다. / 남이 행복되는 그것이 바로 자기의 행복이 아니오니까 // 시골 어느 교장이 굶어서 죽었다는 날 / 전민의원 의장이 목을 매어 죽었다는 날 / 나는 聖詠 제 129편을 줄곧 외었나니다. // 아기를 구하여 차바퀴에 뛰어드는 사랑이 없어 / 부하를 구하여 수류탄에 뛰어드는 사랑이 없어 / 나는 칼멘 수도원에서 하루밤을 새워보았나이다. / 보신각 제야의 종소리 누리에 퍼지는데 / 동해의 억센 파도를 헤치고 솟구치는 햇빛 따라 / 서운(瑞雲)을 허리에 감고 고개를 드는

북악이여 // 깜박이는 촛불 앞에 묵묵히 꿇어앉은 / 이 가슴에 와글와글 소리도 없이 타오르는 불기둥이어. / 화산처럼 터져오르는 환희의 절규가 여기 있나이다. / 여명이 비치는 곳, 저기 임의 옷자락이 나부끼는데 / 단숨에 뛰어라, 손끝에 잡힐 듯하지 않나이까. / 새해 새벽이어 다시 두 손을 불끈 쥐고 일어서나이다.

– 한솔 이효상, 「영신송(迎新頌)」(특별기고), 〈경복〉28, 경복중고등학교, 1966, 174~175.

위의 시는 1965 연말에 쓴 듯하다. 편집후기를 보면 6월에 발간 교지에 「영신송」을 실은 이유를 다음과 같이 밝힌다.

이 시는 「경복」지를 위하여 국회의장 이효상 선생께서 특별 기고해 주신 것이다. 본디 이 책은 신년 초에 간행될 예정으로 옥고를 얻었던바 여러 가지 사정으로 늦게 나오게 되어 편집자로서 송구한 마음 금할 수 없어 이에 몇 자 적는다.

최재천의 시

당시 중학교 1학년이던 최재천의 시를 실었다. 최재천(1954~)은 동물행동학자, 제1대 국립생태원 원장, 2021년 코로나19 일상회복지원위원회 공동위원장이다.

은구슬 금구슬 / 뿌려놓은 곳 / 밤하늘에 형제별 / 무엇을 하나? // 은구슬 금구슬 / 훔쳐 갈까봐 / 정답게 모여 앉아 / 지키나 봐요. // 길고도 넓은 강 / 은하수 강을 / 밤하늘 형제별 / 넘어가지요. // 하룻밤 고이고이 / 잘 지키고서 / 직녀성 엄마 품에 / 돌아가지요

– 최재천(중1), 「별」, 〈경복〉28, 경복중고등학교, 1966, 201.

29. 〈경희〉15, 서울중고등학교, 1966

〈경희〉15호의 서지사항을 보면, 1966년 1월 24일 발행, 편집인은 문예 신문반, 발행소는 서울 중고등학교, 인쇄처는 보진재인쇄소이다. 편집후기에 '제8회 경희문학상 응모작품의 수준이 대체로 낮았다. 노력의 흔적도 없이 며칠 전에 써내어 교지에 실리기를 바라는 요행심은 없었으면 한다. 성실이 아쉽다.'는 내용으로 보아 편집부에서 요구하는 문학 창작의 수준이 높음을 알 수 있다. 화보에 '전교생의 조의 속에 '재구'형님 가시다－강재구[49] 형님 추모식, 원내는 강재구형님(5회 졸업생), 추모식 중 본부석 광경 미망인 온영순 여사, 좌측에 포충탑이 보인다.'와 같은 강재구 소령 관련 기사를 실었다.

1965년도 중요행사 일람을 보면, 5월 6일 교내 씨름대회, 10월 12일 파월장병 환송식 참가, 10월 15일 체육의 날 행사, 10월 19일 강재구 소령 추도식, 10월 23일 우정 낭독회, 12월 22일 제1회 교내 빙상대회를 개최하였다. 특집 '학생의 사상과 생활철학－학생의 올바른 철학을 위하여' 항목에 김형석(연세대 교수, 학부형)의 「대화 있는 생활을」과 주요한의 글을 실었으며, 특별기고 항목에 백철(문학평론가)의 「문학교실의 연장－학생들의 문학 활동을 말한다」, 월하 이태극(국문학자)의 「고전의 묘사법과 문체－전해오는 고전문학의 모습들」, 성경린(국립국원장)의 「국악과 친하는 길」과 같은 논문을 실었다.

49 강재구 소령(1937~1965): 서울고등학교를 졸업한 후 1960년 3월 육군사관학교 16기로 임관, 1965년 부하가 놓친 수류탄에 몸을 던져 산화했다. 생전 계급은 대위, 사망 후에 소령으로 추서되었다.

주요한의 글

특집 '학생의 사상과 생활철학 – 학생의 올바른 철학을 위하여' 항목에 실린 주요한의 글이다.

오늘의 뜻있는 청소년들도 모름지기 민족의 운명에 대한 정열과 책임이 일생 최고의 이상 목표가 될 것이 아닌가. 이것이야말로 이론도 설명도 필요 없는 우리의 순정적인 "민족주의"가 아니겠는가.

– 주요한(경제과학심의회 의원), 「오늘의 청년과 민족주의」(특집 – 학생의 사상과 생활철학), 〈경희〉15, 서울중고등학교, 1966, 73~76.

조병화의 심사평

제8회 경희문학상 심사평을 실었다.

일반적으로 수준이 낮고…그동안 참으로 좋은 작품들이 많이 나왔었는데 이번엔 좀 약해진 감이 듭니다. 생활과 사색과 의욕과 노력이 그만큼 약해진 것 같습니다. 「갈대밭에 서서」(최병일, 고3)는 멋이 있습니다. 상상에 가득 차 있습니다. 깊은 사색이 들어있습니다. 그리고 생활의 반성이 들어있습니다. 대단히 공상적이나 시로서의 진실성이 흐르고 있습니다.

– 조병화(은사, 시인), 「사색과 의욕의 생활을」, 〈경희〉15, 서울중고등학교, 1966, 176.

30. 〈계성〉23, 계성중고등학교, 1966

계성중고등학교는 1906년 미국 기독교북장로회 선교사 안의호 박사가 대구시 남성로 선교사 사택을 임시교사로 정하여 창설했다. 1913년 5월 〈계성학보〉창간호를 출판했다. 개교 60주년 기념호 〈계성〉23호의 서지사항을 보면, 편날은 1966년 10월 1일, 엮은이는 계성 23호 편집실, 편곳은 계성중고등학교이다.

학교 일지초(1965, 11~1966, 8)를 보면, 11월 5일 교내 영어 번역대회, 11월 18일 추수감사예배, 12월 17일 성탄축하예배, 2월 13일 교내 생활에 대한 일체 여론 조사, 3월 8일 60주년 기념행사를 위한 각 부서 결정, 5월 27일 교내 영어웅변대회, 반공 강연, 5월 28일 최현배 박사 강연회, 6월 6일 현충일, 도내 아동 백일장, 6월 17일 인공위성 모형도 전시 및 영화 관람, 7월 1일 파월 장병 위문대 발송, 9월 7일 계성 60년사(최근 10년 편)를 발간했음을 알 수 있다. '계성가족 문예' 항목에 번역작품을 실었는데. 시 항목에는 김종길이 번역한 박목월의 「동정」과 「윤사월」, 단편 항목에는 권형창이 김동리의 「무녀도」를 번역 게재했다.

31. 〈광고〉15, 광주고등학교, 1966

1951년 설립한 광주고등학교는 광주광역시에 위치한다. 교지 〈광고〉15호의 서지사항을 보면 펴낸 날은 1966년 1월 15일, 찍은 곳은 문화각인쇄공업사이다.

윤삼하의 시

시인 윤삼하(1935~1995)[50]는 광주서중, 광주고등학교 출신으로 광주서중에서 시인 김현승의 지도를 받았다. 광주고등학교 시절 박봉우 등과 4인 시집 『상록집』을 발간하였다. 고등학교 3학년 때 '수험생사'에서 주최한 전국고교생 문예작품 모집에 「배회」라는 시로 당선하였다. 1962년부터 1966년까지 전남여고 교사였다.

---

50 윤삼하: 1957년 〈조선일보〉 신춘문예에 「응시자」로 당선, 〈동아일보〉 신춘문예에 「벽」이 입선했다. 1965~1967년 『신춘시』, 『영도』, 『원탁시』 동인으로 활동하였다. 시집으로는 『응시자』(1965), 『소리의 숲』(1976), 『헐리는 집』(1987), 『돌아오지 않는 길』(1995)이 있다.

해마알간 겨울 앞에 가 우뚝 선다. / 겨울 안에 영상된 그 또 하나 나의 모습을 / 새삼 이토록 연연해하면서 // 내가 그에게 하나의 회화(會話)를 건네보면 / 어쩌면 서로의 입김을 느낄 수 있는 거리에 / 자리한 분명 다른 두 개의 실재임을 깨닫는다. // 수면을 비껴가는 바람 같은 모습으로 / 그는 하얗게 미소를 짓는다. / 이내 그의 얼굴에서 무수히 / 흩어져 내리는 하얀 장미꽃 이파리들… // 그는 잠시 / 생각하는 사람의 그 불행한 자세를 지니면서 / 다시 한번 나를 지켜 바라본다. // 문득 그의 검은 눈동자가 / 안개처럼 뽀얗게 흐려지면서 / 어느듯 저만치 하나의 불명(不明)한 모습으로 / –아 그것은 나의 얼굴도 너의 얼굴도 / 아무의 얼굴도 아닌 / 그림자도 모습도 이름조차도 없는 것. // … 꿈꾸는 '나르시서스'의 두 눈동자가 / 한 방울의 이슬이 되어 떨어진다.

– 윤삼하(3회 동문, 전남여고 교사), 「허상」(선배기고), 〈광고〉15, 광주고등학교, 1966, 39.

조태일의 시

광주고등학교 동문 시인 조태일(1941~1999)[51]의 시를 실었다.

신경질적인 나의 여자는 / 눈깔사탕을 받아들자, / 히히히 호호호 웃더니만 / 별안간 건국(建國)하는 방법을 감득(感得)했는가 / 꺼이꺼이 울음 울었네. // 남자들은 눈깔사탕을 한 개씩 가지고 / 멀고도 가까운 길을 떠났었지. / 여자들은 졸랑졸랑 따라나섰었지. / 어느 무덥던 여름날, / 남자와 여자들은 꿈의 강안(江岸)에서 / 언어를 잃고 누워 있었지. / 그러다가 그러다가 / 눈깔사탕이 녹아내릴 때 / 덩달아 녹아내리던 그 사람들. // 마지막 남은 한 개의 눈깔사탕을 / 받아들자 신경질적인 나의 여자는 / 히히히 호호호 웃더니만 /별안간 건국(建國)하는 방법을 감득(感得)하였는가 / 꺼이꺼이 울음 울었네. // 내 혈맥(血脈)의, 바람도 붉게 물드는 어귀에서 / 남자들은 눈깔사탕 빛갈의 내의(內衣)를 벗었다 / 여자들

51 조태일: 1964년 〈경향신문〉신춘문예에 「아침 선박」으로 당선했다. 1969년 〈시인〉을 창간했다. 1974년 '자유실천문인협의회'를 창립했다. 권위주의 정권에 저항하다 여러 번 투옥되었다. 1988년 '민족문학작가회의' 초대 상임이사를 역임했다.

은 눈깔사탕 빛갈과, 남자의 음성이 / 소란거리는 / 붉은 스커트를 벗었다. // 그 다음날 다음날부터 / 나는 한 개의 슬픈 악기가 되었네. / 내 시의 이랑을 불어가는 바람 소리랄까 / 민중의 가슴팩이에서 펄럭이는 / 지폐의 그런 소리랄까. / 그리하여 그 다음날 다음날부터 / 나는 식욕이 없어도 살아가는 / 나는 음악이 없어도 살아가는 / 그런그런 남자가 되어버렸네. / 저렇게 꺼이꺼이 울음 우는 / 여자가 없어도, / 이젠 살아가겠네.

– 조태일(11회 동문), 「눈깔사탕(3)」, 〈광고〉15, 광주고등학교, 1966, 41~42.

32. 〈쌍백선〉24, 경남중학교, 1966

부산광역시에 위치한 경남중학교는 1942년 부산 제2공립 중학교로 개교하였다. 교지 〈쌍백선〉24호의 서지사항은 1966년 1월 25일 발행, 편집은 경남중학교 교지편집위원회, 경남중학교 재건학생회 발행, 인쇄는 태화인쇄이다.

이영도 시인의 산문

이영도(시인), 「가슴에 손을 얹어 생각해 봅시다」를 실었다. 이영도(1916~1976)는 시조시인으로 시조집 『청저집』(1954) 등을 발간했다.

김영삼 전대통령의 글

김영삼(국회의원), 「우리를 알자 우리를 깨닫자 – 잘 사는 이유 못사는 이유」(특집)이 있다. 김영삼 전대통령(1928~2015)의 글이다.

특별기고

가슴에 손을 얹어 생각해 봅시다

이 영 도

— 33 —

특 집

우리를 알자 우리를 깨닫자

잘 사는 이유
못 사는 이유

김 영 삼

— 35 —

33. 〈학해〉14, 경동중고등학교 문예반, 1966

경동중고등학교의 교지 〈학해〉14호의 서지사항은 1966년 1월 25일 발행, 인쇄인은 광명인쇄공사이다.

전봉건의 시

전봉건시인(1928~1988)의 서시가 있다. 「시월의 소녀」는 이흥렬이 곡을 붙여 노래로 만들었다. 『전봉건 시전집』(문학동네, 2008)에도 실려있다.

10월의 / 소녀는 / 사과 속에 / 숨어있다. // 순이는 달음박질쳐 가서 숨었고 / 은하는 사뿐히 걸어가서 숨었다. / 선화는 어물어물 새도 몰래 숨었고, / 춘하는 화병 곁에 잠자다가 숨었다. // 저 사과나무밭의 울타리, / 저 가시 돋친 쇠사슬을 넘어서 / 저 무서운 총알이 오고 가던 / 저 사과나무 가지에, 오늘 기적 같은 안으로. // –그럼, / 사과나무밭으로 가 볼가나. / (제일 빛나게 익은 큰 것을 먹어야지) / 내가 사랑하는 소녀가 숨은 사과. // 한 입 깨물면 / 나의 소녀는 꽃다발이 되어 뛰쳐 나올꺼다. / 새까만 사과 씨는 보석처럼 / 굴러서 대지에 숨을 거다. // 10월의 / 소녀는 / 사과 속에 / 숨어있다.

– 전봉건, 「10월의 소녀」(서시), 〈학해〉14, 경동중고등학교 문예반, 1966, 목차 뒤, 화보 앞부분.

윤석산의 시

윤석산(1947~)시인의 고등학교 2학년 때 쓴 시이다.

희미한 외등에 기대인 나목의 / 휘휘로움이 깔리인 언덕은 / 앙상한 가지 새로 / 흔들리는 어제들. // 하늘을 점거한 어둠 속에서 / 그를 보는 듯하는 / 내 기억의 음성이 / 맴돌아 흐르던 날 / 등불 켠 가쟁이의 율동은 끊기이고 / 옛 대화를 우물이는 / 쭈삣한 모습 // 이름할 수 없이 / 차갑게 밀려드는 사연에 / 울음하는 잎진 가로수 곁을 / 무심코 지나는 아해들. / 끝내, / 돌아지지 않는 / 투박한 포도에 발자욱은 / 나날이 퇴색해 가고 // 가슴 위를 마구 뒹굴던 / 단풍을 주워들던 그 여인의 / 하이얀 손가락 새로 흩어진 / 나선 속의 모음들이 / 내 안에 무수히 자라나고 있었다.

– 윤석산(고2), 「나목의 그림자」(학해시단), 〈학해〉14, 경동중고등학교 문예반, 1966, 162.

윤석산의 산문

각 학교에 문학회가 활성화되었던 것을 알 수 있는 자료이다. 여학교 문학회에 남학생들이 들어가 난동을 부려, 문학회가 없어지기도 하고, 남학생 출입을 금지했다는 등, 1960년대 중반 중고등학교 문학회의 세세한 내용을 다룬다.

문학회란…문학모임…우리들이 그동안 쌓아온 실력을 문학을 뜻하는 동호인과 사계(斯界)에 권위있는 문인을 초빙해 우리의 실력을 발표하고, 평가받으며 또 조언을 듣는 회합…전통 있는 남학교 문학회 현황을 일변하면 용산(청맥)이 모든 면에서 제일 만족할만한 성과를 거뒀다 하겠으나 한 가지 사회자의 지나친 넌센스와 배움 조절에 부족했고, 경복(운강)은 그동안 소극적으로 시만을 대상으로 했던 것을 강당의 증축과 더불어 금년부터 크게 발돋음 했다 하겠다. 또한 양정(월계)이 작년에 비해 비교적 아담히 행사를 치뤘으나 문인의 개인적이고 편파적인 평은 고려 대상이 되겠고, 배재문학회가 도중에 정전이 되었었던 사례는 앞으로 다시는 없어야 될 것이다. 한편 사대부고에선 연시를 시도해 이채를 띄었으나 벅찬감 역시 없지 않았다.

– 윤석산(고2), 「문학회와 그 문제점」, 〈학해〉14,
경동중고등학교 문예반, 1966, 58~59.

34. 〈광성〉6, 광성중고등학교, 1967

서울 마포구에 위치한 광성중고등학교는 1894년 W.Hall 선교사가 평양에서 설립하였다. 교지 〈광성〉6호는 개교 73주년 기념호이며 속간 제6호이다. 서지사항을 보면 1967년 12월 1일 발행, 편집인은 광성중고등학교 문예·신문반이다.

박영준의 특별기고

삶의 보람을 문학에서 느끼고 그것 없이 살 수 없다는 마음 그것은 결국 곧 문학적 정열이다. 그런 정열을 가져야만 한다…인생에 대한 고독을 느낄 때 비로소 문학을 하고 싶은 의욕이 생긴다. 고독을 모르는 사람은 문학을 할 수 없다…인생에 대한 느낌이나 사색이 고독 속에서 출발하기 때문이다…고독을 느끼는 사람이야말로 존귀한 인간이라고 말하고 싶다.

– 박영준(연세대 교수 소설가), 「문학은 인생고뇌에서」(교양-
동문특별기고), 〈광성〉6, 광성중고등학교, 1967, 37~40.

35. 〈동성〉9, 동성중고등학교, 1967

동성중고등학교는 서소문 일대 마을 유지들이 1907년 9월 '소의학교'라는 이름의 보통학교를 설립한 것이 시초이다. 1922년 천주교 서울교구가 인수해서 5년제 중등학교인 남대문상업학교로 전환했고, 동성상업학교(1931년), 동성중학교(1946년)를 거쳐 현재 동성중고등학교로 정착했다. 교가를 이병기시인이 작시했다. 〈동성〉9호는 개교 60주년 기념호이다. 서지사항은 1967년 10월 28일 발행, 편집인은 동성중고등학교 문예반이다.

월탄 박종화의 축시

월탄 박종화(1901~1981)[52]는 동성고등학교 출신이다.

1907년 정미(丁未)! / 나라에 어둔 그림자 구슬픈 그때 / 아아 을사와 경술년의 사이였네, / 근대의 새 학문을 가리켜야 한다고 / 서대문, 남대문 밖 아버지와 할아버지들 / 주머니돈을 털어 학교를 지었네, / 아아, 밝고. 의로워라, 그 이름 소의(昭儀)! // 검푸른 연륜, / 쌓을수록 씩씩했네, / 거센 풍상 60년 / 몇 번인지 재단이 바뀌었다. / 그러나 한국 얼을 받은 한국의 아버지들이었네. / 서울 장안, / 서북의 소의(昭儀)에서 / 동북의 동성으로, / 아아, 찬란한 동방의 별이어라. // 돌아본다, 60년의 발자취 / 숱한 인재를 내었네, / 애국자가 이 교문에서 나오고, / 종교가가 이 마당에서 나왔네, / 학자가 나오고, 예술가가 나왔다. / 아아, 동방의 별이여, / 학해고강(學海高岡)에, 우뚝 솟은 등대에, // 그대, 동편 하늘의 큰 별 동성이여 / 만 사람이 믿고 우러러보네, / 청년의 발판 동성이여 / 앞으로 천년만년 / 천만의 인걸을 낳으라.(1967 작)

– 월탄 박종화, 「동성 60주년에」(축시), 〈동성〉9, 동성중고등학교, 1967, 47.

---

52 박종화: 시인이자 소설가, 『흑방비곡』(1924), 『청자부』(1946) 등의 시집, 장편소설 18편, 단편소설 12편, 수필과 평론집 5권을 간행했다.

박목월의 축시

모두 / 진급하고 해마다 / 성장했다. / 그 자유스럽고도 깊은 / 품 안에서 / 키는 해마다 / 몇 센치씩 자라고 / 이목구비는 / 개성이 잡혔다. / 모두 진급하는 행렬의 / 질서정연한 발걸음 / 복도에는 / 향상하는 발자국소리가 / 계속되었다. / 반들반들 윤이 나는 널마루. / 모서리가 닳은 의자. / 그것은 교문 밖으로 / 비져 나갔다. / 남은 것에만 / 녹이 슬고, / 청동 구리빛으로 / 빛나는 전통. / 계속적으로 / 그들은 진급하고 / 해마다 성숙했다. / 인생의 길에서 / 사회의 층계에서 / 다만 / 남은 것만 / 제 자리를 지니고 / 해마다 새로운 행렬을 / 받아들였다. / 그것은 하나의 문 / 하나의 과정 / 그리고 인간을 단련하는 / 하나의 용광로 / 영혼의 바탕에 / 『동성』의 주형(鑄型)을 / 불어넣는 / 그것은 / 하나의 모태

– 박목월, 「송가 – 창립 60주년에 부쳐」(축시), 〈동성〉9, 동성중고등학교, 1967, 표지.

박두진의 글

특집 '학생사회진출에의 길잡이' 항목의 문학 부문에 박두진시인의 글이 있다.

> 우리 문단에 처음 진출할 수 있는 가장 구체적인 방법…신문잡지에 응모해서 당선되거나 문예잡지의 경우, 그 추천제에 응해서 신인으로서의 추천을 거치는 방법…개인적인 연찬을 토대로 한 그룹활동, 동인지나 전문지의 발행, 개인 작품집의 발행과 권위있는 영업지에 의한 발표행위…문학과 문학작품은 그 성실성과 질이 그 가치를 결정…문학 본래의 자세, 문학에 대한 숭고하고 성실한 본래의 자세와 각오로 되돌아 가야…문단이란 그 문학 본래의 목적일 수 없으며, 문단은 어느 의미에서 문학의 참 가치, 작품의 참 성과를 절대로 공정무사하게 판별해주는 그러한 기구나 기능을 가진 것이 아니기 때문…시인은…하나의 새로운 인격, 새로운 문학적 개성, 사상, 작품의 경향이나 유파를 형성할 수 있는 강렬한 주체성의 소유자라야…유구한 문학의 역사적 비판에 견디고 그에 도전할만한 정면적이고 당당한 자세와 책임을 갖춘 연후에야 비로소 떳떳한 시인으로서의 자부를 가질 수 있을 것이다…아직 문단에 발을 들여놓지 않은 그 문단에 대해, 불가피한 문단 생리에 물들지 않은 채, 문학의 가장 높고 순수한 이상에 불타 있을 학생 시절이야 말로 진정한 당당하고 긍지에 찬 문학의 자기 세계를 구축하기에 가장 알맞은 시기
>
> – 박두진(시인), 「학생과 문단진출」, 〈동성〉9, 동성중고등학교, 1967, 170~173.

36. 〈보성〉1, 보성여자중고등학교, 1967

서울 용산구에 위치한 보성여자중고등학교는 평안북도 선천에서 1907년 위대모(놀만, 위드모아 목사), 노세영(씨릴 로스 박사). 사락스(새록스 박사) 등 미국 기독교 북장로회 선교사와 양전백 목사, 이성삼 장로 등이 보성여학교로 창립했

다. 1950년 서울에서 보성여자중고등학교로 개교했다.

김옥길의 축사

김옥길(1921~1990) 이화여대 총장의 개교 60주년 기념 축사이다. 김옥길은 교육자이며 문교부장관을 역임했다.

> 보성은 여성의 귀한 배움터로서 반세기를 넘겨 디딘 오랜 역사를 지니고도 그 어려움을 다 겪지 않고 스스로 높은 뜻을 찾아 고난을 겪고 있는 상징인 듯이 오로지 자유와 학구의 길을 찾아 고향인 선천을 등지고 새로이 자리잡았다 하겠습니다…지금 조국 근대화의 기치 아래 정신생활의 향상과 경제건설의 목표를 두고 배우는 사람들의 힘이 얼마든지 요구되고 있습니다. 특히 여성교육의 결실…역군이 되는 것은 사회의 직접 참여하는 곳에도 있다 하겠지만 한 가정을 이끌어 가는 길에도 그 본분이 있는 것…한 가정은 현명한 아내, 그리고 자애롭고 슬기로운 어머니에 의하여 커가고 한 국가는 건전한 가정의 기반 위에서 자라는 것…이제 배움의 길에서 꽃피어 열매 맺힐 여성의 할 일이 얼마나 귀하고 중한 것인가를 알만 합니다.
>
> – 김옥길(이화여대 총장), 「고난 위에 핀 향기로운 꽃」, 〈보성〉1, 보성여자 중고등학교, 1967, 24~25.

조병화의 교내 백일장 (시부) 심사평

> 여학생들의 시가 대개 그렇듯이 시어가 퍽 부드럽고 감상적인 것들이 많고 불필요한 말 요컨대 '오롯이' '소녀' '그리움' '오솔길' '외로워'와 같은 어휘들은 너무 빈번히 사용되는 말이기 때문에 문맥상으로 말을 낭비하지 않고 경제적으로 사용했으면…'말의 경제성'이란 시의 본질이 그렇듯이 한 개의 어휘에 많은 뜻을, 즉 뉴앙스와 의미의 배라이어치가, 다시 말해서 암시성이 강해야 된다는 말…의미의 함축과 어휘의 뉴앙스가 연관되고 전체적으로 통일된 이미지의 전개가 훌륭한 시를 이룬다. 감상적이고 아름다운 말을 골라 쓰면 좋다는 생각은

시정되어야…특히 배제해야 할 것은 '설명'이다. 시는 설명을 필요로 하지 않는다. 따라서 서술어인 '… 이다.'같은 어미는 꼭 필요하지 않는다면 쓰지 말기를… '그러나' '그리고' 따위의 접속사도 될 수 있는 한 피해야…이와 같은 말들은 대개 뜻을 서술하는 경우에 두루 쓰이는 말들이기 때문

– 조병화, 「시부심사평」, 〈보성〉1, 보성여자중고등학교, 1967, 177.

김동리의 산문부 심사평

수필을 쓰는 태도에 두 가지…사물의 상태를 본질적인 방향으로 추구하는 것과 사물의 행동, 즉 사건을 묘사해서 자기의 느낌이나 주장하고 싶은 이야기를 적는 것…아직 문학수업기에 있는 학생의 자세는 이 두 가지 중 어떤 것을 택하면 되나? 사물의 본질을 추구하는 방향의 글은 철학적인 사상으로 흐르기 쉽고 웬만한 문학수업을 거치지 않는 한 여러분과 같은 연륜으로는 도저히 해결될 수 없는 문제요 또한 써질 수 없는 글이 될 것…글을 쓰는 자세는…성실해야 한다. 성실해야 한다는 말은 겸손과 인내라는 뜻이 있다…글은 말장난이나 소질로만 써지는 것이 아니다. 많은 공부가 필요하다. 다른 예술인 음악과 미술보다도 사상성이 더 절실히 요구되는 것이 문학…많은 지식과 깊은 사상을 소유하도록 끊임없는 독서가 필요…논리적인 사고를 위해서 무엇보다도 수학과 논리학의 공부가 더 중요…문학은 감정만의 것이 아니다…이성과 윤리가 필요

– 김동리, 「산문부 심사평」, 〈보성〉1, 보성여자중고등학교, 1967, 177~178.

37. 〈주성〉33, 청주중학교, 1967

충북 청주시에 위치한 청주중학교는 1924년 개교하였다. 교지 〈주성〉33호의 서지사항을 보면 1968년 2월 24일 발행, 발행처는 청주중학교, 인쇄사는 일신인쇄사이다. 편집후기를 보면 '교우지 〈주성〉을 아끼시며 돌봐주시는

존의로써 정성어린 옥고를 보내주신 윤교육감님 최문화원장님 그리고 교장선생님을 비롯하여 여러 선생님께 엎드려 큰 절로 예를 드리옵고 여러모로 지도해주신 국어과 선생님들과 일신인쇄사 여러분께 뜨거운 감사를 드립니다.' 라는 내용이 있고 특별기고 항목에 교육감 윤봉수의 「아름답고 씩씩하게」와 청주문화원장 최병준의 「졸업하는 청중 건아들에게」가 있다.

교가 작사자가 이완용이다. 구한말 친일반민족행위자인 이완용(1958~1926)일 가능성은 확인해야 할 것이다. 2018년 총동문회에서 이완용을 이해남으로 개명안건을 인준했다는 기사가 있다. 그러나 현재 청주중학교 홈페이지에는 이완용 옆에 괄호로 '(이해남)'이라고 병기하고 있다.

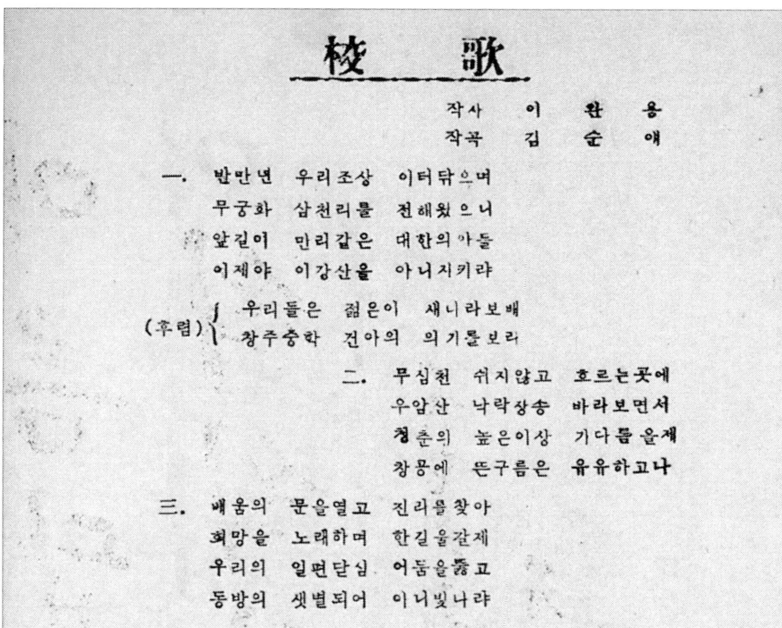
校 歌

작사 이 완 용
작곡 김 순 애

一. 반만년 우리조상 이터닦으며
무궁화 삼천리를 전해왔으니
앞길이 만리같은 대한의아들
이제야 이강산을 아니지키랴

(후렴) 우리들은 젊은이 새나라보배
청주중학 건아의 의기를보라

二. 무심천 쉬지않고 흐르는곳에
우암산 낙락장송 바라보면서
청춘의 높은이상 기다듬을제
창공에 뜬구름은 유유하고나

三. 배움의 문을열고 진리를찾아
희망을 노래하며 한길을갈제
우리의 일편단심 어둠을뚫고
동방의 샛별되어 이니빛나랴

박두진의 시

박두진의 시는 목차에는 없다. 그리고 교지의 내용에는 '시단' 부분에 게재했으며, 기고시나 초대시와 같은 항목 구분 없이 시를 실었다. 박두진의 시가 소재한 다음 페이지 시부터는 학년을 표시했기 때문에 이 시가 박두진이라는 이름을 가진 학생의 시는 아닌 것으로 보인다. 박두진의 시를 받은 것이 아니라 그냥 실은 것으로 추측해볼 수 있다. 시집 『고산식물』에 「동해 鏡浦海(경포해) 逸事(일사)」는 있으나 전집에서 이러한 제목과 내용의 시를 발견할 수는 없다.

> 고와라 / 이 강산 / 바다 / 저 / 하늘 // 날개 쳐 / 위로 솟아 / 해 얼굴 / 붉어 / 뿌린다 / 가슴헤쳐 / 뜨거운 / 축복 // 속속들이 / 우리 겨레 / 안아 / 부둥켜 / 기슭엔 / 하얀 파도 / 뒤착이는 / 몸짓 // 봉우리 저 푸른 깃발 / 하늘 닿아 / 저어 / 새 아침 / 또 무한 영겁 / 기리 행(幸) / 누릴 // 고와라 아아 / 조국 / 만만세!
>
> – 박두진, 「동해 일출」, 〈주성〉33, 청주중학교, 1967, 63.

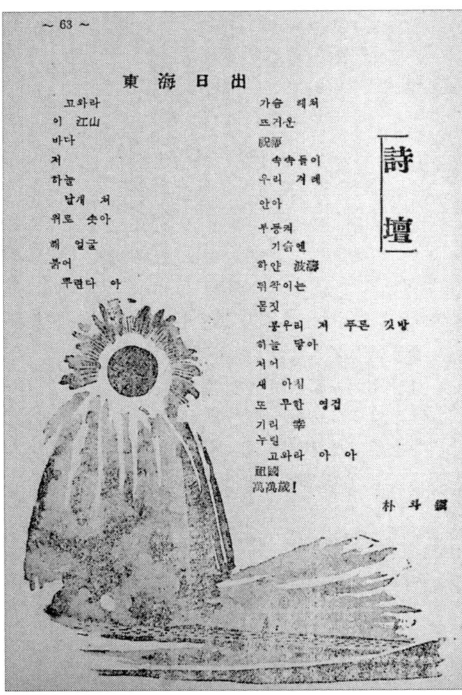
~ 63 ~

詩壇

東海日出

고와라
이 江山
바다
저
하늘
날개 쳐
위로 솟아
해 얼굴
붉어
뿌린다 아

가슴 헤쳐
뜨거운
祝福
속속들이
우리 겨레
안아
부둥켜
기슭엔
하얀 波濤
뒤착이는
몸짓
봉우리 저 푸른 깃발
하늘 닿아
저어
새 아침
또 무한 영겁
기리 幸
누릴
고와라 아 아
祖國
萬萬歲!

朴斗鎭

38. 〈풍문〉13, 풍문여자중고등학교, 1967

풍문여자중고등학교 교지 〈풍문〉13호의 서지사항은 발행 1967년 1월 25일 발행, 편집인은 학생회 문예반, 발행처는 풍문여자중고등학교, 인쇄처는 서울대학교 출판부이다. 편집후기에 '이번 교지 13호는 예년보다 특색 있게 만들려고 애썼다. 우선 선생님의 글과 학생들의 글이 밸런스가 맞게 하고, 독자를 고려해서 특수한 원고 두셋을 제하고는 전권을 한글판으로 만들어 보았다.'고 밝힌다.

박목월 작사 김순애 작곡, 「은행(銀杏)의 노래」를 실었다

1. 다정한 손길을 서로 잡고 푸르른 은행나무 그늘 아래서 별인 양 빛나는 높은 꿈을 오순도순 가꾸는 이 보금자리 2. 외로울 때에도 슬플 때도 언제나 찾아와 벗들과 함께 흐르는 구름을 우러러 보는 은행나무 그늘의 이 복된 자리 3. 언젠가 뿔뿔히 헤어져서 제 갈길 외따로 가야 하려면, 흩어진 은행잎 주워가며 다짐한 우정은 영원하리라 (후) 아아, 풍문의 따뜻한 가슴이여 사랑의 샘물 넘쳐 흐르네. 아아, 풍문의 따뜻한 가슴이여 사랑의 샘물 넘쳐 흐르네.

제7회 교내 문학 콩쿠르: 박목월, 이태극, 정한숙의 심사평

눈물겹고 서럽고 한숨짓는, 그야말로 소녀적 감상적인 서정을 극복하고 좀 더 강인한 정신으로써 늠름한 자세로 생활과 맞서고 굳은 의지로 삶을 도사리는 정서의 심화가 앞으로 '은행잎 합창'에서 바람직한 일이라고 생각한다.

– 박목월(시인 한양대 교수), 「맑고 티 없는 서정」(시 선후평),
〈풍문〉13, 풍문여자중고등학교, 1967, 166~167.

모두가 학생들의 경험과 생활 속에서 솟아나온, 또는 솟아나올 수 있는 제목들이요, 작품들이었다. 시뿐 아니라 모든 문학작품은 실제 생활들에서 우러나오고 용솟음쳐 나와야 실감과 실정이 묘사, 표현되어지는 것이다.

– 이태극(시조작가 이대교수), 「대견스런 새싹들」(시조 선후평),
〈풍문〉13, 풍문여자중고등학교, 1967, 168~169.

한결같이 어두운 곳보다는 밝은 곳을 찾아 소재를 다루어 간 것이 또한 기쁘다. 문학이란 슬픔을 되씹거나 자질구레한 어둠 속만을 파고드는 것이 아니라

– 정한숙(소설가 고대교수), 「예년보다 높아진 수준」(산문부 선후평),
〈풍문〉13, 풍문여자중고등학교, 1967,

정진규의 글

'은행잎 합창(3집)을 읽고' 항목에 소설가이자 시인인 정진규(1939~2017)의 글이 있다. 정진규는 1960년 〈동아일보〉 신춘문예에 시 「나팔서정」으로 당선했다. 1964년 이후 풍문여고, 숭문고, 휘문고교 등에서 10여 년 교직 생활을 했다. 이 시는 풍문여고와의 인연으로 게재한 것으로 보인다.

반드시 여러분 모두가 다음에 커서 시인이 되지 않아도 좋습니다. 소녀의 정서와 꿈을 심고 키울 수 있는 방편으로서도 시는 가장 고급한 것입니다.

– 정진규(시인, 균명고교교사), 「신화의 꽃밭에 보냄」, 〈풍문〉13,
풍문여자중고등학교, 1967, 196~198.

39. 〈학해〉15, 경동중고등학교 문예반, 1967

경동중고등학교 교지 〈학해〉15호의 서지사항은 1967년 1월 25일 발행, 인쇄인은 광명인쇄공사이다. 특집 '학생생활의 7대 요소'에 숙대총장 윤태림의 글 「우정」과, MRA 한국 총장 정준의 「도덕」을 실었다. '뉴스저널' 항목에 1966년의 경동 학원 정화운동, 경동 학보 창간, 김장웅 중위 장례식 등의 기사가 있다.

윤석산의 서시

윤석산시인(1946~)은 경동고등학교 3학년 때 〈중앙일보〉 신춘문예 동시 부문에 당선하였다.

오뉴월 꽃그늘이 드리우는 마당으로 우체부는 산골 조카의 편지를 놓고 갔구나, 바람 한 점 흘리지 않고 꽃씨를 떨구듯. // 편지는 활짝 종이 등을 밝히며 서로들 파란 가슴을 맞대고 정겨운 사연을 속삭이고 있구나. // 찬연한 속삭임은 온 마당 가득한데, 꽃씨를 티우듯 봉투의 흰 깁을 뜯으면 샘재봉 골짝에 산딸기 익어 가듯, 조카는 예쁜 이야길 익혀 놨을까. // 모두 흰 봉투에 숨결을 모도우며, 꽃 내음 흐르는 / '석산이 아저씨께'/ 아, 조카가 막 기어다니는 글씨 속에서 예쁜 이를 드러내고 웃고 있구나

– 윤석산(고3 중앙일보 신춘문예 동화부분 당선 '동시'), 「편지」(서시), 〈학해〉15, 경동 중고등학교 문예반, 1967, 표지.

윤석산의 시

문예 특집, 정상에 오른 작품들 항목에 윤석산시인의 시를 실었다. 다음 시는 같은 해 청주대학교 문예콩쿨에서 입상한 작품이다. 〈학해〉15호의 의 발간일이 1967년 1월 25일이므로 이 작품은 1966년에 수상한 것으로 보인다.

피 맺혀 죽어간 / 붉은 꽃닢이 / 머얼리 원을 그리고 // 발돋음하여 / 하늘을 보면 / 넌 / 완강한 자세로 / 한 모금 땀 섞인 피를 원했다. // 항시 / 파도와 같이 밀려드는 / 가난한 나의 정원. / 바람 부는 날은 더욱 그러한 / 하루. // 이제 / 힘있게 너를 밀치고 / 한 조각 붉은 꽃닢이 되리니 / 내 기인 그림자를 지상에서 거두고 / 오랜 침묵을 지키기까지 / 작으나마 / 형태 다른 / 나의 모습이 여기에 섰다. / 초라한 실존처럼…

– 윤석산, 「벽」(청주대 주최 문예콩쿨 입상작), 〈학해〉15, 경동중고등학교 문예반, 1967, 102~103.

40. 〈한양〉8, 한양중공업고등학교, 1967

서울 중구에 위치한 한양중공업고등학교는 1945년 개교하였다. 현재 한양공업고등학교이다. 교지 〈한양〉8호의 서지사항을 보면, 1967년 12월 26일 발행, 편집인은 문예반, 인쇄는 대한일보사 공무국, 편집위원은 이건청 선생님으로 되어 있다. 시인 이건청(1942~)[53]은 이건이라는 필명으로 1967년 〈한국일보〉 신춘문예에 「목선들의 뱃머리가」로 입상하고, 1968년 〈현대문학〉에 박목월의 추천을 받는다. 그리고 1970년 첫 시집 『이건청 시집』을 간행한다.

이건청은 한양공업고등학교 교사로 1967~1979년까지 재직했다. 이건청 시인의 이름을 교지의 곳곳에서 발견할 수 있다. 「1967학년도 각반 활동보고 – 문예반」에는 '특히 올해 한국일보 신춘문예에 당선되신 이건청 선생님께서 황선생님과 함께 우리를 지도해주신다는 것은 소위 원고지를 매만지는 우리로서는 크나큰 행운'과 같은 기사, 「편집후기」에 '올 8호는 시인 이건청 선생님의 알뜰하신 지도와 황선생님의 보살핌으로 우리들의 원고가 귀여운 책으로 선을 보이는 군요'와 같은 내용이다.

이건청의 서시

목차에는 '서시 – 이건청'이라고 표시했지만 시가 있는 1면에는 이건청의 이름이 없이 시를 실었다.

아, 드높은 하늘에서 / 현란하게 쏟아지는 / 금빛 은빛 꽃 보래여. // 미명의 역사를 밝히는 / 창조의 대낮이여, / 머물러 비호(庇護)하라. // 지금 우리의 작업은 / '코리어'의 / 아니, 세계의 구석구석까지 / 삽을 들고 가야 한다./ 가서 심어야 한다. / 아름드리 '한양'의 능금나무를. // 지금 우리의 이 작업은, / 금빛 은빛 꽃보래여

53 이건청: 한양대 사범대 국어교육과 교수(1991~2007)로 재직하였다.

– 이건청(교사), 「우리들의 작업은」(서시), 〈한양〉8,
한양중공업고등학교, 1967, 1.

이건청의 논문

'논문' 항목에 교사 이건청의 「현대의 시정신」이라는 글을 실었다.

시의 제재가 될 수 있는 것은 창조적 에너지를 가진 깊은 감동입니다. 이번 「한양」 교우지를 위해 투고된 대부분의 작품이 〈고독〉, 〈외로움〉, 〈사랑〉 등을 다루고 있었습니다. 우발적이며 상식적인 것이어서…인류역사가 있은 후 이제까지 다루어온 작품의 상당수가 〈사랑〉, 〈외로움〉, 〈고독〉을 다룬 것이므로 왼만큼 뛰어난 작품을 써서는 이제까지 있어 온 작품을 누르고 후세에 기리 남기란 참으로 어려운 것…이 문제에 대한 라이너 마리아 릴케의 말을 들어보십시오… 스스로 물어보시기 바랍니다. 자기 마음속을 캐보아서 깊은 대답을 찾도록 하십시오. 그래서 그 대답이 그것을 긍정하고 '나는 쓰지 않고는 못 배기겠다'라는 강하고 간단한 대답을 할 수 있다면 당신은 자기생활의 필연성에 따라 한 편의 시를 써도 좋습니다.

– 이건청, 「현대의 시정신」, 〈한양〉8, 한양중공업고등학교, 1967, 63~67.

특집 「문예창작은 어떻게 할 것인가」 문인들의 '앙케이트' 구성

편집부는 '부풀어 오르는 꿈과 낭만을 어떻게 작품으로 만들 것인가? 알고 싶고 듣고 싶던 말들을 문학계의 여러분께 여쭈어보았다. 문예창작에 큰 도움이 될 것을 믿어마지 않는다.'는 특집 의도를 밝히고 앙케이트 항목을 다음과 같이 구성한다.

1. 문학을 아는 인간과 모르는 인간은 어떤 면이 다를까요.
2. 문학가가 되기 위한 소질은 반드시 필요할까요.
3. 문학작품 창작에 꼭 주의해야 할 점은 무엇일까요.
4. 시창작과정에서 우리는 어떤 것을 제재로 하는 게 가장 좋을까요.

5. 현대시나 소설은 이해하기 어려운 작품도 많은데 어떻게 읽어야 할까요.
6. 문학을 위한 일반적 소양을 키우기 위해선 독서가 필요하다고 생각합니다. 초보적인 독서를 위해 어떤 책을 읽어야 한다고 생각하십니까?
7. 교내 문예활동은 어떤 방향으로 전개되어야 할까요.
8. 국어교육의 방향에 대한 선생님의 의견을 듣고 싶습니다.

박목월(시인)의 답변

1. 문학은 자기의 체험을 토대로 새로운 인간에의 탐구요 새로운 인간상의 창조라 할 수 있다.
2. 문학에 끌리는 그것 자체가 소질을 의미하는 것이다.
3. 생각의 천진성, 감각의 민감성, 노력의 심각성
4. 시의 제재는 우주에 그득한 소재 중에서 가장 절실한 것
5. 시나 소설에 대한 이해를 풍부하게 가지는 것 외에 다른 도리가 없을 것이다.
6. 약간 고전에 속하는 명작부터 읽었으면
7. 문학에 취미를 가진 몇 사람을 위한 것이기보다 더 많은 학생이 참여할 수 있는 방향으로
8. 문장표현력에 좀 더 유의하여 주었으면

– 〈한양〉8, 한양중공업고등학교, 1967, 78.

박남수 시인[54]의 답변

1. 우리가 작품을 읽는 것은 간접적인 체험을 늘쿠는 일입니다. 문학을 아는 인간은 체험이 풍부해지는 면에서 문학을 몰는 인간보다 다르겠죠
2. 물론 필요합니다. 소질이 있다고 하더라도 노력이 없고 보면 그것은 녹쓸은

---

54 박남수(1918~1994): 시인, 1957년 박목월, 조지훈, 장만영, 유치환 등과 한국시인협회를 창립하고 1959년 〈사상계〉 편집위원이 되었다. 시집으로 『갈매기 소묘』, 『새의 암장』 등이 있다.

소질입니다. 소질 4에 노력 6은 있어야겠죠

3. 관찰력과 표현능력일 겝니다. 우리가 뭣을 보는 일에 '見'과 '觀'이 있습니다. 견은 사물이 그냥 눈에 비치는 것이라면 관은 우리가 적극적으로 사물을 살펴보는 일입니다. 살펴보지 않으면 아무것도 보이지 않습니다. 그래서 관찰력에 유의해야 하겠고, 관찰한 데도 그것을 언어로 정착시킬 수 없다면 문학(창작)은 될 수 없으므로 표현능력에 유의해야 하겠죠.
4. 인간의 기본정서를 제재로 삼아야 하겠죠. 아무리 신기한 것을 쫓아 보아도 세상에 한 번밖에 없는 신기도 없겠고, 또 있은 들 독자들이 그것을 향수(享受)할 수가 있을까요. 문학은 인간의 기본정서를 제재로 함으로써만 문학에 항구성을 지니게 되는 것입니다.
5. 현대시나 소설을 사랑하고 이해하려는 노력이 필요할 것입니다. 어렵다고 포기한다면 세상에 이해할 수 있는 것은 아무것도 없습니다. 수학이나 어학이 어렵다고 덮어버리고 그것을 이해하는 방법이 없는 것과 마찬가집니다.
6. 고전을 권합니다. 우리나라의 작품도 그렇고 외국의 것도 마찬가집니다. 오랫동안 많은 사람에게 읽힌 작품에는 반드시 그럴 만한 이유가 있는 법입니다. 우선 잘 이해가 안 되더라도 많이 읽을 일입니다. 그러는 동안에 옳게 읽게 될 게 아닙니까.
7. 동인회라도 만들어 서로 창작의욕을 돋구어 주고, 또 쓰여진 작품을 상호비평하는 방법은 어떨까요. 지도선생의 적절한 지도도 필요하겠죠. 그리고 가끔 낭독회나 시화전 혹은 회람잡지 등 표현의 기회를 만드는 일도 좋겠죠. 그밖에 이 동인회는 독서회의 구실도 있으면 싶습니다. 훌륭한 작품을 서로 읽고 서로의 의견도 나누어 보았으면 합니다.
8. 국어교육은 이해와 표현의 힘을 길러주는 것이 아니면 안 될 것입니다. 그런데 현하 우리 국어교육은 표현력을 너무 소홀히 다루는 것 같습니다. 제 개인 의견으로는 설사 우리 고전 작품을 대학에 일임하는 한이 있더라도 작문을 위한 시간이 더 늘어야 하겠습니다. 실사회에 나가면 첫날 첫 시간부터 필요한 것은 글(편지 기안문 등)이기 때문입니다.

– 〈한양〉8, 한양중공업고등학교, 1967, 79~80

41. 〈매원〉10, 경기여자중고등학교, 1966

경기여자중고등학교의 교가는 조지훈이 작사하고 김순애가 작곡했다. 〈매원〉10호의 서지사항은 1966년 1월 24일 발행, 편집인은 재건학생회 학예부 문예반, 발행처는 경기여자중고등학교, 인쇄소는 삼화인쇄주식회사이다. '우리에게 주는 글'이라는 항목에 김형석(철학가, 연세대 교수)의 「교육의 뜻은 넓고 깊은 데 있다」와 이어령(문학평론가)의 「아리아도네의 실」을 실었다.

강신재의 글

소설가 강신재(1924~2001)의 「문학을 사랑하는 소녀들에게」를 실었다.

> 한때라도 예술의 세계에 접근해보았다는 사실은 일생 그에게 영향을 미칠 것이다. 그러므로 실인생에 미처 발을 드려놓지 않고 있는 그래서 맑고 격렬할 수 있는 소녀들에게 예술에의 조예를 깊이 하라는 말은 아무리 되풀이해도 지나친 것일 수 없다.
>
> – 강신재(여류소설가)의 「문학을 사랑하는 소녀들에게」, 〈매원〉10, 경기여자중고등학교, 1966, 79~80.

42. 〈매원〉13, 경기여자중고등학교, 1968

〈매원〉13호의 서지사항을 보면, 1968년 10월 15일 발행, 편집인은 재건학생회 학예부 문예반, 인쇄소는 삼화인쇄주식회사이다. 〈매원〉13호는 특집으로 「구교지 발췌」 항목을 편성하여 다음과 같은 편집 의도를 제시한다.

> 6·25 동란으로 창간호의 첫 순이 꺾인 지 5년 만에 속간호를 낸 이후 매원은 면면히 그 생명을 키워 어느덧 열세 번째의 열매를 맺게 되었다…지나온 자취를 더듬어 보는 것도 뜻있는 일…구교지에 수록된 것 중 수작을 발췌…창간호와

2호는 구할 길이 없어 이 란에 싣지 못함을 섭섭하게 생각 – 편집부

'매원을 빛낸 주옥들 3호'에서는 허영자시인(1938~)의 「산도화에」(감상문)를 실었다. 허영자시인은 1957년 경기여고를 졸업했다. 그리고 7호에 실린 전혜린(1934~1965)의 「그때의 경기」를 실었는데 번역가이자 작가인 전혜린은 1953년 경기여고를 졸업했다.

강신재의 소설

강신재의 단편소설 「여정」을 44면에서 51면까지 꽤 긴 분량을 게재하였다.

천경자의 수필

화가 천경자(1924~2015)[55]의 수필 「개쑥부쟁이」를 실었다.

화가인 나는 반평생을 학교와 인연을 끊을 수 없는 생활을 해왔다. 여학교 때 4년간 이라는 기숙사 생활을 했고…선생노릇을 하기 시작한 지도 어언 20년이 넘었다…여학교 1학년…쑥부쟁이는 꽃이 피고, 소등시간이 되어 캄캄한 방에 자리를 펴고 누워있으려면 가을바람에 흔들리어 유리창에 비치는 모습을 볼 수 있다. 나는 겨울방학이 얼마쯤 남았을까…하고 손꼽아 헤였다…그런데 지금의 나는 그때와는 반대의 현상을 바라고 있다. 한 시간이 두 시간으로 연장이 되고 1분이 2분으로 연장이 되었으면 하는 생각이 간절하다. 왜, 그건 늙어간다는 징조이고 늙기 전에 좋은 그림을 많이 그리기 위해서다.

– 천경자, 「개쑥부쟁이」(수필), 〈매원〉13, 경기여자중고등학교, 1968, 40~41.

---

55 천경자: 본명은 천옥자(千玉子), 1941년 광주공립여자고등보통학교(현 전남여고) 졸업, 도쿄여자미술전문학교 일본화과 입학, 이 무렵 '천경자'로 이름을 바꾸었다. 조선미술전람회에 입선, 전통적인 한국화의 범주에서 벗어난 새로운 영역을 개척하였다는 평가를 받았다.

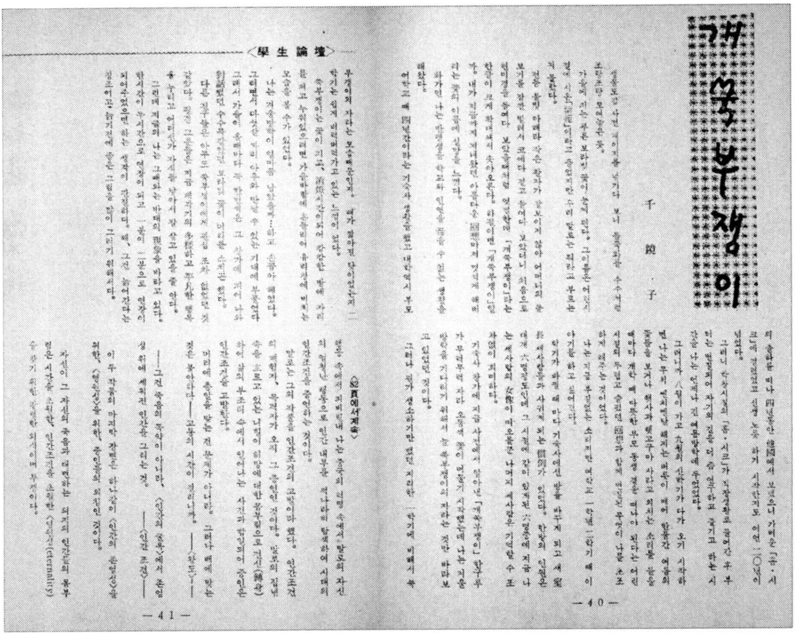
〈學生論壇〉

－41－

－40－

43. 〈덕수〉11, 덕수중·상업고등학교, 1968

서울 성동구에 위치한 덕수고등학교는 1910년 개교하였다. 1947년 덕수공립상업학교, 1951년 덕수상업고등학교로 개명, 2007년 덕수고등학교로 개명하였다. 〈덕수〉11호의 서지사항을 보면, 1968년 1월 25일 발행, 편집인은 문예신문반·덕수 학보사, 발행인은 덕수중상업고등학교, 인쇄는 대한교과서주식회사가 했다.

이효상의 기고

당시 국회의장 이효상의 글이다.

인간은 만물을 지배할만한 능력을 가졌으되 신처럼 만물을 창조할 능력은 갖고 있지 않습니다. 인간은 유한자이기 때문입니다. 그렇다면 인간은 무엇이냐. 소크라테스는 너 자신을 알라고 하였습니다.

– 이효상(국회의장), 「인생은 무엇이냐」(특별기고), 〈덕수〉11
덕수중·상업고등학교, 1968, 8~10.

44. 〈동성〉10, 동성중고등학교, 1968

〈동성〉10호의 서지사항을 보면 지도교사 김경한, 황금찬, 김익중, 1968년 12월 8일 발행, 편집인은 동성중고등학교 문예반, 발행소는 동성중고등학교, 인쇄소는 평화당 인쇄주식회사이다. 교지 앞부분 화보에 재단이사장 김수환(1922~2009) 대주교의 사진이 있으며 김수환 대주교의 격려사 「동성의 전통을 더욱 빛내자」를 실었다. 김수환은 한국 최초의 추기경이다.

황금찬의 시

동쪽 하늘에 / 샛별을 머리에 이고 / 여기 선 지 벌써 61주년 / 긴 날의 아침 이슬과 저녁 바람을 맞으며 / 모교는 한결같이 / 동량을 길러냈다. / 어머니가 자리를 갈아가며 / 아기를 기르듯 / 실로 모교는 / 양지바른 곳으로 자리를 하며 / 동성의 건아 / 나라의 일꾼을 길렀느니라. / 천주의 축복과 / 성자들의 지혜를 받아 / 강물같이 이어오는 / 성(聖)과 지(智)의 전통은 / 세월이 쌓일수록 찬란하여 / 더한 앞날에 빛나리라. / 이 땅에 동성의 얼을 심은 / 그분들의 뜻은 / 해마다 번창해 가는 / 동성의 건아들의 숲에서 / 아침 햇살처럼 / 꽃펴가고 있다. / 동성을 모교로 하는 / 피로 인연 한 / 형이며 아우들이어 / 우리들이 설 땅은 이제 / 세계로 뻗어가고 있다. / 우리들의 머리 위에 / 꽃구름이 덮여져도 / 모교의 발전과 영광을 위하여 / 길이 꽃바람과 / 축복의 노래를 부르자

– 황금찬, 「동성 61주년에 부치는 시」(서시), 〈동성〉10,
동성중고등학교, 1968, 화보 앞부분.

45. 〈배명〉3, 배명중고등학교, 1968

배명중고등학교는 서울 서초구에 위치한다. 1932년 기독교 남감리 선교부에서 '배화여학교 광의문 분교'로 경영하여 오던 것을 1932년 조용구가 인수하여 남자학교로 경영하였다. 해방을 맞이하여 '배명학원'으로 개편하여 개교하였다. 배명중고등학교의 교가는 서정주가 작사하고 이흥렬이 작곡했다. 〈배명〉3호의 서지사항을 보면 1968년 1월 28일 발행, 인쇄처는 민중서관 공무국이다.

이은상의 특별기고

특별기고 항목에 노산 이은상의 글이 있다. 권두언류의 산문으로 학생들에게 주는 글이다.

> 실천은 비록 한 가지, 한 가지씩 해야 하지만, 이상은 멀리 가져야 하고, 포부는 높이 세워야 한다. 그래서 끊임없이 전진하지 않으면 안 된다. 우리에게는 주저도 없다. 중단도 없다. 낙담도 없다. 포기도 없다. 다만 전진, 전진이 있을 뿐이다. 스스로 서라. 한데 뭉치라. 그래서 앞으로 가라(1968,1,10)
>
> – 노산 이은상(작가), 「세 가지 요결」, 〈배명〉3, 배명중고등학교, 1968, 23~26.

46. 〈배화〉60, 배화여자중고등학교, 1968

〈배화〉58호를 1968년 1월에 발간했고 60호를 10월에 발행했으므로 1월과 10월 사이에 59호가 있었던 듯 하다. 〈배화〉60호의 서지사항을 보면 1968년 10월 2일 발행, 편집인은 문예반, 인쇄인은 선일인쇄사, 발행소는 배화여자중고등학교이다. 김활란(이대 명예총장)의 「사랑에 대하여」, 김옥길(이대 총장)의 「개교 70주년 기념 축사」, 최현배(문학박사)의 「배화 개교 70주년을 맞이하여」를 실었다.

이희승의 축시

이희승교수(1896~1989)[56]의 축시는 삼행시처럼 '축배화개교칠십주년'을 첫 운으로 하여 썼다.

축하를 드리오리 번영을 기리오리 / 배움의 터를 다꺼고 배달의 딸을 길러 / 화창한 꽃동산으로 이 강산을 꾸몄네 / 개화의 소용돌이 이리떼 심술 속에 / 교육의 길을 걷기 험난도 하였어라 / 칠십 년 세월이 흘러 탑이 우뚝 솟았네 / 십계명 가르치신 그 뜻을 바탕으로 / 주어도 또 주어도 못다 받을 은총 속에 / 년년이 뻗어 나가는 역사 더욱 빛나리

– 이희승(성균관 대학원장), 「배화 개교 칠십주년」(축시), 〈배화〉60, 배화여자중고등학교, 1968, 20.

모윤숙의 축시

인왕산 바위 / 큰 샘물 나으사 / 단아하고 정한 물에 / 오롯하게 비치는 아가씨들 있었다. // 맨 처음 그 언덕에 모일 적에 / 하늘 땅이 울타리 되어 / 소박한 정기 뿜으시니 / 70년 해와 달 아래 / 소근거려 피어난 꽃송이를 보라 // 자라고 커갈 때 집안이 화사했고 / 아롱진 등불 들어 나라를 밝혔으니 / 이제 바람 비 어려우랴? / 벅찬 내일 그대로 뻗어가라. // 이어가라 천대 만대 그 슬기 / 퍼져가라 조용한 사랑의 숨결 / 세계를 안아 그 덕을 심고 / 배화 배화 영원하거라 / 1968년 8월 15일

– 모윤숙, 「배화 70년」(축시), 〈배화〉60. 배화여자중고등학교, 1968, 21.

---

56 이희승: 국어학자, 시인, 수필가이다.

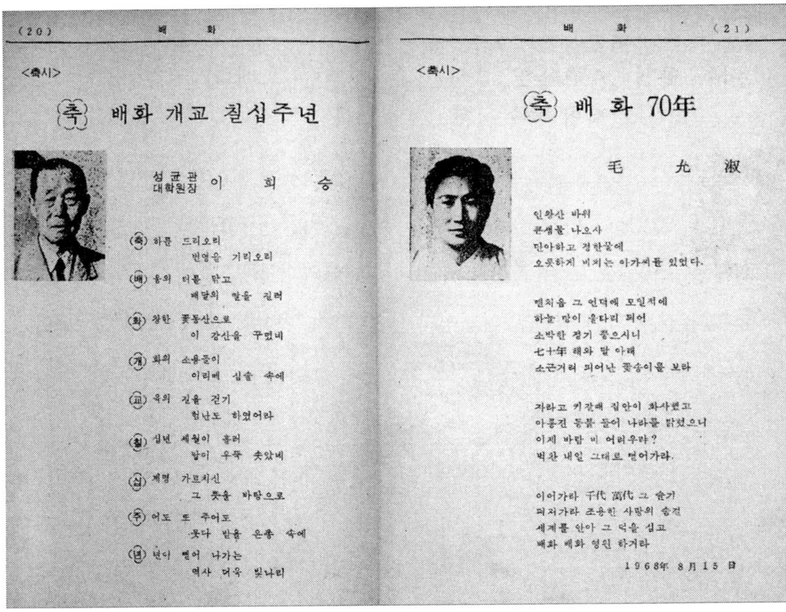

(20) 배 화

<축시>

㊗ 배화 개교 칠십주년

성균관 대학원장 이 희 승

(축) 하룬 드리오리
　　번영을 기리오리
(배) 움의 터를 닦고
　　배달의 얼을 길러
(화) 창한 꽃동산으로
　　이 강산을 꾸몄네
(개) 화의 소용돌이
　　이리떼 심술 속에
(교) 육의 길을 걷기
　　험난도 하였어라
(칠) 십년 세월이 흘러
　　탑이 우뚝 솟았네
(십) 계명 가르치신
　　그 뜻을 바탕으로
(주) 어도 또 주어도
　　못다 받을 은총 속에
(년) 년이 뻗어 나가는
　　역사 더욱 빛나리

배 화 (21)

<축시>

㊗ 배 화 70年

毛 允 淑

인왕산 바위
큰샘물 나오사
단아하고 정한꽃에
오붓하게 비치는 아가씨들 있었다.

펜치울 그 언덕에 모일적에
하늘 땅이 울타리 되어
소박한 정기 품으시니
七十年 해와 달 아래
소곤거려 피어난 꽃송이를 보라

자라고 키잘때 집안이 화사했고
아롱진 등불 들어 나라를 밝혔으니
이제 바람 비 어려우랴?
벅찬 내일 그대로 뻗어가라.

이어가라 千代 萬代 그 슬기
퍼져가라 조용한 사랑의 숨결
세계를 안아 그 덕을 심고
배화 배화 영원 하거라

1968年 8月15日

47. 〈샛별〉16, 대륜 중고등학교, 1968

대구 수성구에 위치한 대륜중고등학교는 1921년 개교했다. 〈샛별〉16호 서지사항을 보면, 1968년 12월 18일 발행, 발행인은 대륜중고등학교, 편집인은 문예반, 문화출판사가 인쇄했으며, 편집위원에 하종오(중2)가 있다. '졸업생의 가교-동문엣세이' 항목에 이재선(영남대문리대교수)의 「모방문화의 영역과 문화인」을 실었다. '고교생의 문학' 특집 항목에 김춘수(경대문리대교수, 시인)의 「고교시절과 문학」을 실었다. 김춘수는 이 글에서 문학을 하려는 고교생들에게 '문장을 많이 쓰고…책을 많이 읽어야'한다고 조언한다.

하종오의 시

하종오(1954~)는 대륜중학교와 고등학교 출신이며, 문예부에서 활동하였다. 다음은 하종오가 대륜중학교 2학년 때 경상북도 주최 백일장 장원 작품이다.

내 거울 속에 / 코스모스가 보이는 창가로 닥아 앉아 / 고요히 내부로 스며드는 침묵 속에 / 맑은 기도를 담아두겠습니다. // 내 거울 속에 / 알찬 눈빛을 밝히고 / 알알이 영근 / 과실의 가슴 안을 / 흥건히 넘쳐오는 두터운 빛깔의 / 눈빛으로 새겨 보겠습니다. // 내 거울 속에 / 어디론지 훌훌 날아갈 듯 / 제비의 푸른 노래처럼 / 해맑간 나의 음성으로 / 나비 날개 박수치는 / 신비로운 음향들로 / 찰찰히 채우겠습니다. // 내 거울 속에 / 꽃밭에 햇살이 내릴 때 / 물오르는 작업으로 / 가지 끝에서 무수히 / 터져오는 꽃망울처럼 / 꽃 차림으로 나를 키우겠습니다.

– 하종오(중2), 「거울」(교위 주최 제4회 도내 백일장 1등 당선 작품), 〈샛별〉16, 대륜중고등학교 학도호국단, 1968, 136~137.

하종오의 기행문

대외입상작 항목에 하종오(중2)의 「가을바람 속에서」(신라문화제 전국 한글 백일장 가작)를 실었다.

김춘수의 심사평

제4회 도내초등학교 어린이 글짓기 대회 운문부 심사평을 실었다. 산문부 선후평은 이재철[57](시인, 교대교수)의 「직물적 표현과 산문시」이다.

어린이의 느낌이나 생각은 글로써 표현하는 것이 가장 보편적인 방법인데 이것이 그동안 중학 입시관계로 많이 위축되었었다. 그러나 앞으로 입시가 없어지고 참다운 어린이 교육이 전개됨에 따라 이 글짓기도 크게 제 구실을 할 것이다. 그런 점으로도 어린이의 인간교육을 위하여 이 대회는 앞으로 더욱 큰 각광을

57 이재철(1931~2011): 시인, 아동문학가이다. 대구교육대학 교수, 단국대 국문학과 교수를 역임하였다.

받을 것이다

– 김춘수 선생(시인, 경대교수), 「좋은 글 좋은 생활」(선후평, 운문부), 〈샛별〉16, 대륜중고등학교 학도호국단, 1968, 204~205.

48. 〈경기〉7(통권48호), 경기중고등학교, 1969

〈경기〉7호의 서지사항을 보면 1969년 1월 18일 발행, 발행인은 경기 중고등학교 학생회, 편집인은 경기중 고등학교 문예반, 삼화인쇄주식회사가 인쇄했다. 편집후기에 '경기교지 사상 가장 두꺼운, 잡지 사상 유래없게 삽화 하나 없는 교지'라는 내용으로 보아 교지의 독특성을 고민했다는 것을 알 수 있다. 당시 박정희(대통령)의 담화문 「항쟁과 대결정신으로부터 생산과 협동정신으로(1968년 11월 3일)」를 실었다.

문예반은 「경기문학사」라는 120페이지에서 126페이지까지 꽤 긴 분량의 특집을 구성한다. 내용을 보면 경기중고등학교의 문예, 신문, 교지, 문학상의 역사를 알 수 있다. 제1장 일제탄압기에 초기의 경기교지 〈화계(花桂)〉가 있었다는 것을 알 수 있으며, 최현배. 윤극영, 조재호, 유진오, 이하윤, 조용만을 다룬다. 제2장의 제목은 '교지난립기'(해방 후~6·25직전)이다. 최초의 학생잡지 〈일엽주〉, 뒤를 이은 〈송탑〉, 경기문학에 아롱진 〈홍현〉, 지명부지관 〈경기지광〉, 홍현을 답습한 〈경기문단〉, 신문경기의 웅지를 품었던 〈경기학보〉, 시가 말썽이 되어 폐간된 〈문예경기〉 등으로 세목을 달아 다룬다. 제3장은 6·25 직후~문예·신문반 분리시기이다. 서울을 그리며 〈망양〉을 펴다, 전운 속의 고고지성 〈경기주보〉, 아이젠하워에게 보내는 메쎄지 〈주간경기〉, 이상으로서의 흰 길 〈백선〉, 우리나라 최초의 학생영자신문 〈Kyunggi Times〉, 주간경기와 백선이 합쳐 〈경기〉, 다사 다경의 1956년 경기문학사, 〈주간경기〉의 동생 〈중학경기〉 등 세목으로 다룬다. 제2회 낭독회 학생문단, 학원사, 사상계사의 후원, 제3장 문예활동 전성기(신문반 독립 이후~현재)는 화동문학상 시상, 〈주간경기〉 그 이후, 교지 〈경기〉를 낳고, 2·3회 화동문학상 등의 항목으로 구성한다.

최규하의 글

특집 '후배들에게 권하는 방면' 항목의 외교부문에 당시 외교부 장관 최규하(1909~2006)[58]의 글을 실었다.

세계를 무대로 하여 국가이익을 추구하는 외교는 결코 쉬운 일이 아닙니다. 더욱이 격변하는 현 국제정세에서 점점 더 침략적 근성을 노골화하는 공산주의에 대항하여 자유 민주주의의 이념에 국토통일을 이룩하고, 다른 나라들과의 우호관계를 증진함으로써 한국의 국제적 지위를 향상시키고, 동시에 국제평화에 이바지하기 위하여는 무엇보다도 꾸준한 노력과 인내, 그리고 용기 있는 일군인 유능한 외교관이 필요한 것입니다.

– 최규하(외교부 장관, 33회 동문), 「유능한 외교관 – 한국의 국제적 향상」 (외교부문), 〈경기〉7(통권48호), 경기중고등학교, 1969, 78~82.

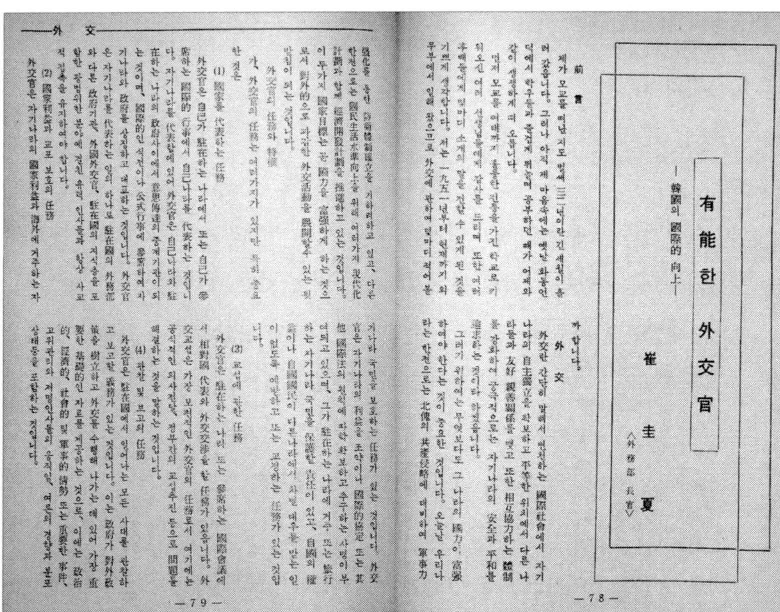

有能한 外交官

—韓國의 國際的 向上—

崔圭夏 〈外務部 長官〉

前書

제가 모교를 떠난지도 벌써 三十년이란 긴 세월이 흘러 갔읍니다. 그러나 아직 제 마음속에는 옛날 화동언덕에서 학우들과 즐겁게 뛰놀며 공부하던 때가 어제와 같이 생생하게 떠 오릅니다.

먼저 모교를 어태까지 훌륭한 전통을 가진 학교로 키워오신 여러 선생님들에게 감사를 드리며 또한 여러 후배들에게 몇마디 소개의 말을 전할 수 있게 된 것을 기쁘게 생각합니다. 저는 一九五一년부터 현재까지 외무부에서 일해 왔으므로 外交에 관하여 몇마디 적어 볼까 합니다.

58 최규하: 대한민국 10대 대통령이다.

윤극영의 산문

'시계탑 주변' 항목에 윤극영(1903~1988)의 산문을 실었다. 윤극영은 작곡가, 동요작가, 동요작곡가, 아동문화운동가이다.

요새와는 달리 저 때의 '경기중고등'은 일본의 식민지 교육정책의 표본적 거점이었다. 1919년 그 무렵 나는 '경성고등보통학교'적 학생이었다…동경유학을 꿈꿨다…윤치호 선생이 2백 원을 주셨다…'그런데 너 그 돈 절반은 집에 주고 가라, 그동안 살림에 보태 쓰고 다음 날 내가 돌려주마…' 무겁고도 슬픈 아버지의 선언이었다. 나는 눈물이 핑그르르 돌았다…그 뒤 동경유학 중 아버지는 땅 팔아 집 팔아 내 뒤를 대어주셨다…피는 물보다 짙다더니 넓으나 좁으나 '혈통'이란 참 무서운 것이었다.

– 윤극영(16회), 「혈통(血統)」(산문), 〈경기〉7(통권48호), 경기중고등학교, 1969, 172.

이순재의 글

'시계탑 주변' 항목에 탤런트 이순재(1934~)의 글을 실었다.

하필이면 열등생에 가까웠던 나에게, 화동 모교 문예반에서 '즐거웠던 재학생 시절의 꿈'을 쓰라는 청탁이 날아왔다…5학년 졸업반 때에 있었던 무용담 한 토막…대동아전쟁 무렵 – 일제가 일본군의 기세가 한창이었다. 일본군이 중국 한구를 함락시켰다는 흥분이 장안을 휩쓸었고 학생들을 동원하여 등행렬을 시키는 법석… 어두운 밤거리를 만세소리를 지르고 군가를 부르고 떠들다 학교로 돌아온 젊은 감정…일본군이 전쟁에 이겼다는 흥분은 결코 아니었으며…행렬이 교문을 지나 언덕길을 오르기 시작했을 때…소속장교 우찌고바 선생…그의 궁둥이를 발길로 걷어차고는 숨어버렸다…"너희들 가운데 못된 짓을 한 놈이 있는데 정직하게 나오면 용서해 주겠다. 자 빨리 나오지 못할까…" 기압을 받았으나…나섰다가는 졸업을 못할 판…급우들에게는 미안함…버티는 수밖에 없었다. 그런대로 졸업반이란 특전으로 한 시간 후 해산…"야! 잘했다. 속시원히 잘했

어…" 이런 말로 몇몇 학우들이 공감…그 선생은 학우들의 공동미움을 받았던 것은 사실

– 이순재(35회), 「즐거웠던 나의 꿈」, 〈경기〉7(통권48호), 경기중고등학교, 1969, 173.

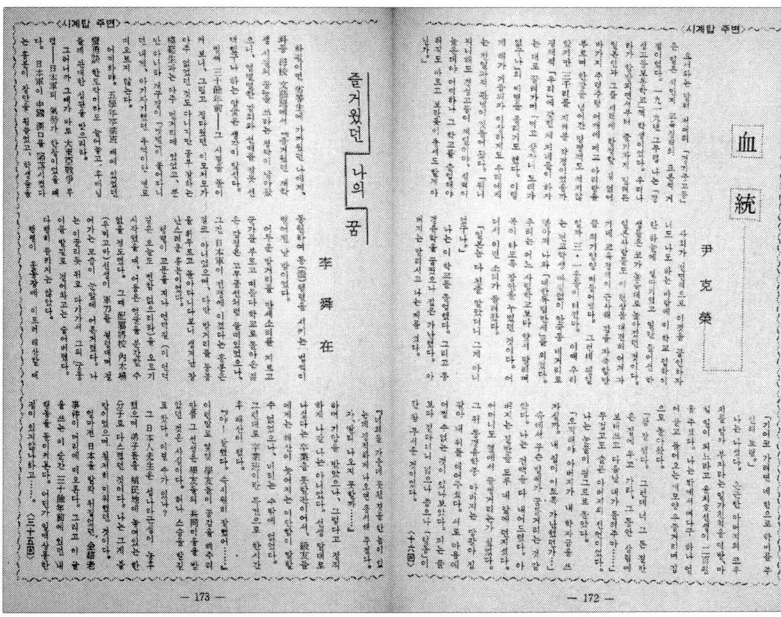

<시계탑 주변>

즐거웠던 나의 꿈

李舜在

— 173 —

<시계탑 주변>

血統

尹克榮

— 172 —

박목월의 심사평

화동문학상 심사평이다.

시가 한 편의 작품으로서 야무지게 다듬어지지 않기로니 그것이 대수로울 일인가. 여러분이 모두 시인이 될 것도 아닐 것이다. 그러므로 지금 여러분에게 소중한 것은 시라는 짤막한 협문학적인 형식을 빌려, 오늘의 생활을 반성하고 뜻을 기르며 자기의 내면을 모색하는 일이다. 이것은 헛된 영탄이나 최고적인 감상이나, 이른바 문약한 인간이 되는 것을 삼가야 한다는 뜻이다.

– 박목월, 「시 수필부 심사평」, 〈경기〉7(통권48호), 경기중고등학교, 1969, 183.

김동리의 심사평

고등학생들의 문예 작품을 심사할 때마다 새삼스레 절감하는 것은 취재경향과 성과의 수준이 몹시 비슷비슷하다는 점이다. 그것이 경기면 경기 숙명이면 숙명 같은 학교의 것일 때는 더욱 그렇다…비슷비슷하게 우수한 편에 들었다.

– 김동리, 「소설부 심사평」, 〈경기〉7(통권48호), 경기중고등학교, 1969, 193.

이인성의 수필

'학생 수필' 항목에 당시 중학교 3학년이었던 이인성(1953~)소설가[59]의 수필이 있다. 이인성은 경기중학교와 경기고등학교에서 수학하였다. 이 글은 수필이지만 소설과 같은 형식이다.

나는 더 큰 세상으로 탈피하고 싶다. 엄마는 지나칠 정도로 간섭이 심하다. 어쩌다 소설책을 읽고 있다가 엄마가 들어오면 나는 가슴이 덜컹한다. 뭐라고 그러지나 않을까 해서 공부나 하라고 꾸중할까봐. 나는 지금 무서운 생각을 하고 있다. 엄마가 죽어도 괜찮다는 아니, 죽음은 슬픈 일이다. 그렇다면 나 혼자 살고 싶다. 나 스스로 모든 것을 처리하고 싶다는 말이다.

– 이인성(중3), 「어느 십대」(수필), 〈경기〉7(통권48호),
경기중고등학교, 1969, 288~290.

---

59 이인성은 소설가이자 교수이다.

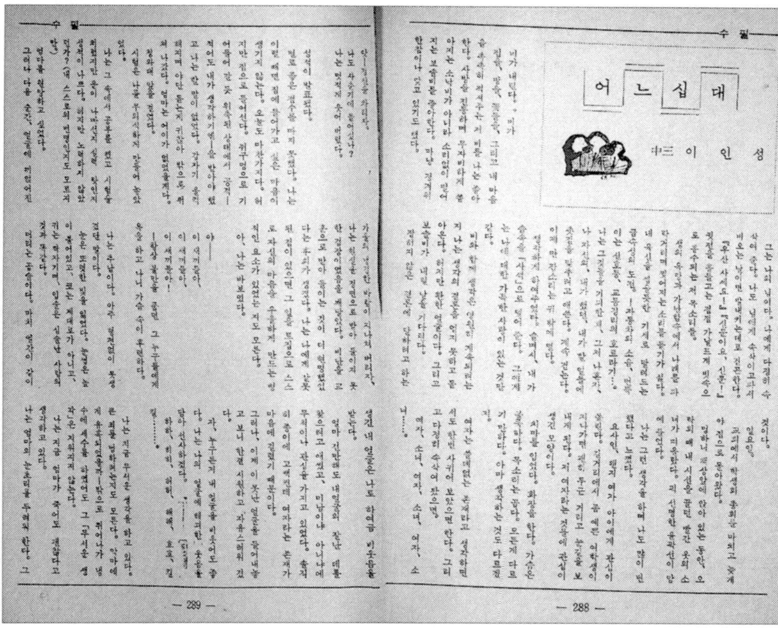
수필

어느 십대

이 인 성

— 289 —

— 288 —

49. 〈경맥〉15, 경북고등학교, 1969

〈경맥〉15호의 서지사항을 보면, 편집인은 문예반, 인쇄소는 경북인쇄소, 발행일은 1969년 1월 22일이다.

조동일의 글

'특별기고' 항목에 국문학자 조동일교수(1939~)의 글이 있다.

현재의 실정으로는 문학에 관한 교육이 아주 미비하거나 거의 없다시피 한 실정을 지적하고 싶다. 세잔느나 베토벤에 관해서는 그런대로 배우는 시간이 있고, 그림 그리기와 노래부르기는 계속 하나, 문학이라는 과목은 아예 없이 국어 과목에만 내맡겨진 채 톨스토이에 관해 배우거나 작품 창작을 효과있게 지도받을 시간은 없는 게 솔직한 실정이다. 그러니 고교생의 문학활동은 잘 되기가 더욱 어렵고, 또 그만큼 많은 노력이 필요하다.

– 조동일(동문, 계명대 강사), 「고교생의 문학 활동- 몇 가지 비판과 충고」, 〈경맥〉15, 경북고등학교, 1969, 109~111.

현승효의 소설

유신 독재에 저항하다 군에서 의문사한 현승효(1950~1977)가 고등학교 2학년 때 쓴 단편소설 「무리들」을 실었다. '이동헌 군의 헌신적 조력, 승효, 연구, 칠회 등의 격려는 큰 힘이 되었다.'라는 편집후기로 보아 현승효가 교지편집부에서 활동했음을 알 수 있다.

50. 〈녹봉〉7, 경희여자 고등학교, 1969

서울시 동대문구에 위치한 경희여자고등학교는 1959년에 개교하였다. 편집부는 창립 20주년 특집으로 '경희 인상을 부조한다' 항목을 마련하고 '금년으로 우리 학원은 창립 20주년을 맞이했습니다. 20년의 고난의 가시밭길을 헤치고 오늘의 역사를 창조한 우리는 앞으로 비약의 발전을 위하여 어떠한 일을 해야 할 것인가? 여기에 우리 학원의 각 기관장님과 교수님들의 설문을 통한 고견을 종합해 봅니다.'라는 편집의도를 밝힌다. 설문 내용은 다음과 같다.

1. 개교 20주년을 맞이한 우리 경희인의 자세
2. 경희정신을 어떻게 구현할 것인가
3. 70년대의 우리 학원의 미래상
4. 우리 경희여고의 특색

조병화의 답변

당시 경희대학교 출판국장으로 있던 조병화시인의 답변은 다음과 같다.

1. 내적인 자부심을 가져야 한다.

2. 내적인 실력의 양성으로

3. 자타 공인하는 대학원으로 발전할 것이다.

4. 자유스럽고, 소심하지 않고, 너울너울 자라는 모습이 참 좋습니다

51. 〈덕수〉12, 덕수중·상업고등학교, 1969

〈덕수〉12호의 서지사항은 1969년 1월 24일 발행, 편집인은 문예 신문반·덕수 학보사, 발행인은 덕수중·상업고등학교, 인쇄소는 대한교과서주식회사이다. 편집부는 특집으로 '학생과 문학' 항목을 구성하고 다음과 같은 편집 의도를 밝힌다.

> 한국의 신문학은 학생들의 손으로 개척되기 시작했다. 그 학생들이란 대학생도 아니요 지금의 고교생들에 해당되는 20 안팎의 청년들이었다. 신어운동의 맨 선두에 나섰던 육당 최남선이나 근대적인 소설의 선구자가 되었던 춘원 이광수가 모두 그러한 연령에 문학을 시작했고 그로 말미암아 그들은 우리의 신문학사의 맨 첫 페이지를 장식하는 영예의 공로자들이 되었다…아직 어린 나이의 우리 학생들의 문학이 기성문단에서 차지하는 비중은 실로 큰 것이다. 상학도인 우리지만 문학의 대열에서 고립되지 않기 위하여 문학이란 두 글자를 이해하여야겠기에 여기 이 페이지를 꾸며보았다
>
> – 편집부, 〈덕수〉12, 덕수중·상업고등학교, 1969, 47.

조연현의 글

이 특집에서 조연현은 다음과 같이 말한다.

> 학생은 문학도이기 전에 먼저 학생…역사상으로 위대한 고전을 습득하고 이해하는 일…동시대의 작품과 문학적 동태에 대해서 예민한 관심을 표시…창작에

대한 끊임없는 훈련…내가 무엇 때문에 붓을 들어야 하는가 하는 문제에 대한 철저하고도 엄숙한 자각이 있어야…이 5가지 조건은 문학도가 갖추어야 할 기본적 자세라고 해도 좋고 교양이라고 해도 좋을 것이다

– 조연현(문학평론가), 「문학도가 갖춰야 할 교양」, 〈덕수〉12, 덕수중·상업고등학교,, 1969, 48~49.

김동리의 글

김동리는 다음과 같이 말한다.

어느 정도 자리가 잡힌 사회에 있어서는, 반드시 훌륭한 학자라면 훌륭한 저서의 주인공이라야 하며, 훌륭한 저서를 가지기 위해서는 또한 훌륭한 문장의 소유자라야 하는 것이다.

– 김동리(작가), 「문장교육의 필요성」, 〈덕수〉12, 덕수중·상업고등학교, 1969, 50~51.

52. 〈샛별〉17, 대륜중고등학교, 1969

〈샛별〉17호의 서지사항은, 1969년 12월 18일 발행, 발행인은 대륜 중고등학교 학생회, 편집인은 문예반, 문화출판사가 인쇄했다.

하종오의 시

중학교 3학년에 재학하고 있었던 하종오시인(1954~)[60]의 시와 수필을 실었다. 하종오가 대륜고등학교시절에 발간한 교지 〈샛별〉18(1970), 〈샛별〉19(1971), 〈샛별〉20(1972)호를 확인했지만 하종오의 시나 산문은 없었다.

---

60 하종오: 1975년 〈현대문학〉에 「허수아비의 꿈」과 「사미인곡」으로 등단했다. 「원어」, 「동승」 등의 작품이 중고등학교 교과서에 실렸다.

나의 누구야. // 봄을 소묘하는 청청한 미소로 / 밀려오는 햇살 속에 / 파아란 별을 닮은 눈빛의 사랑. // 나의 누구야 // 꽃밭을 곱게 선회하다 / 내심의 창을 열고 / 희열을 내재하는 / 나비의 동작처럼 / 세월 속에 / 의로움만 메꾸어온 / 어두웠던 마음에 / 햇살이 찰랑거리는 / 촉촉이 물든 사랑을 가꾸는 // 나의 누구야. // 꽃을 꽂으면 / 꽃병으로 / 화안히 밝아오는 / 아침에 / 자신을 노래하는 / 소망의 언저리에서 / 해맑은 육성을 채워둘, / 태양에 청순하게 / 사랑의 날개를 펴는 // 나의 누구야. // 사랑의 암시와 / 빛으로 가득 도란거리는 맑은 샘에서, / 진정 나의 누구야. / 한 음정 떠올려 주는 / 나의 누구야.

– 하종오(중3), 「연가시초(戀歌詩抄)」, 〈샛별〉17, 대륜중고등학교, 1969, 116~117.

하종오의 수필

편집자 수상 릴레이 항목에 하종오(중3)의 「여름 · 해바라기」를 실은 것으로 보아 하종오는 편집자 중의 하나였음을 알 수 있다.

4장

1970년대 중고등학교 교지 소재 문헌 발굴자료관

1. 〈경복〉31, 경복중고등학교, 1970

〈경복〉31호의 서지사항은 1970년 1월 15일 발행, 편집은 문예반, 보문사가 인쇄했다. 통권31호, 종합지 제29호라는 설명으로 보아 경복중고등학교는 교지를 '문예지'와 '종합지'로 나누어 발간한 것으로 보인다.

이동하의 글

다음은 이동하 시립대 명예교수(1955~)가 고등학교 3학년 때 학술부 활동보고를 쓴 글이다.

> 본 학술부는 우리 경복을 '공부하는 학원'으로 만들기 위하여 작은 규모이지마는 수학반, 영어반, 독어반으로 나누어 실력양성을 도모…후배 여러분 이제 우리는 잠을 깨야 할 때가 왔습니다…조금 후면 늦습니다…다른 사람들도 눈을 비비며 바쁘게 일어납니다. 그때, 우리는 이미 승리의 지름길로 접어들어 먼저 월계관을 쓰고 축배의 잔을 들며 승리의 개가를 부르지 않으렵니까? 선배님들이 쌓아놓은 교두보에서 한치라도 후회하지 말고 스승님이 주시는 지원과 지시를 받아 전진에 전진을 가하여 승리의 노래를 부르며 승자의 관용을 뭇 사람에게 베풉시다.
>
> – 이동하(고3), 「각부활동–학술부」, 〈경복〉31, 경복중고등학교, 1970, 112.

최재천의 시

최재천 전 국립생태원장(1954~)이 경복고등학교 1학년 때 쓴 시를 실었다. 동물행동학자 최재천은 국립생태원장, 코로나 일상회복 위원장을 지냈다. 최재천은 과학적 소재를 다룬 글도 서정적 언어로 기술하는데, 이는 고등학교 시절 시창작 경험과 무관하지 않을 것이다. 다음 시는 '시단' 항목에 속해 있다.

> 허무라는 부우연 테두리 속에 / 비애라는 꽃잎을 띄우렵니다. // 발끝을 적시는 파도소리는 / 꿈을 가는 고독을 나무라며 / 끝끝내 남아있는 / 한 가닥 체념

속에서, / 계절이 들려준 갈빛 언어로 / 그리움의 동그라미를 그립니다. // 우연과 필연이 맞닿은 곳에 / 서글픔의 시야를 가리고 // 시간의 언덕을 넘은 / 나의 발걸음은 / 아슬한 추억을 따라, / 잊기엔 너무도 아쉬운 / 추억의 갈대밭으로 / 무한한 회상의 나래를 피웁니다.

– 최재천(고1), 「회상」, 〈경복〉31, 경복중고등학교, 1970, 202.

2. 〈녹성학보〉1, 개운중학교 육성 교우회, 1970

경상남도 서창에 위치한 개운중학교는 1953에 개교했다. 〈녹성학보〉1호의 서지사항을 보면, 1970년 8월 15일 발행, 발행처는 개운중학교 육성 교우회, 발행자는 리종률, 인쇄소는 태화인쇄소이다. 목차에 1970학년도 제1학기 호라고 쓴 데서 학기별로 낼 계획이었던 것으로 보인다. 편집부는 편집후기에서 '과학적인 민족 및 인간의 이론이 아울러 과학적인 민족교육론 및 인간교육론 등 그 문화의 이론이 엉성한 것보다도 더 잠잠하게 잠자고 있는 현실…학생들의 잡지인 것보다는 스승들의 것으로서의 비중이 더 크도록 편집'했다고 한다. 학생들보다 선생에게 초점은 맞춘 것은 〈녹성학보〉를 육성 교우회에서 발간했기 때문일 것이다.

김정한의 글

소설가 김정한(1908~1996)[61]의 「작가의 마음자세」를 실었다.

작가는 독자-사회에 대하여 자연 어떤 책임을 지게 되어 있다…작가는 자기야 원하든 원치 않든 자기의 창작행위에 대해서 책임을 안 질 수 없는 것이다…작가란 사람들도 일반 시민과 꼭 같이 〈사회적 존재〉인 동시에, 적극적이냐 소극

61 김정한: 1936년 〈조선일보〉 신춘문예에 「사하촌」으로 당선하였으며, 주로 궁핍한 농촌현실을 다루었다. 1949년 이후 부산대 교수로 재직하였다.

적이냐 하는 차이는 있더라도 모두 자기가 몸을 두고 있는 사회에 참여하고 있는 셈이 된다…누구보다도 현실을 깊이 관찰하고 참과 거짓을 확실하게 판단해야 하고, 그것을 알기 쉽게 독자에게 전달해서 위에 말한 작가의 임무를 다해야 한다. 즉 진실을 알리는 길이다. 진실일로(眞實一路)! 이것이 작가의 유일한 길이요 마음가짐이라 할 수 있다…독자가…어떤 큰 권력을 가졌을 때는 작가에게 예기치 않았던 보복이 오게 되는 것이다…진실을 위해서 최후까지 버티는 것이 작가의 마음의 자세가 아닐까?

– 김정한(작가, 부산대 문리대 교수), 「작가의 마음의 자세」, 〈녹성학보〉1, 개운중학교 육성 교우회, 1970, 92~94.

김기진의 글

당시 개운 중학교에서 심훈상을 시상했는데 산문 항목에 이 상에 대한 팔봉 김기진의 글이 있다. 이 글을 통해 심훈상 설정의 내력을 알 수 있다. 교지 앞부분 화보를 보면, 심훈의 사진 밑에 '심훈은 특히 우리 개운 '문학의 넋'의 주존으로 뫼시고 커나가는 일꾼들의 문학과 사회생활의 넋을 이 방향에서 공부시키고 있다.'는 내용이 있다.

1930년대 그때로 말하면 독립운동자라야만 거리의 행세도 제대로 하게 되는 때였다…그런데 심훈은 독립운동자이며 얼굴이 미남이며 직업도 신문기자며 또 영화감독이다…1930년대 그때는 명기의 인기를 모아 갖자면 자신이 민족 독립의 운동계열의 사나이라야만 하는 것이었다. 돈, 벼슬 등으로는 안 되던 때였다… (1969년) 교수 이종률형이 나를 찾아왔다. 그는 이즈음 경상도 양산군 서창이라는 농촌에 가서 개운중학교 하나를 돕고 있는데…매년마다 국민학교 실력 상호 격려전이라는 행사…문학부분 장원상은 심훈상이라하여 시상하는데…썩지 않는 심훈의 이름의 상은 무게가 있다. 길이 빛날지니라.

– 김팔봉(작가), 「심훈상 설정의 소식을 듣고」, 〈녹성학보〉1, 개운중학교 육성 교우회, 1970, 94~96.

3. 〈다섯매〉8, 오산중고등학교 문예반, 1969

〈다섯매〉8호의 서지사항은, 1969년 12월 30일 인쇄, 1970년 1월 13일 발행, 편집인은 오산중고등학교 문예반, 조판인쇄는 선일인쇄사가 했다. 교지 앞부분에는 1969, 12월 발행으로 기재하였다. 오산학교 동문인 김소월의 다음 시를 권두시로 실었다.

> 짐승은 모르나니 고향이나마 / 사람은 못 잊는 것 고향입니다 / 생시에는 생각도 아니하던 것 / 잠들면 어느덧 고향입니다. // 조상님 뼈가서 묻힌 곳이라 / 송아지 동무들과 놀던 곳이라 / 그래서 그런지는 모르지마는 / 아아 꿈에서는 항상 고향입니다
>
> – 김소월(본교동문) 시에서, 「고향」

교사논단의 「종합적성 검사 결과분석」을 보면 당시 오산중고등학교 학생들의 적성검사 결과를 알 수 있다.

> 종합적성 검사는…어느 분야의 직접 혹은 학교를 선택하면 성공할 것인가…또는 앞으로 종사할 일에서 얼마나 일을 잘 할 수 있는가…이번 종합 적성검사는 행동과학연구소에 제작한 것으로 자기 어느 분야에 있어서 적성에 맞는가는 알아 볼 수 있게…수준 2의 하위검사 내용 – 어휘력, 수리력, 지각력, 공간지각, 기계적성, 추리력, 수공능력…운동감각의 정확성과 신속성을 재는 검사…(고등학교 1학년을 대상으로 함) 대체로 이번 적성검사 결과 수공능력이 낮다는 비중이 많이 차지…고등학교 1학년 학생들은 직업을 구하려는 학생보다 진학을 위주한 학생들이 많다는 결과와 각자 자기의 적성이 평균에 위치하고 있다.
>
> – 교사 신정훈, 「종합적성 검사 결과분석」, 〈다섯매〉8,
> 오산 중고등학교 문예반, 1969, 94~101.

4. 〈다섯매〉9, 오산중고등학교, 1970

〈다섯매〉9호는 김항복 이사장 서거특집으로 구성하고 해운공사사장 주요한의 「고 김항복 선생을 추모함」, 오산중고교장 나동성의 「안녕히 가십시오 평안히 쉬십시오」, 영락교회목사 한경직의 「선한 싸움으로 갈 길을 다 감」, 동창회부회장 허순오의 「오산에서 영원히 숨쉴 영령이시여!」, 경희대총장 조영식의 「평강과 축복을」, 새문안교회목사 강신명의 「월암의 생애와 그의 편모」의 글을 실었다. 외부인사 특별기고에는 「자매학교 오산의 학생들에게」(자매부대장 준장최영구), 「내가 생각하는 모교」(한국전력이사 허순오), 「태양은 태양처럼」(육군방송국 논설위원 오기완), 「북한에서 설움받던 지난날을 회상한다」(37기 동기회장 홍석영), 「모두가 남강의 제자인데」(작가 서윤성) 등의 글을 게재하였다. 연설문으로 안병욱(숭실대학교 교수)의 「남강 탄신 106주년에 부쳐」가 있다.

주요한의 글

주요한의 「고 김항복 선생을 추모함」을 실었다.

5. 〈매원〉14, 경기여자중고등학교, 1970

〈매원〉14호의 서지사항은 1970년 1월 15일 발행, 편집인은 학예부 신문반, 인쇄소는 삼화인쇄 주식회사이다. 화보에 '전 미국 부통령 험프리씨 부인이 본교에 방문하여 교장선생님과 환담하고 계시다.'라는 내용으로 보아 미국 부통령 부인이 경기여자중고등학교를 방문한 것을 알 수 있다. 학생작품으로 단혜향(고2)의 제14회 Korea Herald 주최 영어 웅변대회 대통령상 수상작품 「Mini diplomat's role」, 국민교육헌장 1주년 기념 작문대회 당선작 박인숙(고1)의 「국민교육헌장 반포 1주년을 맞이하여」 등이 있다. 교지의 내용으로 보아 당시 학교차원에서 '보리혼식 포스타 현상대회', '구강위생 포스타 현상대회' 등의 행사가 있었음을 알 수 있다. 중학교 3학년 신혜숙의 시나리오 「변질」 등 당시 학생들의 극작관심도 알 수 있다. 특집 '문학의 이해' 항목에 박목월 시인과 홍윤숙 시인의 글을 구성하였다.

박목월의 글

김소월의 시…「진달래 꽃」…반세기 가까운 세월이 흘렀습니다…새로운 표현이 요구…사랑을 감정적 도취적인 상태에서 노래했다기 보다, 사랑을 하나의 문제로서 우리에게 제시…김수영의 「사랑」오늘날의 시 (서정시)가 노래하는 시에서 생각하는 시로 변하게 된 근본적인 문제…즉 오늘 나의 시는…보다 더 깊이 사회나 인간의 내면에 침투하여 삶의 근원적인 것에 관련…현대시가 어려워짐…전봉건의 「노래」…현대적인 감각에 어필…오늘의 독자들은 이른바 시의 난해성에 미리 염증을 낼 일이 아닙니다. 오히려 좀 더 시에 대하여 적극적인 관심도를 높이면, 충분히 친근해질 수 있으리라

– 박목월(시인), 「현대시를 위한 메모–그 이해와 감상을 위하여」, 〈매원〉14, 경기여자중고등학교, 1970, 58~61.

홍윤숙의 글

홍윤숙시인(1915~2015)은 동덕고등여학교를 졸업하였다. 1947년 〈문예신보〉에 「가을」을 발표하며 활동을 시작한다. 1958년 〈조선일보〉 신춘문예 희곡 부문에 「원정」으로 당선한다. 다음은 시창작에 관한 글이다.

시는 무수한 생의 경험이며 경험의 재생…생에 수반하는 일체의 사물에 대한 성실하고 애정 깊은 경험은 우리의 생각(사상)을 깊고 그늘지게 하여 풍요하게 해줍니다. 그러나 이러한 경험이 곧 시가 되어 나오는 것은 아닙니다. 그러한 경험들은 일단 자신의 깊은 내부로 사라져 얼마동안 까맣게 잊어버려야 합니다. 그러나 그것은 아주 잊어버리는 것이 아니라, 피와 살이 되어 흡수되어지는 것입니다. 그리고 어느 시기고 사라진 듯 흡수되었던 경험의 조각들은 새 빛과 새 모습으로 기억의 표면에 떠오르게 됩니다.

– 홍윤숙(시인), 「시를 찾아서」, 〈매원〉14, 경기여자 중고등학교, 1970, 65~67.

6. 〈홍익〉1, 홍익여자중고등학교, 1970

홍익여자중고등학교는 1967년 개교했으며 교가를 박목월이 작사하고 김순애가 작곡했다. 〈홍익〉1호 편집인은 홍익교지 편집위원회이며, 인쇄인은 주식회사 동아출판사이다. 교지 제자는 한도룡교수가 썼다. 화보 '1970년 국방헌금 바자회'면에 '국방지원이라는 숭고한 이념으로 헬리콥터 구입 기금 마련 바자회는 그 결과가 놀라워 문교부 장관 표창장을 받았다.'라는 내용으로 보아 당시 헬리콥터 구입 기금을 마련하는데 학교가 동원되었다는 것을 알 수 있다. 격려사는 홍익학원 이사장 이도영, 축사는 홍익대학장 이마동의 글을 실었다. 특집 '바람직한 한국의 여인상'을 구성하고 박영준, 박두진, 유경환, 신동준의 글을 실었다. 그리고 교장 최애경의 일본 인상기를 실었다.

> 직접 그들의 교육장인 학교를 시찰하고자 20일간에 걸쳐 10여개의 대학과 중고등학교를 역방하고 돌아왔다…일본에 대한 우리의 감정이 결코 좋을 수는 없는 것이지만 이들의 근로정신과 일부 퇴폐적인 학원을 제외한 많은, 민주화된 학교교육, 그리고 생활개선에 앞장서는 주부들의 사회활동은 우리 풍토에 맞게 받아들여져야 할 것…우리 여성들도 이같이 현명하게 단결할 때 우리 한국도 앞으로 부강해지고 살기 좋아질 것
>
> – 교장 최애경, 「잿더미 위에 이룬 부강」, 〈홍익〉1,
> 홍익여자중고등학교, 1970, 61~65.

박목월의 축시

샘이 솟는다. / 얼음이나 눈 밑에서도 / 끊임없이 솟구치는 / 맑은 물줄기… / 그 발랄한 생명의 상징 / 그 순수의 화신 / 참으로 / 소녀들이 무엇임을 우리는 모른다. / 태어나는 그날부터 / 모성으로서의 / 따뜻함을 간직하고 / 부드럽게 윤곽이 살아나는 / 그 깊은 축복. / 밤하늘 같은 눈동자에 / 신비로운 불길을 삼고 / 순결만을 갈모하는 / 그 가슴의 샘 / 샘이 솟는다. / 허허로운 벌판에서나

/ 바위틈 사이에서 / 새롭게 총명한 눈을 뜨고 / 솟아나는 맑은 물줄기. / 참으로 / 인생이 무엇임을 / 그들은 모른다. / 꽃밭에서 / 붉게 피는 꽃송이처럼 / 그 자신들의 안에서 솟아나는. / 정결로서 순결로서 / 스스로 축복을 받는 / 섬세한 손발 / 부드러운 머리칼. / 그들의 가슴에 솟는 샘. / 샘이 솟는다. / 밝은 것을 사모하여 / 솟구치는 솟구치는 물줄기. / 참으로 / 진리가 무엇임을 모른다. / 다만 한결같은 목마름으로 / 참된 것을 갈구하고 / 높이 비상하기를 염원하는 / 빛나는 날개 / 그 헌신과 / 발돋움 / 동정녀 마리아의 눈동자 안에서 / 스스로를 불사르는 / 아침의 기도와 / 밤의 고독. / 그들의 가슴에서 솟는 샘. 샘물이 솟는다. / 그것은 / 마른 풀뿌리에 / 생명의 소망을 불어넣고 / 대지를 추기며 / 바다와 / 영원을 염원한다. / 참으로 / 오늘의 있음이 / 무엇을 뜻하는지 그들은 모른다, / 다만 귀여운 입에 / 굳은 결의를 물고 / 찬란한 내일을 위하여 / 오늘을 도사리는 / 그들의 가슴에서 솟는 샘이어. / 자애로움으로 / 내일은 / 지평선에 서리는 아침 안개가 되고 / 빛이 되고 / 꽃송이를 마련하고 / 사랑으로써 / 목마름을 적셔주는 / 비여. / 눈이어. / 모성의 정령이어. / 그들의 가슴에 솟구치는 / 맑은 물줄기… / 순수의 화신이어. / 사랑의 원천이어

– 박목월(축시), 「샘을 노래함」, 〈홍익〉1, 홍익여자중고등학교, 1970, 18~21.

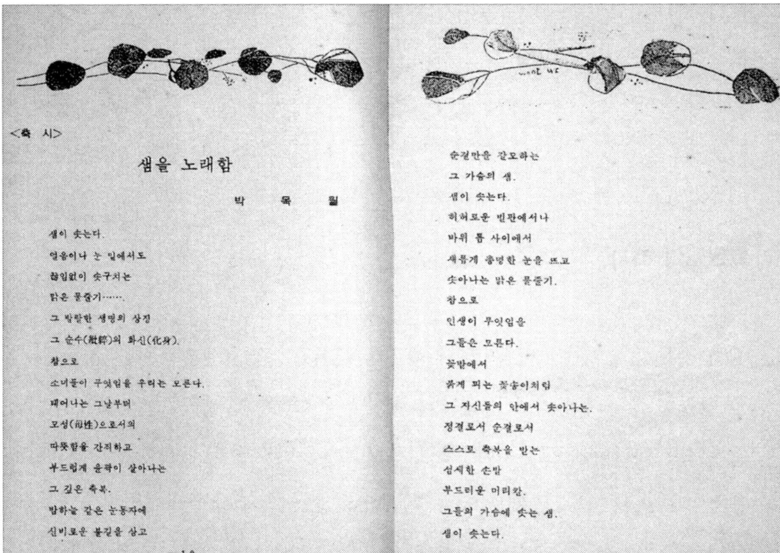

<축 시>

샘을 노래함

박 목 월

샘이 솟는다.
얼음이나 눈 밑에서도
쉼없이 솟구치는
맑은 물줄기……
그 발랄한 생명의 상징
그 순수(純粹)의 화신(化身).
참으로
소녀들이 무엇임을 우리는 모른다.
태어나는 그날부터
모성(母性)으로서의
따뜻함을 간직하고
부드럽게 윤택이 살아나는
그 깊은 축복.
밤하늘 같은 눈동자에
신비로운 불길을 삼고

— 18 —

순결만을 갈모하는
그 가슴의 샘.
샘이 솟는다.
허허로운 벌판에서나
바위 틈 사이에서
새롭게 총명한 눈을 뜨고
솟아나는 맑은 물줄기.
참으로
인생이 무엇임을
그들은 모른다.
꽃밭에서
붉게 피는 꽃송이처럼
그 자신들의 안에서 솟아나는.
정결로서 순결로서
스스로 축복을 받는
섬세한 손발
부드러운 머리칼.
그들의 가슴에 솟는 샘.
샘이 솟는다.

— 19 —

박영준의 글

여자의 아름다움이란 얼굴에 있는 것이 아님을 알 수 있다. 즉 여자의 아름다움은 마음속에 있는 것이다…여자는 시대나 사회를 인식하고 시대와 사회에 적응해야…여성의 자세라는 것은 옳고 그른 것을 판단할 줄 알고 옳지 않은 것을 배격할 줄 아는 자 마음의 표현…사임당 같은 여성을 한국의 여인상으로 생각…여성으로서 할 일을 다 하면서도 자기 나름대로의 개성을 살린 여자이기 때문

– 박영준(소설가, 연세대 교수), 「내면과 표현」, 〈홍익〉1, 홍익여자중고등학교, 1970, 162~163.

박두진의 글

가장 이상적인 여성…아주 세련된 지성과 풍부하고 윤택한 정서 감정과 굳세면서도 끈질긴 의지력과 맑고 따뜻하고 깊고 진실한 인품을 지닌 사람…여성은 곧 민족의 어머니…가장 이상적인 여성 그것은 가장 이상적인 인간과 인격자여야 함

– 박두진(시인, 이대 교수), 「이지적이고 정서적인 여인」, 〈홍익〉1, 홍익여자중고등학교, 1970, 164~165.

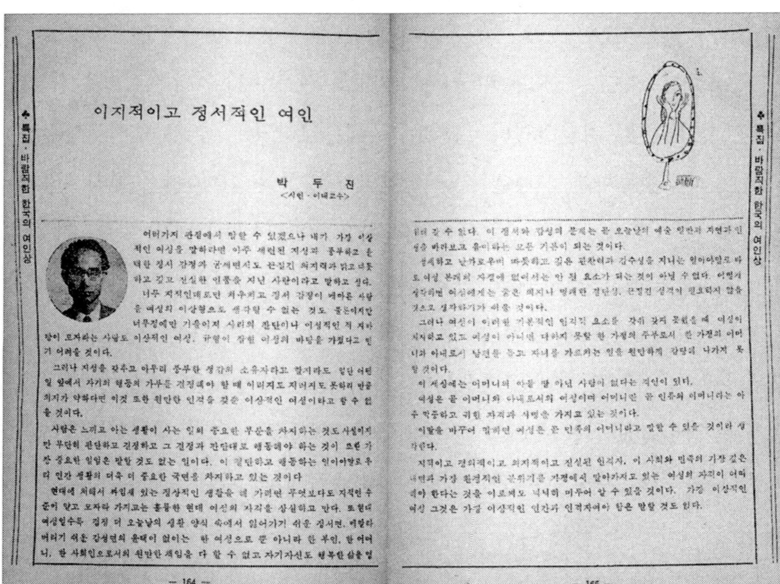
♣특집 · 바람직한 한국의 여인상

이지적이고 정서적인 여인

박 두 진
<시인 · 이대교수>

여러가지 관점에서 말할 수 있겠으나 내가 가장 이상적인 여성을 말하라면 아주 세련된 지성과 풍부하고 윤택한 정서 감정과 굳세면서도 끈질긴 의지력과 맑고 따뜻하고 깊고 진실한 인품을 지닌 사람이라고 말하고 싶다.

너무 지적인데로만 치우치고 정서 감정이 메마른 사람을 여성의 이상형으로 생각할 수 없는 것도 물론이지만 너무정에만 기울이지 사리의 판단이나 이성적인 지 [illegible] 이 모자라는 사람도 이상적인 여성, 균형이 잡힌 여성의 바탕을 가졌다고 믿기 어려울 것이다.

그러나 지성을 갖추고 아무리 풍부한 정감의 소유자라고 할지라도 일단 어떤 일 앞에서 자기의 행동의 가부를 결정해야 할 때 이러지도 저러지도 못하리 만큼 의지가 약하다면 이것 또한 원만한 인격을 갖춘 이상적인 여성이라고 할 수 없을 것이다.

사람은 느끼고 아는 생활이 사는 일의 중요한 부분을 차지하는 것도 사실이지만 부단히 판단하고 결정하고 그 결정과 판단대로 행동해야 하는 것이 모든 가장 중요한 일임은 말할 것도 없는 일이다. 이 결단하고 행동하는 일이야말로 우리 인간 생활의 더욱 더 중요한 국면을 차지하고 있는 것이다

현대에 처해서 [illegible] 있는 정상적인 생활을 해 가려면 무엇보다도 지적인 수준이 얕고 모자라 가지고는 훌륭한 현대 여성의 자격을 상실하고 만다. 또 현대 여성일수록 점점 더 오늘날의 생활 양식 속에서 잃어가기 쉬운 정서면, 메말라 버리기 쉬운 감성면의 윤택이 없이는 한 여성으로 뿐 아니라 한 부인, 한 어머니, 한 사회인으로서의 원만한 책임을 다 할 수 없고 자기자신도 행복한 삶을 영위해 갈 수 없다. 이 정서와 감성의 문제는 곧 오늘날의 예술 일반과 자연과 인생을 바라보고 음미하는 모든 기본이 되는 것이다.

섬세하고 날카로우며 따뜻하고 깊은 관찰력과 감수성을 지니는 일이야말로 바로 여성 본래의 자질에 없어서는 안 될 요소가 되는 것이 아닐 수 없다. 어떻게 생각하면 여성에게는 굳은 의지나 명쾌한 결단성, 끈질긴 성격이 필요하지 않을 것으로 생각하기가 쉬울 것이다.

그러나 여성이 이러한 기본적인 인격적 요소를 갖춰 갖지 못했을 때 여성이 지니고 있는 여성이 아니면 다하지 못할 한 가정의 주부로서 한 가정의 어머니와 아내로서 남편을 돕고 자녀를 가르치는 일을 원만하게 감당해 나가지 못할 것이다.

이 세상에는 어머니의 아들 딸 아닌 사람이 없다는 격언이 있다.

여성은 곧 어머니와 아내로서의 여성이며 어머니란 곧 인류의 어머니라는 아주 막중하고 귀한 자격과 사명을 가지고 있는 것이다.

이말을 바꾸어 말하면 여성은 곧 민족의 어머니라고 말할 수 있을 것이라 생각한다.

지적이고 정의적이고 의지적이고 진실된 인격자, 이 사회와 민족의 가장 깊은 내면과 가장 [illegible] 분위기를 가정에서 맡아가지고 있는 여성의 자격이 여기에 있다는 것을 이로써도 넉넉히 미루어 알 수 있을 것이다. 가장 이상적인 여성 그것은 가장 이상적인 인간과 인격자여야 함은 말할 것도 없다.

— 164 —

— 165 —

유경환의 글

미국에 몇 년간 유학하고 학위를 갖고 온 한 여류인사가 핵가족제라는 것의 찬양을 서슴치 않고 해댄 지 얼마 안 돼, 크리스찬 아카데미 세미나에선 이것에 대한 비판이 고개를 들기 시작…앞이 터진 스커트는 천한 뒷골목 여인의 옷이며 등 뒤에 단추나 잭크를 달아 입는 부라우스는 남편이 있는 기혼여성의 옷…구제품을 받아 입고 자란 나라 여성이어서 그런지 미제하면 아무거나 서슴지 않고 주워 입는 여고생, 여대생들도 보기 한심한 노릇…젊기만 하면 이혼한 여자라도 데려가겠다는 호주정부의 이민정책에 한국여성이 무조건 기웃거리는 실정…바람직한 여인상은 서구인이 부러워하는 그 전통적 한국의 가족제도 속에서 예의범절이 몸에 익힌 가풍을 소박한 그대로 지니는 여인

– 유경환(조선일보 조사부 차장, 시인), 「내 것을 사랑할 줄 아는 여인을」, 〈홍익〉1, 홍익여자중고등학교, 1970, 168~169,

7. 〈경신〉36, 경신중고등학교, 1971

경신중고등학교는 1886 미국 북장로교회 선교사 H.언더우드 목사가 '언더우드학당'으로 개교하였다. 1890년 예수교학당, 1893년 민로아학당, 1901년 예수교중학교, 1905년 경신학교로 개명한다. 1949년 문예지 〈성화〉를 창간했다. 교지 〈경신〉36호의 서지사항은 1971년 1월 10일 발행, 편집인은 신문반, 발행소는 신문반, 인쇄소는 창음인쇄공사이다.

기독교 학교이기에 교가가 '주의 첫 빛이 동방에 비취시사 사면 뻬쳐서 펴져가니 이 어둡던 세계 광명하도다. 빛을 찾는 이 인도키 위해 뜬 빛난 별 오직 이 경신학교 이는 우리의 받은바 사명 오! 천만세 영원 무궁하도록 만만세로다.'와 같이 찬송가풍이며, 교훈도 '기독적 인격'이다. 편집후기를 보면 '이번 교지의 큰 수확은 역시 곧 학생 전원이 제출한 국어시간에서의 「논문」이라 하겠다. 이로써 「청소년들의 저변생활」과 「학생논단」, 「통계분석」, 「학

생논단」을 엮을 수 있었다.'고 밝힌다. 1971년 당시 학생들의 삶과 인식을 엿볼 수 있을 것이다.

기독교 학교이기 때문에 교목 박한석의 격려사 「젊은 세대와 새세대」, 신학대학교수 박봉랑의 논문 「보람 있는 인생 책임 있는 인간」, 신춘호의 「기독학생의 신앙심」(통계분석 - 여기에 문제점이 있다), 보고문(여름성경학교 개설 - 경신하기 전도 봉사대), 1970년도 기독학생회 백서, 조재군의 수필 「그리스도 찾은 밤」, 김영광의 수필 「신앙과 회의」 등과 같은 기독교와 연관한 글들이 많다. 안병욱(학부모, 숭실대학 교수)의 「바람직한 학생론」(특집, 학부모님이 주시는 글, 논단)을 게재하였다.

8. 〈녹황〉9, 경희여자고등학교, 1971

〈녹화〉9호의 서지사항은 1971년 12월 30일 발행, 편집인은 경희여자고등학교 학생회 문예반, 인쇄처는 민중서관이다.

조병화의 권두시

소녀여, 한국의 딸이여. / 조국의 꽃, 민족의 사랑이여. // 곱게 피어라. / 수려하게 피어라. / 숭고한 모습, 고귀한 향기 / 영원한 슬기 / 조국과 민족, 그 이름으로 / 강하고 인(靭)하게 피어라. / 신라, 고구려 줄줄 내려오는 / 이 땅, 이 나라, 이 겨레, 이 역사 / 이어가는 어머니, 그 이름으로 / 아름답게, 아름답게 / 지혜롭게 피어라. // 소녀여, 한국의 딸이여 / 조국의 꽃, 민족의 사랑이여.

– 조병화, 「조국의 꽃이여 – 경희여고생에게」(권두시),
〈녹황〉9, 경희여자고등학교, 1971, 15.

박종화의 글

특집 '미래를 지향하는 현실생활의 자세' 항목에 월탄 박종화의 글을 실었다.

어진 사람이 되는 것은 별것이 아니다. 하면 되는 것이다. 착한 인간이 되는 것도 별것이 아니다. 자꾸 착한 생각을 하고 착한 일을 하면 착한 사람이 되는 것이다. 「그리스도」도 별 사람이 아니요, 부처도 본디는 사람이었다. 공자도 그렇고 맹자도 그렇다. 현실생활에서 어질고 착하고 의롭도록 노력하라.

– 박종화(문학박사 월탄), 「어질고 착하고 의롭게」, 〈녹황〉9, 경희여자고등학교, 1971, 26~27.

9. 〈매원〉15, 경기여자중고등학교, 1971

〈매원〉15호의 서지사항을 보면, 1971년 1월 11일 발행, 편집인은 문예반과 신문반, 인쇄소는 주식회사 보진재이다. 화보에 일일 승공학교 입학시의 만국기 게양, 어머니날의 운동회 광경, 여학생 교련대회 본교생 참가(효창운동장), 재일교포 학생 일일 입교, 국방기금 모금을 위한 바자 등의 기사가 있다. '권두언'에 하점생(교육감)의 「오늘을 발판으로 보람찬 내일을」을 실었다.

조병화의 글

'주시는 글' 항목에 당시 경기여자고등학교 1학년인 조영의 아버지인 조병화시인의 글을 실었다.

요즘 말로는 경기를 나온 아가씨들은 콧대가 세다고들 합니다. 우월감이 세고 고집이 세고 자기 자신을 너무 과신한다는 말…우리 집안에서 조카가 다녔고, 큰딸이 다녔고, 막내딸이 지금 다니고 있습니다…강하면서 연하고, 연하면서 강한, 총명한 지혜가 있어야…보다 먼 앞날의 생활을 위해서, 나는 지금 이 새로운 질서를 찾고 있는 세상에서 시를 쓰고 있는 사람입니다.

– 조병화(시인, 고1 조영의 아버지), 「총명한 지혜를」, 〈매원〉15, 경기여자중고등학교, 1971, 19~21.

강신재 가정 탐방 기사

선배탐방 항목에 소설가 강신재의 가정을 탐방한 기사를 실었다.

문학이란 것은 우리 인생의 경험을 토대로 쌓아지는 한 예술이므로 결혼을 안 한 것보다는 결혼을 해서 아기 엄마가 되고 또 부인역할을 하는 것이 동시에 더욱 우수한 작가의 자격을 지닌다.

– 편집부, 「선배탐방 – 강신재 선배님을 찾아서」, 〈매원〉15, 경기여자중고등학교, 1971, 47~50.

강신재의 글

'영매문단' 항목에 강신재의 글을 실었다.

선생님들은 교장을 위시하여 대부분 일본인들…대학 진학을 위험시 하는 풍조…태평양 전쟁의 최종이라 예능과목 같은 것은 무시 내지는 억압을 당했고, 싸움터에 나간 병사를 위한 근로봉사 등에 시간을 빼앗겨, 학력의 유치함은 지금 생각하면 한심할 지경

– 강신재(32회), 「그때의 경기」, 〈매원〉15, 경기여자중고등학교, 1971, 53.

10. 〈숙명〉30, 숙명여자중고등학교, 1971

박완서 대담 기사

〈숙명〉31호는 창립 65주년 기념호이며, '좌담, 숙명 65년' 항목에 박완서의 대담을 실었다.

박완서…해방되던 해에 중학교 2학년..,저희 입학 당시에는 하루에 2시간쯤 수업을 하고 군복을 만든다든가, 또 운모 작업을 하곤 했어요…2학년에 가서는…수업을 전혀 안 하는 날도 있었어요…해방…저희는 마음대로 선생님을 내쫓을

수도 있다고 생각했어요…그 때 저희가 자유라는 개념을 받아들인 것은 참 우스워요. 억제된 감정에서 풀려난 때라 선생님이 모두 우습게 보였지요…선동하기가 아주 쉬웠고, 하나로 뭉쳐 행동하기가 수월한 편이었어요

– 박완서(39회 1950년 졸업), 〈숙명〉30, 숙명여자중고등학교, 1971, 160~161.

박완서의 글

특집 '숙명 오늘–주고받는 편지' 항목에 박완서의 「가능성의 시절에」를 실었다.

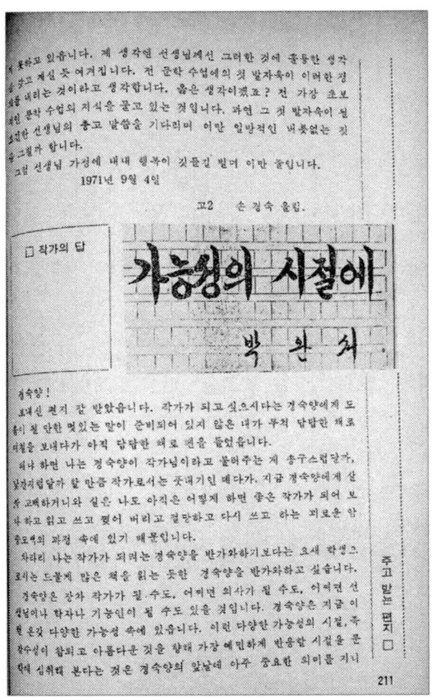

[illegible] 못하고 있읍니다. 제 생각엔 선생님께선 그러한 것에 훌륭한 생각을 갖고 계신 듯 여겨집니다. 전 문학 수업에의 첫 발자욱이 이러한 정[illegible]을 내리는 것이라고 생각합니다. 옳은 생각이겠죠? 전 가장 초보[illegible] 문학 수업의 지식을 굶고 있는 것입니다. 과연 그 첫 발자욱이 될 [illegible] 선생님의 충고 말씀을 기다리며 이만 일방적인 버릇없는 짓[illegible] 그칠까 합니다.

그럼 선생님 가정에 내내 행복이 깃들길 빌며 이만 줄입니다.

1971년 9월 4일

고2 손경숙 올림.

□ 작가의 답

가능성의 시절에

박완서

경숙양!

보내신 편지 잘 받았읍니다. 작가가 되고 싶으시다는 경숙양에게 도[illegible] 될 만한 멋있는 말이 준비되어 있지 않은 내가 무척 답답한 채로 [illegible]칠을 보내다가 아직 답답한 채로 펜을 들었읍니다.

[illegible] 하면 나는 경숙양이 작가님이라고 불러주는 게 송구스럽달까, [illegible] 할 만큼 작가로서는 풋내기인 데다가, 지금 경숙양에게 살[illegible] 고백하거니와 실은 나도 아직은 어떻게 하면 좋은 작가가 되어 보[illegible]하고 읽고 쓰고 찢어 버리고 절망하고 다시 쓰고 하는 괴로운 암[illegible]의 과정 속에 있기 때문입니다.

[illegible] 나는 작가가 되려는 경숙양을 반가와하기보다는 요새 학생으로서는 드물게 많은 책을 읽는 듯한 경숙양을 반가와하고 싶습니다.

경숙양은 장차 작가가 될 수도, 어쩌면 의사가 될 수도, 어쩌면 선생님이나 학자나 기능인이 될 수도 있을 것입니다. 경숙양은 지금 이[illegible] 온갖 다양한 가능성 속에 있읍니다. 이런 다양한 가능성의 시절, 즉 [illegible]수성이 참되고 아름다운 것을 향해 가장 예민하게 반응할 시절을 문[illegible] 심취해 본다는 것은 경숙양의 앞날에 아주 중요한 의미를 지니

주고받는 편지 □

211

최정희의 여행기

'동문의 자리' 항목을 구성하고 최정희, 한말숙, 정연희의 글을 실었다. 여기에 소설가 최정희(1906~1990)는 대만여행기를 실었다.

1965년 10월 자유중국 부인사작협회 초청으로 대만에 열흘…부럽게 여기는 것은 너무나 정연했던 그 '질서'다…장개석 총통이 저 높은 건물 난간에 나타났다…그 많은 인간들이 모인 장소가 이처럼 조용할 수 있을까. 이렇게 질서 있는 거리에 자전거를 타고 분주히 왔다 갔다 하는 여인들…그들은 한결같이 검소하다. 손톱에 색칠도 하지 아니하고 얼굴에 화장도 하지 아니했다. 그러나 그들은 집에 들어가면 풍부해진다고 우리 유학생이 일러주는 것이었다. 부지런히 일하고 사치를 하지 않는 대가가 바로 그것이라고

– 최정희(작가, 19회), 「조용한 질서의 나라」(여행기), 〈숙명〉30, 숙명여자중고등학교, 1971, 280~281.

한말숙의 학창기

소설가 한말숙(1931~)은 학창기를 실었다. 한말숙이 고등학교 재학시절 쓴 단편소설이 교지에 실렸다는 것을 알 수 있다.

숙명재학시절 하면 가장 뚜렷이 머리에 떠오르는 것은 해방 후의 연달은 스트라이크다…모모 선생님은 무슨 무슨 좋지 않은 데가 있으니 쫓아내야 한다…선생님을 평가하느라고 수업 중에도 귀에 들어오는 것이 없었다…단편소설 쓴 것이 교지에도 실렸고…고2 때 소설가 박선생님이 우리 학교에 부임…반 담임… 소설가라면 낭만적 환상적이려니 생각했던 것이 전혀 오해…나는 처음으로 스승다운 사람이라고 느꼈다. 내게 문학이 단 것이 아닌 것도 은연중에 가르쳐주셨으며 내 문학적 소질을 길러주셨다.

– 한말숙(작가, 39회), 「재학 시절 중 기억에 남는 것」(학창기), 〈숙명〉30, 숙명여자중고등학교, 1971, 295~297.

정연희의 수필

소설가 정연희(1932~)는 고등학교 시절 수학선생님에 관한 수필 「수학선생님」을 실었다.

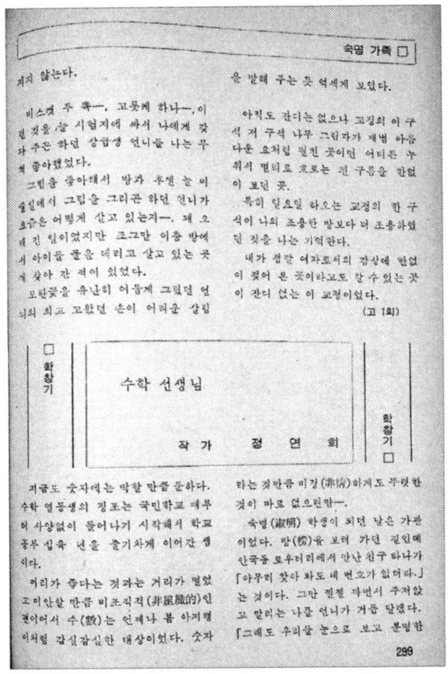
숙명 가족 □

지지 않는다.

비스켓 두 쪽—, 고롯께 하나—, 이런 것을 .살 시험지에 싸서 나에게 갖다 주곤 하던 상급생 언니를 나는 무척 좋아했었다.

그림을 좋아해서 방과 후엔 늘 미술실에서 그림을 그리곤 하던 언니가 요즈음은 어떻게 살고 있는지—. 꽤 오래 진 일이었지만 조그만 이층 방에서 아이들 둘을 데리고 살고 있는 곳에 찾아 간 적이 있었다.

모란꽃을 유난히 어둡게 그렸던 언니의 희고 고왔던 손이 어려운 살림을 말해 주는 듯 억세게 보였다.

아직도 잔디는 없으나 교정의 이 구석 저 구석 나무 그림자가 제법 아름다운 요처럼 펼친 곳이면 어디든 누워서 멀리로 흐르는 흰 구름을 한없이 보던 곳.

특히 일요일 하오는 교정의 한 구석이 나의 조용한 방보다 더 조용하였던 것을 나는 기억한다.

내가 정말 여자로서의 감상에 한없이 젖어 본 곳이라고도 할 수 있는 곳이 잔디 없는 이 교정이었다.

(고 1회)

□ 학창기

수학 선생님

작가 정 연 희

학창기 □

지금도 숫자에는 딱할 만큼 둔하다. 수학 열등생의 징조는 국민학교 때부터 사양없이 들어나기 시작해서 학교 공부 십육 년을 줄기차게 이어간 셈이다.

머리가 좋다는 것과는 거리가 멀었고 미안할 만큼 비조직적(非組織的)인 편이어서 수(數)는 언제나 봄 아지랭이처럼 갑실갑실한 대상이었다. 숫자라는 것만큼 비정(非情)하게도 무엇한 것이 따로 없으련만—.

숙명(淑明) 학생이 되던 날은 가관이었다. 방(榜)을 보러 가던 길인데 안국동 로우터리에서 만난 친구 하나가 「아무리 찾아 봐도 네 번호가 없더라.」는 것이다. 그만 질질 짜면서 주저앉고 말려는 나를 언니가 거듭 달랬다. 「그래도 우리들 눈으로 보고 분명한

299

11. 〈장충〉속간1, 장충중고등학교 학생회, 1971

장충중고등학교는 1933년 경성원예학교로 개교하였다. 1963년 고계중고등학교를 장충중고등학교로 교명을 바꾸었다. 〈장충〉속간호의 서지는 1971년 12월 30일 발행, 편집인은 장충중고등학교 학생회, 인쇄소는 진문인쇄사이다.

유익종의 산문

가수 유익종(1955~)이 중학교 3학년 백일장에서 장려상을 수상한 산문을 실었다.

밤이 아닌데도 간간히 들리는 귀뚜라미 소리가 이렇게 멍하니 앉아있는 나의 곁을 이따금 귀여운 아이들이 저마다의 외침을 남겨 놓고 지나간다.

– 유익종(중3), 「덕수궁에서」(산문), 〈장충〉속간1,

장충중고등학교 학생회, 1971, 60.

12. 〈팽나무〉, 강경상업고등학교, 1971

강경상업고등학교는 1920년 강경면영 간이 농업학교를 강경상업학교로 인가받았으며, 군경영으로 이전하였다. 50주년 기념호인 〈팽나무〉12호의 서지사항을 보면, 1971년 1월 15일 발행, 편집은 강경상업고등학교 편집부, 인쇄는 활문사이다.

박용래의 시

시원 항목에 동문인 박용래(1925~1980)시인의 시를 실었다. 박용래는 1943년 강경공립상업학교를 졸업했다. 1948년 중학교 교사로 근무하면서 1955년 〈현대문학〉에 「가을의 노래」, 「황토길」, 「땅」 등을 발표하였다. 시집으로는 『강아지풀』(1975), 『백발(百髮)의 꽃대궁』(1980) 등이 있다.

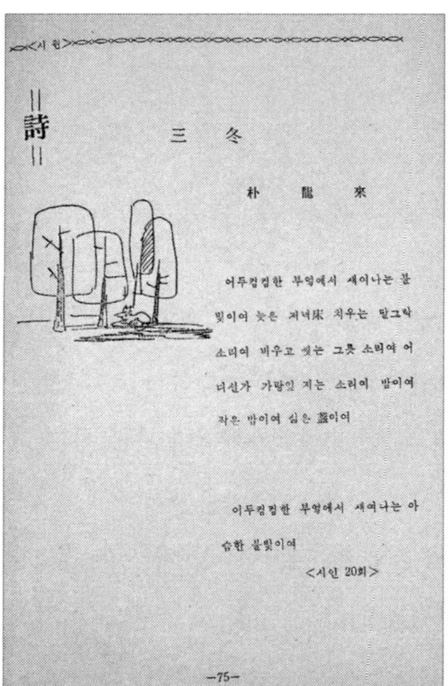
<시 원>

詩

三 冬

朴 龍 來

어두컴컴한 부엌에서 새어나는 불빛이여 늦은 저녁床 치우는 달그락 소리여 비우고 씻는 그릇 소리여 어디선가 가랑잎 지는 소리여 밤이여 작은 밤이여 섧은 盞이여

어두컴컴한 부엌에서 새어나는 아슴한 불빛이여

<시인 20회>

—75—

어두컴컴한 부엌에서 새여나는 불빛이여 늦은 저녁상 치우는 달그락 소리여 비우고 씻는 그릇 소리여 어디선가 가랑잎 지는 소리여 밤이여 작은 밤이여 섧은 잔(盞)이여 // 어두컴컴한 부엌에서 새여나는 아슴한 불빛이여

– 박용래(시인 20회), 「삼동」(동문시), 〈팽나무〉12, 강경상업고등학교, 1971, 75.

13. 〈상록수〉1, 수도여자사범대학 부속고등학교, 1972

수도여자사범대학 부속고등학교는 1959년 개교하였다. 교표가 상록수이기 때문에 교지명도 '상록수'로 정한 듯하다. 현재 서울 강남에 위치한 세종고등학교이다. 〈상록수〉1호는 창립 25주년 기념호 겸 창간호이다. 서지사항은 1972년 7월 15일 발행, 편집인은 교지창간호 편집위원회, 서울 활판사가 인쇄했다.

'71학년도 후반 사업 보고' 항목을 보면 8월에 육탄 십용사 영결식에 참석(동작동 국군묘지), 자매부대 방문(보병 21시간), 하계 봉사활동(청소년 적십자, 기독학생회)가 있었으며, 12월에 승공학교 입교, 자선의 밤 MBC 굿모닝 쇼에 나갔다는 것을 알 수 있다. 이 가운데 육탄십용사는 1949년 5월 4일, 개성 송악산에서 북한군에게 빼앗긴 진지를 탈환하기 위하여 포탄을 몸에 지고 적진으로 뛰어들어 산화한 10명의 국군용사를 이른다. 특집 '20세기 학생의 모랄' 항목에 모기윤(소설가, 수도사대 교수)의 글을 실었다.

김찬삼의 기고글

여행가 김찬삼(1926~2003)[62]의 특별기고를 실었다.

학생은 세계의 양심의 상징…내가 세 차례의 세계여행에서 사귄 수많은 고등학교 학생들 – 칠레 고등학교의 일상…자주성이 매우 강했다…싹싹하고 이지적인 여학생의 표정…한국은 4천 년의 역사를 가지고 있다고 했더니…그토록 오랜 나라로서 세계사에 남긴 것이 무엇이냐고 묻는 데는 얼굴을 붉히지 않을 수 없었다…부모님의 집을 자기 집이 아니라고 할 정도로 자주성…참으로 예절을 아는 학생들…노르웨이 여자고등학교…쿠웨이트의 고등학교 학생들…아프리카 흑인 여고생

---

62 김찬삼: 1958년부터 세계여행을 시작했으며, 세 차례 세계일주, 20여 번 세계 테마여행, 160여 개 나라, 1000여 개 도시를 방문한 우리나라 대표적 1세대 여행가이다.

– 김찬삼(수도사대 교수), 「세계의 청소년들」, 〈상록수〉1,
수도여자사범대학 부속고등학교, 1972, 103~110.

14. 〈한모〉22, 대전고등학교, 1972

대전고등학교 교지 〈한모〉22호는 개교 55주년 기념호이다. 서지사항을 보면, 1972년 12월 20일 발행, 편집인은 대전고등학교 문예반, 인쇄처는 호서문화사이다. 교지 편집을 주도하는 문예반 지도교사는 조남익(1935~)이다. 조남익은 한국문인협회 대전광역시 지회 초대 회장이었으며 1997년 제12회 공산교육상을 받았다.

편집후기를 보면 '본지 사상 처음으로 3백 페이지의 벽을 뚫었으며 또한 최대 발행부수를 찍었다…이것은 '신문'이 없는 학교 사정과 뉴우스 고갈을 조금은 해소…이번 호의 내용은 일본을 다녀오신 교감선생님의 「가깝고도 먼 일본」이 단순한 기행문을 떠나서 많은 감명감을 주리라 믿으며…아울러 「석란」도 내년부터는 전교생의 문예지로서 그 체재와 방향이 일신되어야'라는 내용으로 보아 교지 지면의 증량이 뉴스가 되었던, 그리고 학교신문이 논의가 되었던 시대, 또한 교지와 문예지를 구분했던 인식 등을 알 수 있다. 〈석란〉은 대전고등학교 문학동호회 모임 '한모'의 동인지이다. 그리고 교지 특집으로 '문예지 『석란』 10년사(한모 문학 동인회)'항목을 마련한다. 화보에 '지난 7월 국문학계의 석학이시며 원로이신 장암 지헌영[63](10회 동문)씨가 모교에 장서 4천여 권과 도자기 80점을 기증하였다.'라는 기사가 있다.

---

63 지헌영(1911~1981): 『향가여요신석』, 『정읍사의 연구』 등을 저술한 국문학자, 지명학자이다. 1931년 대전공립중학교를 졸업하였다. 국문학(특히 향가) 및 지명학의 권위자로 호서·호남을 중심으로 한 학문의 활동무대인 어문연구회와 한국언어문학회를 창립하였다. 1967년 대통령표창을 받았다.

김사인의 시

시단 항목에 당시 고등학교 2학년인 김사인(1956~)[64]의 시를 싣는다.

모두가 어둠 속으로 돌아앉아 / 못 나온대도 / 내 낭낭한 목청은 / 신의 꽃밭을 흔들고 있으리라. / 아침마다 식탁에서 붐비다 가는 / 신의 아이들. / 영혼의 사치가 그려진 꿈의 옷을 걸치고 / 나는 / 키만큼 크고 질긴 생활의 어망을 손질한다. / 흔들리는 무늬 위에서 / 살 속마다 불을 터뜨리며 떠나는 / 나의 출어(出漁) / 해는 바람을 먹고 / 바람은 꽃을 먹고 / 꽃과 해와 바람을 먹으며 / 시대의 바다, 그 한복판으로 / 나는 흘러간다. / 신의 연못에서 건져 올린 / 팔팔한 운명의 고기떼 / 지구가 버린 산실(産室)에서 / 밤을 이고 태어난 우리는, / 깊숙한 시간의 빗장을 끄르고 / 하늘 속으로 투신한다. / 여윈 발목 아래로 별은 떨어지고 / 건져내지 못하는 별빛 둘레에서 / 눈 뜨는 우리들의 아픔이여. / 일월을 축으로 / 몇 겹을 돌고 돌아, / 한 잎 들풀로 살아온다 해도 / 내 낭낭한 목청은 / 신의 도시를 가로지를 것이다.

– 김사인(고2), 「설화」, 〈한모〉22, 대전고등학교, 1972, 23.

15. 〈경기〉12(통권35), 경기고등학교, 1974

〈경기〉12호의 서지사항은 1974년 12월 11일 발행, 발행인은 경기고등학교 학생회, 편집인은 경기고등학교 문예반, 주식회사보진재가 인쇄했다. 1974년도 행사 항목을 보면, 1974년 4월 27일 행군대회, 5월 29일 교풍 확립대회, 6월 7일 제18회 시와 음악의 밤, 9월 25일 교내 백일장 및 미술실기대회가 있었다.

---

64 김사인: 대전고등학교를 졸업한 시인이다. 2023년 현재 동덕여대 문예창작과 교수이다.

서정주의 심사평

제12회 화동문학상 심사평에 서정주의 심사평을 싣는다.

당선작 「목어의 오후」, 「목마」 두 작품에 나타나 있는, 이 소년다움을 힐끗 넘어 선듯한 긍정 속에 내어 비치는 경기적 일로(溢路)의 극복에 우리들 학부모 된 자는 숙연하고 다음은 감개무량할 따름이다. 이것이 바로 시인이 경기고교에 나올 수 있는 소이연인가 한다. 김록호군의 「고가」(입선1석)도 말이 아직 어떤 데서는 좀 서먹서먹 하기도 하지만 지독스러이 제 조국을 아끼는 향수가 짙다. 이 나라를 마지막 지키고 이 나라 문학을 끈질기게 이어갈 수 있는 사람도 이런 사람일 것 같아 이 작품을 아껴 골랐다. 이성열 군의 「요요요」(입선2석)는 그 표현이 유창성으로라면 매우 우수한 작품이다. 다시 말하자면 내용과 형식이 이 주제 안에서 제대로 잘 짜인 푼수로서라면 가장 우수키도 하다는 말이다…수필은…산문문학 작품도 물론 논리 이상의 더 큰 매력을 노려 가질 수 있지만 이건 자칫 잘못하면 문맥불통의 혼란만을 빚기도 하는 것이다. 그러나 산문의 기본 훈련은 회화의 기본이 사실력에 있는 것처럼 문맥을 영롱하게 잘 통달시키는 일이라고 생각한다…오성환군의 일사불란한 문맥뿐 아니라 군의 인생에 대한 얕지 않은 성찰력, 감응력에서도 나는 군을 높이 평가한다. 김도렬 군의…체험한 그 맹장수술의 어느 세부들도 군은 놓치지 않고 인상적으로 사실(寫實)하는 산문의 기본능력을 갖추고 있는 듯…문석주군…소년의 비수(悲愁)…특히 한국적인 비수는 어느 소년이나 어른이라도 울릴 것

– 서정주, 「시, 수필부」, 〈경기〉12(통권35), 경기고등학교, 1974, 253.

황교안의 글

한나라당 전 대표인 황교안(1957~) 학생회장의 「살아있는 학생회」(학생회장기)를 실었다.

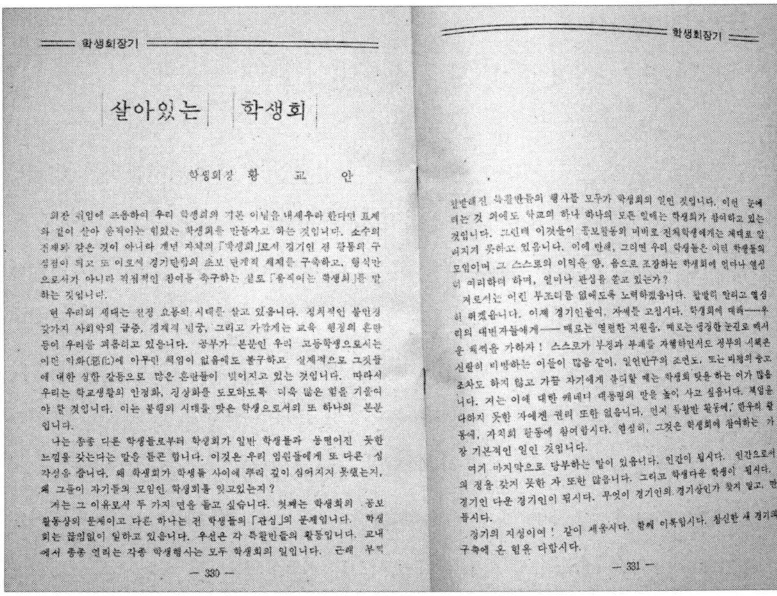

학생회장기

살아있는 학생회

학생회장 황 교 안

회장 취임에 즈음하여 우리 학생회의 기본 이념을 내세우라 한다면 표제와 같이 살아 움직이는 힘있는 학생회를 만들자고 하는 것입니다. 소수의 존재와 같은 것이 아니라 개념 자체의 「학생회」로서 경기인 전 활동의 구심점이 되고 또 이로써 경기단합의 초보 단계적 체제를 구축하고, 형식만으로서가 아니라 적극적인 참여를 촉구하는 실로 「움직이는 학생회」를 말하는 것입니다.

현 우리의 세대는 진정 요동의 시대를 살고 있읍니다. 정치적인 불안정 갖가지 사회악의 급증, 경제적 빈궁, 그리고 가깝게는 교육 행정의 혼란 등이 우리를 괴롭히고 있읍니다. 공부가 본분인 우리 고등학생으로서는 이런 악화(惡化)에 아무런 책임이 없음에도 불구하고 실제적으로 그것들에 대한 심한 갈등으로 많은 혼란들이 빚어지고 있는 것입니다. 따라서 우리는 학교생활의 안정화, 정상화를 도모하도록 더욱 많은 힘을 기울여야 할 것입니다. 이는 불행의 시대를 맞은 학생으로서의 또 하나의 본분입니다.

나는 종종 다른 학생들로부터 학생회가 일반 학생들과 동떨어진 듯한 느낌을 갖는다는 말을 듣곤 합니다. 이것은 우리 임원들에게 또 다른 심각성을 줍니다. 왜 학생회가 학생들 사이에 뿌리 깊이 심어지지 못했는지, 왜 그들이 자기들의 모임인 학생회를 잊고있는지?

저는 그 이유로서 두 가지 면을 들고 싶습니다. 첫째는 학생회의 공보 활동상의 문제이고 다른 하나는 전 학생들의 「관심」의 문제입니다. 학생회는 끊임없이 일하고 있읍니다. 우선은 각 특활반들의 활동입니다. 교내에서 종종 열리는 각종 학생행사는 모두 학생회의 일입니다. 근래 부쩍

— 330 —

학생회장기

활발해진 특활반들의 행사를 모두가 학생회의 일인 것입니다. 이런 눈에 띄는 것 외에도 학교의 하나 하나의 모든 일에는 학생회가 참여하고 있는 것입니다. 그런데 이것들이 공보활동의 미비로 전체학생에게는 제대로 알려지지 못하고 있읍니다. 이에 반해, 그러면 우리 학생들은 이런 학생들의 모임이며 그 스스로의 이익을 양, 음으로 조장하는 학생회에 얼마나 열성이 어리하며 하며, 얼마나 관심을 쏟고 있는가?

저로서는 이런 부조리를 없애도록 노력하겠읍니다. 활발히 알리고 열심히 뛰겠읍니다. 이제 경기인들이, 자세를 고칩시다. 학생회에 대해——우리의 대변자들에게—— 때로는 열렬한 지원을, 때로는 냉정한 눈길로 따끔한 책책을 가하자! 스스로가 부정과 부패를 자행하면서도 정부의 시책은 신랄히 비방하는 이들이 많음 같이, 일언반구의 조언도, 또는 비평의 충고조차도 하지 않고 가끔 자기에게 불리할 때는 학생회 탓을 하는 이가 많읍니다. 저는 이에 대한 케네디 대통령의 말을 높이 사고 싶읍니다. 책임을 다하지 못한 자에겐 권리 또한 없읍니다. 먼저 특활반 활동에, 한우리 활동에, 자치회 활동에 참여합시다. 열심히, 그것은 학생회에 참여하는 가장 기본적인 일인 것입니다.

여기 마지막으로 당부하는 말이 있읍니다. 인간이 됩시다. 인간으로서의 정을 갖지 못한 자 또한 많읍니다. 그리고 학생다운 학생이 됩시다. 경기인 다운 경기인이 됩시다. 무엇이 경기인의 경기상인가 찾지 말고, 만듭시다.

경기의 지성이여! 같이 세웁시다. 함께 이룩합시다. 참신한 새 경기의 구축에 온 힘을 다합시다.

— 331 —

16. 〈목련〉1, 안양여자중고등학교, 1974

경기도 안양시에 위치한 안양여자중학교는 1952년 개교하였다. 〈목련〉1호의 서지사항을 보면, 1974년 1월 15일 발행, 편집인은 안양여자중고등학교 문예부, 인쇄처는 창제인쇄사이다.

김대규의 시

'특별기고' 항목에 김대규시인(1941~2018)[65]의 시를 실었다.

황혼이다. // 누구나 / 나그네가 된다. // 앉아서도 길을 잃는다 // 눈 감으면 / 세상은 / 한 권의 묵직한 성전(聖典). // 먼 밖 / 어둠 속의 인가에는 / 착하고

---

65 김대규: 1957년 안양중학교 졸업, 1960년 안양공업고등학교를 졸업했다. 1960년 안양공고 졸업기념 시집 『靈의 流刑』을 발간했다. 1964~1972년까지 안양여고 교사로 있었다.

깨끗한 사람들이 / 저마다의 고뇌를 / 사무사(思無邪)의 촛불로 밝혀 들고, / 하루 한 장씩의 / 옳고 밝은 말씀들의 종장(終章)을 / 조용히 다듬고 있다. // 불이 꺼지고 / 신(神)의 할 일도 / 이윽고 없어진다.

– 김대규(시인, 전 본교 교사, 현 연세대 강사), 「황혼가」, 〈목련〉1, 안양여자중고등학교, 1974, 112.

17. 〈백학〉4, 무학여자중학교, 1974

서울 성동구에 위치한 무학여자고등학교는 1940년 한일공학의 경성무학공립고등학교로 개교하였다. 〈백학〉4호의 서지사항을 보면, 1974년 1월 10일 발행, 발행소는 무학여자중학교 문예반이다.

박재삼의 시

'학부모님의 글' 항목에 박재삼(1933~1997)시인의 시를 실었다. 박재삼의 약력을 보면 1963년 장녀 소영이 출생한다. 1969년 삼성출판사에 입사하고 무학여자중학교가 소재한 서울 동대문구 답십리동에 집을 마련했다. 소영은 1974년에 12살이다. 7살에 초등학교 입학했다면 중학교 1학년일 것이다.

1. 혼자 있어 / 그를 생각할 땐 / 모두가 조심스러운데 / 그중에도 가끔 / 침을 삼키는 숨을 넘기는 / 그 소리가 너무 커서 / 스스로 송구하는 것이다. 2. 잠이 오지 않을 때는 / 정신은 잎이 진 나무처럼 / 비어 있다가 // 한밤이 되자 / 나뭇가지에도 / 바람 소리가 달빛을 데리고 / 함께 젖어 왔다. // 이와 같이 가슴에 차는 / 한 때를 위하여 항상 / 외로움을 견디는 것이다.

– 박재삼, 「혼자 있어」, 〈백학〉4, 무학여자중학교, 1974, 47.

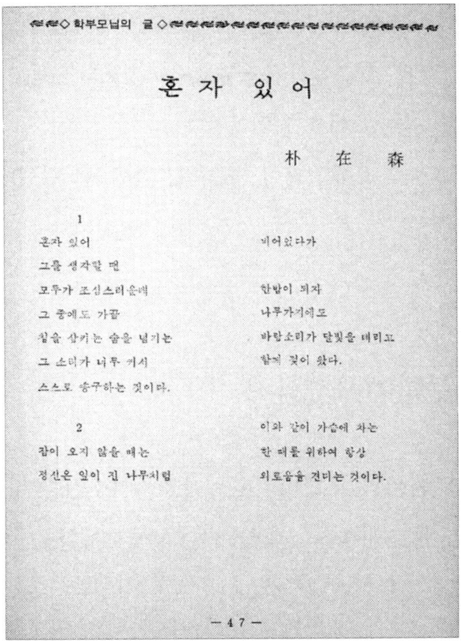
◇ 학부모님의 글 ◇

혼자 있어

朴 在 森

1

혼자 있어
그를 생각할 땐
모두가 조심스러운데
그 중에도 가끔
침을 삼키는 숨을 넘기는
그 소리가 너무 커서
스스로 송구하는 것이다.

2

잠이 오지 않을 때는
정신은 잎이 진 나무처럼
비어있다가

한밤이 되자
나무가지에도
바람소리가 달빛을 데리고
함께 찾아 왔다.

이와 같이 가슴에 차는
한 때를 위하여 항상
외로움을 견디는 것이다.

— 47 —

18. 〈영란〉1, 영란여자중, 상업고등학교, 1974

서울 중랑구에 위치한 영란여자중학교는 1969년 개교하였다. 영란여자상업고등학교는 현재 이화여자대학교 병설 미디어고등학교이다. 서지사항을 보면 1974년 7월 5일 발행, 편집인 영란여자 중·상업고등학교 문예반, 인쇄소는 최신의학사이다. 화보에 '이화여자대학교 병설 학교라 학교행사에 김옥길 총장이 참여' 그리고 '김활란 박사 묘에서의 추도식'과 같은 기사를 실었다. 교가를 한글 학자 이희승(1986~1989)이 작사하고 김순애가 작곡하였다. 다른 교가는 대부분 작사 작곡이라 표기하지만 한글 학자인 이희승은 작사 대신 '말'이라고 표기한다. 창간호이기 때문에 교가를 설립과정부터 세세히 풀었다. 그리고 이희승(한글학자, 서울대 명예교수)의 「영란 중·상업고등학교 교가 해설」을 싣는다. 이희승은 '교가는 그 학교의 설립목적과 교육이념을 상징하는 노래'라고 한다.

박두진의 축시

박두진의 축시를 실었는데 제목이 인쇄체가 아니라 박두진이 직접 쓴 글씨를 사용하였다.

> 숲으로 내리는 / 햇살의 속삭임 / 아직은 여리고 애띈 꿈의 날개짓이 / 아, 꿈이 그 날개가 되어 / 새가 되어 파닥인다. // 우러러 하늘을 향한 / 높디 높은 발돋움 / 먼 바다 아침 파도 반짝이는 / 손짓에 // 말씀을 그 기에 달아 / 하늘 흔드는 / 새여, 하얀 새여. / 아침 새떼여. // 사랑은 가슴의 빛 / 믿음은 눈의 내일 / 바람을 아침 정기 날개 가르며 / 소망 그 뜨거운 꿈 / 날개 파닥인다.
>
> – 박두진, 「새들의 아침」(축시), 〈영란〉1, 영란여자중·상업고등학교, 1974, 20~21.

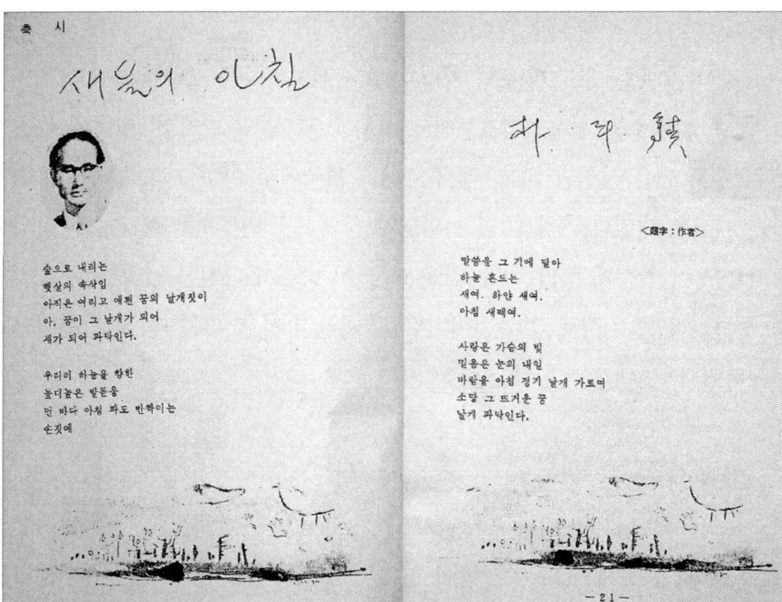

축 시

새들의 아침

朴 斗 鎭

<題字：作者>

숲으로 내리는
햇살의 속삭임
아직은 여리고 애띈 꿈의 날개짓이
아, 꿈이 그 날개가 되어
새가 되어 파닥인다.

우러러 하늘을 향한
높디높은 발돋움
먼 바다 아침 파도 반짝이는
손짓에

말씀을 그 기에 달아
하늘 흔드는
새여. 하얀 새여.
아침 새떼여.

사랑은 가슴의 빛
믿음은 눈의 내일
바람을 아침 정기 날개 가르며
소망 그 뜨거운 꿈
날개 파닥인다.

—20—

—21—

주요한의 글

'한국여성과 직업'을 특집으로 구성하고 주요한의 글을 실었다.

직업여성이 늘어나는 만큼 국민총생산도 늘어났다…남자가 하는 일은 여자도 할 수 있다…여성의 사회적 지위 향상…경제개발과 사회 혁신…오늘의 한국 직업여성은 스스로 알거나 모르거나 매우 중요한 사명을 겹쳐 가지고 있다. 경제 발전의 동력이 되는 동시에 사회혁신의 도화선 노릇을 할 수 있는 것이다.

– 주요한(시인, 대한해운공사 사장), 「직업여성의 시대적 사명」, 〈영란〉1, 영란여자중·상업고등학교, 1974, 31~35.

19. 〈관악〉30, 서울공업고등학교, 1975

〈관악〉30호는 개교 70주년 기념호이다. 서지사항을 보면 1976년 1월 8일 발행, 발행소는 서울공업고등학교이다. '1975년의 발자취' 항목에 '3월 25일 영국 교육 시찰단 내교, 많이 보시고 영국에도 이 체제 도입하시길'이라는 기사를 실었다. 5월 10일 여의도 광장에서 '시민 반공 궐기대회, 북의 괴뢰들도 이 함성에는 먹은 귀, 감은 눈 모두 밝아져 다시는 남침 야욕을 갖지 못하리라'는 기사도 있다. 9월 28일 '재활 용사촌 위문'과 같은 행사를 진행하였다.

김관식의 시

'관악문예' 항목에 김관식 시인의 시를 실었다. 작고 시인 김관식이 1952년 본교 재직 중에 썼다는 설명이 있다.

하늘을 가까이하고 싶은 / 지구의 의욕이 / 마침내 산이 되어 / 여기에 다시 누억만겁이 유전(流轉)하는 동안– / 사철 비바람 눈서리에 씻기고 / 깎기우며 기막힌 시련을 거듭함으로 / 꽃피는 아침 또는 달 밝은 저녁 / 온갖 요염(妖艶)한

환영이 유혹하나 / 종시 흔들리어 회의하지 않고 / 하나의 정일(靜逸)한 형상으로 / 영원에의 자세를 취하고 서서 / 조용히 조용히 기도하고 있나니

– 작고 시인 김관식(1952 본교 재직 중 쓰심), 「관악을 보며」,

〈관악〉30, 서울공업고등학교, 1975, 175.

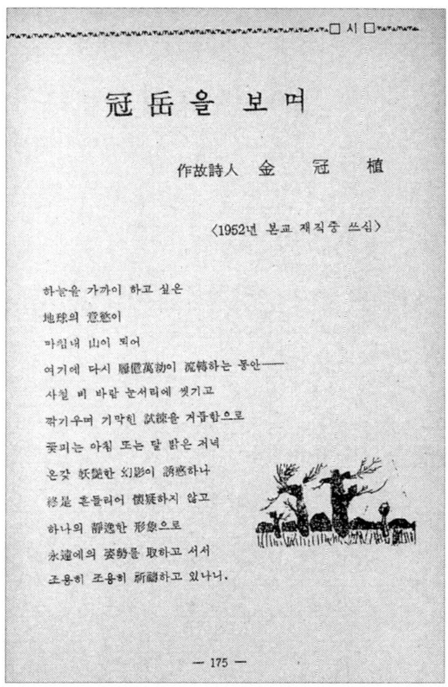

□ 시 □

冠岳을 보며

作故詩人 金 冠 植

〈1952년 본교 재직중 쓰심〉

하늘을 가까이 하고 싶은
地球의 意慾이
마침내 山이 되어
여기에 다시 歷億萬劫이 流轉하는 동안——
사철 비 바람 눈서리에 씻기고
깍기우며 기막힌 試鍊을 거듭함으로
꽃피는 아침 또는 달 밝은 저녁
온갖 妖艶한 幻影이 誘惑하나
終是 흔들리어 懷疑하지 않고
하나의 靜逸한 形像으로
永遠에의 姿勢를 取하고 서서
조용히 조용히 祈禱하고 있나니.

— 175 —

20. 〈상원〉2, 상명여자사범대학 부속여자고등학교, 1975

서울 종로구에 위치한 상명여자사범대학 부속여자고등학교는 1937년 상명고등기예학원으로 개교하였다. 교지 〈상원〉2호의 서지사항을 보면, 1975년 12월 15일 발행, 인쇄처는 유성 인쇄주식회사이다.

이희승 인터뷰

'명사를 찾아서' 항목에 이희승 박사 인터뷰를 실었다.

동숭동 자택을 방문 (1975,10,14)하여 (만학의 동기)…시인 친구인 월파 김상용을 만나 시도 써봤는데, 한 때의 기분이었던 것 같아. 아마 이런 일들이 내가 걸어야 할 길을 방해했다고 생각이 되네, 그때 쓴 글들로 2권의 시집과 3권의 수필집이 있지…(국어학을 하게 된 동기)…주시경 선생의 저서를 통해서…문법 시간이 좋아졌고 성적도 좋았지…(편찬하신 국어대사전의 동기와 과정)…36만 어휘를 모은다는 것은 어려웠지…기간은 7년 6개월

– 편집부, 「명사를 찾아서 – 이희승 박사」, 〈상원〉2, 상명여자사범대학 부속여자고등학교, 1975, 36~39.

신지식의 글

특집으로 '여학생과 멋' 항목을 마련하고 이태영(법학박사)의 「개성의 향기」와 소설가 신지식의 글을 싣는다.

명랑한 성격…정결을 목숨처럼…몸에 밴 예절…예술을 사랑하는 마음을…홀로 있는 시간을

– 신지식(소설가, 이화여고 교사), 「여학생과 멋」, 〈상원〉2, 상명여자사범대학 부속여자고등학교, 1975, 103~105.

21. 〈중동〉21, 중동중고등학교, 1975

〈중동〉21호의 서지사항은 1955년 12월 27일 창간, 1975년 12월 30일 발행, 편집인은 중동 문예반, 인쇄소는 태흥인쇄사이다. 교지 〈중동〉21호는 '중학생의 의식구조', '중동 논단', '매스미디어, 교육 / 그 현장을 해부한다' 등 '특집' 항목이 많다. '중동저널'항목에 '교지 최고 대상 획득 – 전국 교지 콘테스트에서'와 같은 기사에서 당시 교지 콘테스트가 있었음을 알 수 있다. 편집부는 '본교 교지 제20집이 중앙일보사 주최로 열린 제2회 전국 중·고등학교 교지 콘테스트에서 1회에 이어 영예의 최고 대상을 획득했다…148개교

가 참가…아마추어답지 않은 세련된 편집기술과, 수준 이상의 주제를 학생들의 힘으로 소화했다는 점을 높이 평가'받았다고 밝힌다.

오세훈의 글

특집 중학생의 의식구조 항목에 2023년 현재 서울시 시장인 오세훈의 중학교 3학년 시절의 글이 있다.

> 아마도 TV를 좋아하는 학생치고 좋은 성적의 소유자는 드물 것…나 자신도 중학교 3년 동안 그 흔해빠진 우등상장 하나도 타지 못했으니 말이다.
>
> – 오세훈(중3), 「TV를 부수는 학생」, 〈중동〉21, 중동중고등학교, 1975, 110.

TV를 부수는 학생

中3 오 세 훈

TV를 보고 있노라면 내일의 숙제가 밀려오고, 모르는 문제가 수두룩한 수학책, 과학책 등이 산재해 있는 책상은 언제인지 모르게 머리를 떠난다.

그리곤, 그 다음날 책보를 쌀 때면 항상 후회하고, 나 자신을 TV 하나 못이기는 바보라고 자책하는 것이다. 텔레비젼은 "필요악"이다.

하루 종일 직무에 시달린 아빠와 그 가족이, 혹은 일주일의 피로를 풀기 위한 일요일의 안방에 모여든 모든 가족이 이야기 꽃을 피우며 TV앞에 앉아 있는 모습을 상상해 보라. 얼마나 따뜻한 풍경인가!

그러나 공부하는 학생이 하루에 두서너시간씩 TV앞에 앉아 입은 반쯤 벌리고 보고 있는 모습을 상상해 보자. 참으로 눈이 저절로 찌푸려지는 이야기다. 그래서 나는 내가 가장 좋아하는 사람을 텔레비젼의 유혹을 이기는 사람이라고 결론지었다.

TV를 안보고 꼭 공부를 해야 존경하는 사람의 집합속에 포함된다는 말은 아니다. 독서를 해도 좋고, 잠을 자도 좋고, 만화(우량)를 봐도 좋다. 독서를 하면 머리속에 무엇인가가 들어가고, 잠을 자두면 그 다음날 학교에 갔을때 머리가 가벼워 공부가 더 잘될 것이며, 만화를 보면 상상력이나 풍부해질 것이 아닌가.

아마도 TV를 좋아하는 학생치고 좋은 성적의 소유자는 드물 것이다. 나 자신도 중학교 3년동안 그 흔해빠진 우등상장하나도 타지 못했으니 말이다. 그래서, 내가 TV를 이기는 사람에 구태여 하나 더 존경하고 좋아하는 사람을 넣으라고 한다면 나는 서슴없이 그 시간에 공부하는 사람이라 말하겠다.

— 110 —

22. 〈참대〉22, 중앙여자중고등학교, 1975

〈참대〉22호의 서지사항을 보면, 발행처는 중앙여자중고등학교 학생회, 인쇄처는 선명문화사, 편집위원은 신문반이다.

서정주의 심사평

제17회 문학작품 발표회 입선작 항목에 서정주시인과 박영준소설가의 심사평을 실었다.

대체적으로 시에 있어서 소재 선택이 잘 되어 있다. 시라는 것은 주제를 설정하여 그 주제에 알맞게 소재를 선택하는 것이 중요한데 작품 중에 사물을 살피는 관찰력이 예민하다고 생각되는 것이 많았던 것은 소재 선택의 중요성을 잘 인식한 것으로 생각된다.

– 서정주(시인 동국대 교수), 「시어는 우리 고유어로」(심사평),
〈참대〉22, 중앙여자중고등학교, 1975, 240~241

박영준의 심사평

글이란 솔직하게만 써서도 안 된다. 약간의 꾸밈의 기교는 있어야겠다.

– 박영준(소설가 연세대 교수), 「산문 쪽으로 많은 후진이」(심사평),
〈참대〉22, 중앙여자중고등학교, 1975, 242~243.

23. 〈경기〉13(통권54), 경기고등학교, 1976

〈경기〉13호의 서지사항을 보면, 1976년 1월 10일 발행, 편집인은 경기고등학교 문예반, 서울신문사 출판국에서 인쇄했다. 편집후기에 다음과 같은 편집의도를 밝힌다.

급격한 외세의 흐름에 휘말려 자신을 잃은 젊은이들에게 정신적 개혁을 시도해 보고자 「특집 1 – 전통문화의 현대사조」에 커다란 비중을 두었다…세계의 교육 제도와 일류고교의 생태를 우리의 현실과 비교 진단하는 기회가 되리라 믿고 특별기획을 마련했다.

– 편집부, 「편집후기」

박두진의 심사평

제13회 화동문학상 시상 심사평으로 박두진 시인과 황순원 소설가의 평문을 실었다.

요즈음 일반적으로 작품의 수준이 높지 못해서인지 응모작품이 기대했던 것보다 썩 좋지는 못했다…시를 생각하고 읽고 써보고자 하는 마음과 시간의 여유를 갖지 못한 것이 원인…이른바 수험준비식, 주입식, 예능 경기의 교육의 풍조…통속적인 연예 오락문물로 혼동…김록호…이 시의 장점은 주제의 보편성, 소박성, 그리고 작자가 안으로 담고 있는 그 주제(사상, 감정)의 진실성이 표현기교의 서투른 점을 감싸고 시의 격을 높인데 있다.

– 박두진, 「심사평 – 시」, 〈경기〉13(통권54), 경기고등학교, 1976, 238.

황순원의 심사평

소설을 쓰는 데 있어서 새로운 시도의 뜻은 좋지만 좀 더 그것을 자기 것으로 소화한 후 표현해야 하며 표현 의욕만으로는 이루지 못하는 것이다. 고로 우선 좀 더 뭔가를 자기 것으로 만들어야겠다. 또 소설에서는 거의 반드시 필연성이 있어야 한다는 것이다. 우연히 현실에서 가끔 성립될 수도 있지만 작품 속에서는 성립될 수 없는 것이다

– 황순원, 「심사평 – 수필, 소설」, 〈경기〉13(통권54), 경기고등학교, 1976, 239.

황교안의 글

'연대장 보고' 항목에 황교안의 글을 실었다.

처음 학생회장에 당선되면서…나의 신념은…인위적인 어떤 기구나 형식보다는 좀 더 인간적이고 탈형적인 활동영역으로 학생회를 이끌어 나가겠다는 것…기존하는 모든 유용하고 뜻있는 모임이나 기구를 통하여 부드러운 활동 환경을 조성하여 보다 넓은 범위에서 학생회가 전 학생들과 대화하며 같은 호흡을 하도록 도모

– 황교안(연대장), 「전인적인 젊은이의 동산이 되기를」, 〈경기〉13(통권54), 경기고등학교, 1976, 302~303.

24. 〈경복〉38, 경복고등학교, 1976

〈경복〉38호의 서지사항을 보면, 1977년 1월 10일 펴냄, 만든 이는 경복고교 문예반, 박은 이는 서울신문사이다. 발행을 펴냄으로, 편집을 만든 이로, 인쇄를 박은 이로 표기한 것은 편집부의 '한글전용원칙'에 따른 의도이다. 편집부는 편집후기를 통해 편집 의도와 한글전용 원칙 사용 계기를 밝힌다.

고교 평준화 이후 명문고교들이 당면한 가장 큰 과제는 역시 전통의 계승 문제가 될 것이다. 그래서 이 문제를 선생님들과 선배님들 그리고 우리들의 생각을 망라해서 깊이 있게 다루어 보려는 욕심에서 '경복전통의 계승'을 특집으로 꾸몄다. 진지하게 읽고 깊이 반성해 보기 바란다.

문예 작품은 진지한 태도로 성실하게 써낸 작품들을 골라 뽑았다. 세속된 인간생활의 어두운 면을 기성 작가들이 상투적으로 써대는 식의 글은 모두 탈락시킨 것이다. 요즈음 각 고등학교의 교지나 문학발표회에 나타난 작품들을 조심스럽게 살펴보면 기성작가를 흉내 낸 작품이 많을 뿐 아니라, 가슴으로 쓰지 않고

손가락으로 쓴 글이 너무 많은 느낌이다. 그래서 특집으로 '고교문학의 반성'을 다루어 보았다. 학생다운 글을 성실하게 써버릇해야 할 것 같다. 이번 교지에서는 한글전용 원칙에 따라 편집했다.

– 편집부, 「편집후기」

선배들이 회상하는 '경복' 항목에 조풍연(7회, 시인, 1975,10,8 작고)의 「나의 학생시절」과, 장만영(7회)의 「생각나는 대로의 모교」를 실었다. 특집으로 고은시인의 「고교문학 발표회의 뜻」을 실었다.

25. 〈서석〉1, 광주서석고등학교, 1976

광주서석고등학교는 1974년 개교하였다. 서지사항을 보면, 1976년 12월 15일 발행, 편집인은 광주 서석고등학교 학도 호국단 문예부, 지도교사는 김신운, 인쇄는 대중인쇄소이다. 지도교사 김신운(1944~)은 현재 소설가로 활동하고 있다.

문병란의 시

특별기고 항목에 문명란시인(1935~2015)의 시를 실었다. 문병란은 1962년 〈현대문학〉으로 등단했으며 권위주의 정권에 맞서는 참여시를 발표했다. 조선대학교 교수, 민족문학작가회의 이사, 5·18기념재단 이사, 민주화를 위한 교수협의회 공동의장 등을 지냈다. 『죽순밭에서』(1971), 『땅의 연가』(1981) 등의 시집을 발간했다.

몇 번이고 올랐던 언덕을 / 오늘 다시 오르고 있다 // 무엇인가 있을 듯한 / 하나의 가능을 안고 / 문득 오르고 싶었던 언덕, / 나는 누구와 더불어 올라야 하는가. // 내가 외로울 때 / 가만히 생각에 잠겼던 언덕, / 바라볼 하늘을 주었고 / 생각할 자리를 주었고 / 언덕에 오른다는 것은 / 사랑한다는 말보다 더욱 멀어서 좋았다. // 언젠가 누구와 더불어 올랐던 언덕, / 지금은 바뀌어진 계절이 와있고 / 오늘은 누구의 손을 잡고 / 이 언덕을 다시 올라야 하는가 // 내 손에 따스한 다른 손을 느끼면서 / 무엇인가 뿌듯이 밀려오는 꿈을 안고 / 몇 번이고 올랐던 언덕, 거기엔 파아란 바람이 불고 / 계절 따라 꽃들이 피었다 지고 / 그날 내가 고백한 것은 무엇이었던가. // 지금은 눈부신 5월이 머무는 언덕 / 잃어진 이름을 생각하며 / 오늘도 나는 무엇인가 찾아가고 있다. // 보다 먼 곳을 향하여 / 보다 높은 곳을 향하여 / 언덕에 오른다는 것은 / 항상 꿈이 있다는 것 / 언덕에 올라 멀리 바라본다는 것은 / 아직도 우리가 사랑할 수 있다는 것 // 나는 오늘도 / 뿌듯이 밀려오는 꿈을 안고 / 누구와 더불어 언덕을 오르는 것이다

– 문병란, 「언덕을 오르며」(특별기고시), 〈서석〉1, 광주서석고등학교, 1976, 22~23.

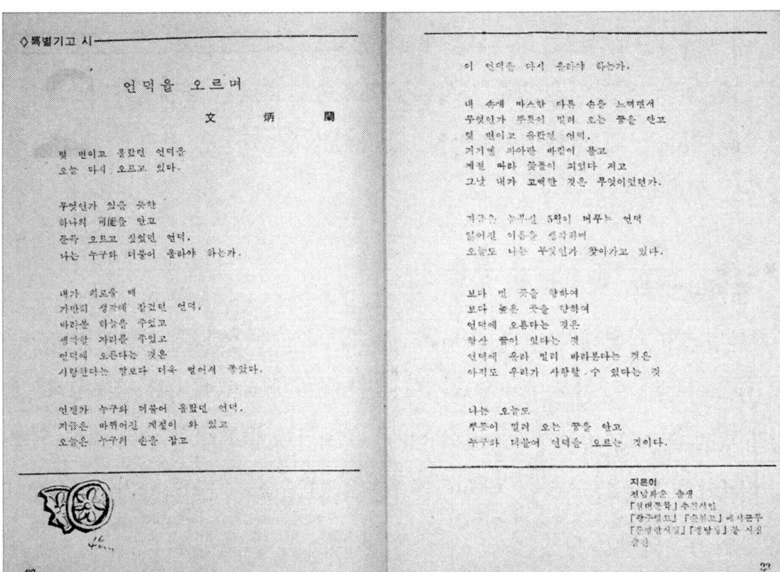
◇특별기고 시

언덕을 오르며

文 炳 蘭

몇 번이고 올랐던 언덕을
오늘 다시 오르고 있다.

무엇인가 있을 듯한
하나의 可能을 안고
문득 오르고 싶었던 언덕,
나는 누구와 더불어 올라야 하는가.

내가 외로울 때
가만히 생각에 잠겼던 언덕,
바라볼 하늘을 주었고
생각할 거리를 주었고
언덕에 오른다는 것은
사랑한다는 말보다 더욱 벅어서 좋았다.

언젠가 누구와 더불어 올랐던 언덕,
지금은 바뀌어진 계절이 와 있고
오늘은 누구의 손을 잡고

22

이 언덕을 다시 올라야 하는가.

내 손에 따스한 다른 손을 느끼면서
무엇인가 뿌듯이 밀려 오는 꿈을 안고
몇 번이고 올랐던 언덕,
거기엔 파아란 바람이 불고
계절 따라 꽃들이 피었다 지고
그날 내가 고백한 것은 무엇이었던가.

지금은 눈부신 5월이 머무는 언덕
잃어진 이름을 생각하며
오늘도 나는 무엇인가 찾아가고 있다.

보다 먼 곳을 향하여
보다 높은 곳을 향하여
언덕에 오른다는 것은
항상 꿈이 있다는 것
언덕에 올라 멀리 바라본다는 것은
아직도 우리가 사랑할 수 있다는 것

나는 오늘도
뿌듯이 밀려 오는 꿈을 안고
누구와 더불어 언덕을 오르는 것이다.

지은이
전남화순 출생
「현대문학」 추천시인
[illegible]

23

26. 〈우신〉1, 우신중고등학교, 1976

우신중고등학교는 1974년 개교하였다. 서지사항을 보면, 1976년 12월 30일 발행, 편집인은 우신중고등학교 교지편집부, 인쇄인은 주식회사새한정판이다. 편집후기에 '창작에 좋은 작품이 없어서 위선생님이 대학 다니실 때 신문에 실린 것을 전재했다. 문단에 실릴 작품에 좀 더 성의를 가졌으면'이라는 내용으로 보아 작품 기고의 수준을 낮추지 않았음을 알 수 있다.

조병화의 축시

날로 이름이 높아가는 / 우신고교 학생 여러분 // 여러분은 지금 무엇을 생각하고 있습니까 / 무엇을 하고 있습니까 / 무엇을 원하고 있습니까 / 무엇을 만족하고 있습니까. / 무엇을 불만하고 있습니까. / 무엇을 애타고 있습니까. / 무엇을 고민하고 있습니까. / 무엇을 기뻐하고 있습니까. // 무엇보다 꿈을 가져야 합니다 / 마르지 않는 꿈을 가져야 합니다. / 그 꿈을 키워나가야 합니다. / 그 꿈을 실천해나가야 합니다. // 인간은 위대한 걸 생각해내는 만물지장입니다. / 인간은 위대한 걸 만들어내는 만물지장입니다. / 인간은 위대한 걸 발견해내는 만물지장입니다. // 달에도 갔다 왔습니다. / 화성에도, 금성에도 / 우주의 하이웨이를 내고 있습니다. // 이렇게 인간은 꿈꾸는 존재 / 꿈을 실천하는 존재 / 꿈을 만드는 존재 / 불가능의 세계를 가능의 세계로 만드는 존재 / 위대한 그 머리의 존재입니다. // 여러분은 그 머리를 연마해가고 있는 겁니다. / 여러분은 그 내일을 만들어가고 있는 겁니다. / 여러분은 그 기쁨을 창조해가고 있는 겁니다. // 낙오하지 마십시오 / 처지지 마십시오 / 포기하지 마십시오 / 낙심하지 마십시오 / 좌절하지 마십시오 // 오로지 굳은 신념으로 쉬임없이 / 그 꿈을 살아야 합니다. // 강건과, 창의와, 성실의 교훈으로 / 몸과 얼을 다지며 / 큰 인간, 그 꿈을 살아야 합니다. // 매일 매일을

– 조병화(시인, 경희대 문리대 학장), 「큰 인간, 그 꿈을 – 우신고교생에게」(축시), 〈우신〉1, 우신중고등학교, 1976, 2~3.

박목월의 글

특집 '우리 고교생 - 우리들은 무엇인가 - 고교 시절의 의미' 항목에 박목월 시인의 글을 실었다.

> 우리가 이름을 가진다는 것은 다른 사람과 구별하여 '다만, 자기'를 나타내는 것…자기만의 자기를 이룩하려면 뚜렷한 인격과 개성, 사물에 대한 확고한 판단력, 나아가서는 세계관이나 인생관이 확립되어야 한다. 그런 뜻에서 고교생 시절은 '자기의 이름을 획득하기 위하여 노력하는 시기'라 할 수 있다. 말하자면 자기만의 자기로 성숙하는 시기라는 뜻이다.
>
> – 박목월(시인, 한양대 문리대학장), 「'자기 이름'을 획득하는 시기」(특집), 〈우신〉1, 우신중고등학교, 1976, 41~43,

27. 〈진원〉1, 대전성모여자중고등학교, 1976

대전성모여자고등학교는 1966년 개교하였다. 중학교는 1978년 폐교하였다. 〈진원〉1호는 개교 10돌 기념 창간호이다. 〈진원〉이라는 '제호를 결정하기까지 참된 동산이라는 뜻, 교육목표를 요약한 것'이라고 제호 의도를 밝힌다. 서지사항을 보면, 1976년 12월 31일 발행, 편집인은 대전성모여자중고등학교 문예반, 제일 인쇄공사가 인쇄했다.

최정희의 글

특별기고 항목에 소설가 최정희의 글을 실었다. 편집부는 '병상에서 성모생을 위해 주신 최정희 여사의 따스한 인간애'라고 밝힌다.

> 이상은 「젊은 날의 증언」 서문에 쓰여진 글이다. 글 가운데 나오는 '너'는 척주가리에쓰로 앓고 있는 청년이었다. 그 뒤 10여 년 있다가 어느 날 나는 다음과 같은 짤막한 편지를 받았다. –선생님 병원에 와 있습니다. 저를 찾아 주십시오.

나는 알려준 병원으로 찾아갔다. 그러나 '너'가 들어있던 병실엔 딴 사람이 있었다. 간호원에게 '너'의 이름을 대고 물어보았다. '그저께 가셨어요.' '어디루요.' '천당이겠죠' 나는 위로금으로 들고 갔던 봉투를 가슴에 품듯이 품고만 돌아올 수밖에 없었다.

– 최정희, 「너에게」(특별기고), 〈진원〉1, 대전성모여자중고등학교, 1976, 145~147.

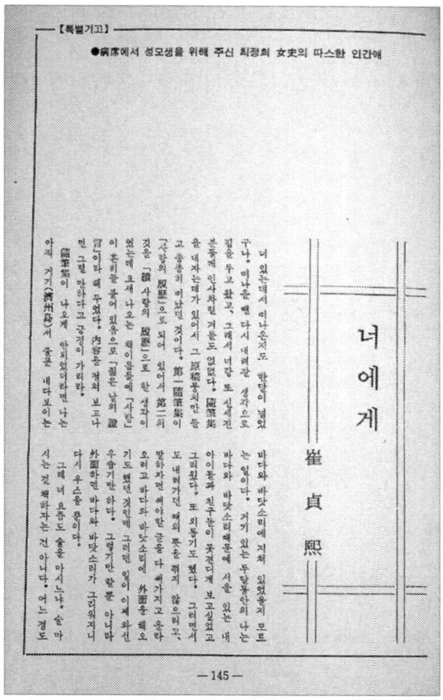
【특별기고】

●病席에서 성모생을 위해 주신 최정희 女史의 따스한 인간애

너에게

崔貞熙

—145—

28. 〈추풍령〉1, 추풍령중학교, 1976

충청북도 영동군에 위치한 추풍령중학교는 1946년 개교하였다. 〈추풍령〉1호는 개교 30주년 기념 특집호이다. 발행일과 발간일이 없다.

이은상의 시

교지 제호가 '추풍령'이기 때문인 듯 이은상의 시 제목이 「추풍령」이다.

끝없이 가는 길 / 들국화 피는 길 / 산이라 언덕마다 / 갈꽃 펄펄 날리는 길 / 오늘은 가을바람 따라 / 추풍령을 간다 // 대소백 내린 줄기 / 사대령 칠소령이 / 북에는 새재 속리 / 남에는 지리운봉 / 나 혼자 / 휘파람 불며 / 추풍령을 간다. // 황간이 몇 굽이냐 / 청산도 지나섰다. / 해 다 저문 날을 / 또 어디로 가는 길가 / 속리산 삼청동으로 / 물소리 들으러 간다.

– 노산 이은상(시조작가, 현 한국시조작가협회회장, 현 한국산악인협회 회장), 「추풍령」, 〈추풍령〉1, 추풍령중학교, 1976, 67.

29. 〈경기〉14(통권55), 경기고등학교, 1977

〈경기〉14호의 서지사항은 1977년 1월 10일 발행, 발행인은 경기고등학교 학도호국단, 편집인은 경기고등학교 문예반, 서울신문사출판국에서 인쇄했다. 특집, '현실이 바라는 학생의 상' 항목에 안병욱(숭전대 철학과 교수)의 「큰 그릇이 되자」를 실었다. 특집, '현대 한국 예술의 위치' 항목에 김동욱 교수의 「강설 국문학의 전개」, 구인환 교수의 「한국문학의 과거와 장래」, 이재선 교수의 「서구문학의 도입과 한국문학」 등 대학교 교지 수준의 글을 실었다. 화동문학상 특집에 소설가 이인성의 「습작과 개성」을 실었다. '편집후기'에서 편집부는 편집 의도를 밝히면서 경기고교생의 문학과 문예열의 저하를 걱정한다.

급격히 떨어진 문학열로 말미암아 14회 화동문학상은 수필·소설부에 당선작이 없는 비운을 겪어야 했고, 보다 넓은 안목을 주고 현 한국 예술의 위치를 재인식시키기 위해 신중히 특집 2를 구성했다. 범국민적으로 진행되고 있는 국어순화 운동에 편승하여 특별기획을 급히 구성했다. 화동문학상 특집은 문학열의 저하에 따른 문예활동의 침체를 지양하기 위하여 편집에 있어서 많은 노력을 기울였다. 제언은 문학열 고취를 위해 경기문예의 현실을 날카롭게 파헤치고 그 해결책을 진지하게 알아보았다

– 편집부, 「편집후기」

최규하의 축사

축사를 당시 국무총리였던 최규하가 하였다.

친애하는 경기고등학교 학생 여러분! 어려움에 처했을 때 불굴의 용기와 단결로써 이를 극복한 민족이야말로 값진 생존과 번영을 누릴 수 있었습니다. 개인에 있어서도 마찬가지여서 자기의 앞길을 자기 힘으로 개척해 나가는 사람들만이, 우리의 시련을 두려워 않고, 오히려 하나의 보람으로 삼아 더욱 약진을 가할 수 있는 법입니다.

– 최규하(국무총리), 「학생들이 나아갈 길 – 경기고교의 후배들에게」(축사), 〈경기〉14(통권55), 경기고등학교, 1977, 4~5.

서정주의 심사평

화동문학상 심사평에 서정주의 글을 실었다.

작가에게서 독자에게로 가는 시의 전달에는 꽤 까다로운 것이나, 머뭇거리는 것이나, 흐지부지한 것이나, 어리무던한 등이 끼어서 독자를 어렵게 만들거나 주저하게 하거나 하품하게 하거나 미지근하게 만들어서는 절대로 안 된다…시는 독자의 머리와 가슴에 동시에 직통하며 작용해서 이 군데를 가즈런히 혁신해 내는 감동이라야 하는 것이다.

– 서정주, 「심사평」, 〈경기〉14(통권55), 경기고등학교, 1977, 224.

30. 〈광고〉27, 광주고등학교, 1977

광주고등학교는 1951년 광주동중과 서중을 합하여 광주고등학교로 개편했다. 〈광고〉27호의 서지사항을 보면, 1977년 12월 28일 발행, 편집인은 광고문예부, 인쇄처는 국립직업재활원이다.

이성부의 시

'선배시' 항목에 시인 이성부(1942~2012)의 시를 실었다.

돌부리에 걸려 넘어진 슬픔 / 피흘리는 슬픔, / 등 돌리고 울음 감추는 슬픔, / 연탄가스에도 중독되지 않는 / 가장 예리한 칼날로 베이지 않는 / 슬픔의 육체, / 나자빠진 주제. / 우리들 한복판에서 / 늘 우리들 모습을 새로 만드는 / 슬픔, 우리가 그대를 일으켜 세워야 한다. / 깨진 무릎팍 호호불고 / 흙먼지 털털 털고 / 아무렇지도 않게 걸어가게 만들어야 한다.

– 이성부(9회 동문, 시인), 「우리들 시」, 〈광고〉27, 광주고등학교, 1977, 158~159.

이성부는 1962년 〈현대문학〉에 「열차」등으로 등단했다. 1966년 〈동아일보〉 신춘문예에 시 「우리들의 양식」으로 당선했다. 억압받는 민중의 삶을 그려낸 민중시인으로 평가받는다. 시집으로 『이성부 시집』(1969), 『우리들의 양식』(1974), 『백제행』(1976), 『전야』(1981) 등이 있다.

31. 〈은구〉1, 해송고등학교 학도호국단, 1977

경기도 안양에 위치한 해송고등학교는 1974년 개교하였다. 현재 양명고등학교이다. 〈은구〉1호의 서지사항을 보면, 1977년 1월 15일 발행, 편집인은 해송고등학교 문예부, 신성인쇄사가 인쇄했다.

조병화의 축시

창간호 축시를 조병화 시인이 썼다.

역사는 인간이 만드는 거 / 여기, 경기도 안양에 드높이 / 조국의 청소년 기르는 꿈 심어 / 육영의 역사 펴온 지 어언 3년 // 성실, 창의, 자주의 생활신조는 / 날로 무성해서 / 지금 은구 학원의 푸른 기는 / 조국 강산 넓은 하늘에 가득 차 간다. // 아는 것이 힘 / 배우는 것이 힘 / 깨닫는 것이 힘 / 전진하는 것이 힘 // 그 힘 같이 길러, 만들어가며 / 그 기쁨 같이 나누워 가는 / 은구학원의 건아들 // 청춘은 푸른 바다라 하더라 / 청춘은 푸른 산이라 하더라 / 청춘은 푸른 하늘이라 하더라 // 그 바다, 그 산, 그 하늘 / 한 몸, 온몸에 모아 살며 / 쉬임없이, 나태없이, 포기없이 / 보다 높은 꿈을 / 보다 알찬 오늘을 / 지금, 나날이 만들어가는 거다. // 꿈을 심어 살아가는 거다, 단단히 / 꿈을 다져 살아가는 거다, 단단히 / 꿈을 키워 살아가는 거다, 단단히 / 그리하여 내일을 만들며 살아가는 거다 // 역사는 사람이 만드는 거 / 그 역사 속에서 / 매일 매일 스스로의 역사를 만들며 / 날로 새로이 / 위대한 스스로의 기를 세워가는 거다 // 게으름 없이

– 조병화(시인, 경희대 문리대학장), 「위대한 스스로의 기를 세워가는 거다 –해송고교 '은구'지 창간을 축하하며」(축시), 〈은구〉1, 해송고등학교 학도호국단, 1977, 20~21.

32. 〈경희〉27, 서울고등학교, 1978

〈경희〉27호의 서지사항을 보면, 편집인은 문예반, 1978년 1월 15일 발행, 인쇄처는 천풍인쇄주식회사이다. 제20회 경희 문학상 심사평을 조병화 시인이 썼다.

조병화의 축시

축시를 조병화 시인이 썼다.

때에 따라, 사람에 따라 / 세상은 항상 변하는 겁니다 // 경희의 옛 궁터에 자리 잡고 / 수많은 영재들을 키워낸 / 우리 서울고등학교는 / 대한민국, 우리 조국의 자랑이며 / 그 영광 / 그 힘이 옵니다. // 국내에서, 국외에서 / 실로 이름을 네바다에 휘날리고 있는 / 인재, 그 일꾼 / 참으로 장하고, 장하고, 보람찹니다. // 그 울창한 숲, 역사 어린 돌, / 인왕봉우리를 끊임없이 흘러내리는 / 약수, / 이곳 조국의 영재들이 자라난 곳 / 그리고 자라고 있는 곳 // 어린 후배들이여, / 선인을 잊지 말고, 선배를 잊지 말고 // 어딜 가나 꼭 있어야 할 사람 / 어딜 가나 꼭 우러러 보일 사람 되길! / 여기 부탁하며, 축하합니다. // 서울고교 만세, 만세, 만만세

– 조병화(시인, 경희대 문리대학장), 「서울이여! 만세 – 경희 27호를 축하하며」(축시), 〈경희〉27, 서울고등학교, 1978, 화보 앞부분.

김형석의 격려사

격려사를 김형석교수가 썼다.

지금 우리는 우리들의 젊은 생활을 보낼 때에 많은 문제 가운데에 자아에 대한 문제를 생각해 본다…어떻게 내가 나를 발견해서 뚜렷한 개성을 갖는가 하는 것이 첫째로 중요한 문제…그 다음에는 올바른 선택과 역경을 극복하는 데에 따라서 내가 어떻게 나를 성장시켜가냐 하는 것이 앞으로 우리에게 주어진 책임이다.

– 김형석(연세대 학생상담소 소장), 「청소년에게 주는 글」(격려사), 〈경희〉27, 서울고등학교, 1978, 12~16.

33. 〈숭우〉24, 광주숭일중고등학교, 1978

광주광역시 북구에 위치한 숭일고등학교는 1907년 미국 남장로교선교회 배유지(Eugene Bell, 1868~1925) 목사가 설립했다. 교가를 1948년에 김현승 시인이 작사하였고, 현제명이 작곡하였다. 〈숭우〉24호는 개교 70주년 기념호이다. 서지사항을 보면, 1978년 11월 20일 발행, 발행 및 편집은 광주숭일중고

등학교, 전남매일 신문사 출판국이 인쇄했다. 화보에 1919년 숭일학교가 주동한 3·1 독립만세시 대구 복심법원 판결문의 일부와 초창기 초대교장 프레스톤 선교사(J.F. Preston, 1908~1910)의 사진도 있다. 〈숭우〉창간호를 1952년 12월 15일에 발간했다는 정보도 제공한다. '제언' 항목에 '중 멸공 소년단장 백기철의 「한 잎 낙엽의 의미」'로 보아 '멸공소년단'이 있었다는 것을 알 수 있다.

허형만의 시

'교사문단' 항목에 허형만시인(1945~)[66]의 시를 실었다. 허형만은 1973년 〈월간문학〉을 통해 등단했다. '은사록'에 보면 허형만은 고등학교 국어교사이며, 광주시 서구 광천동에 거주하고 있다. 교지 편집위원 지도교사로 고등학교는 허형만, 중학교는 이삼교 선생이라고 밝힌다.

> 시월 초순 아침 / 안개 속에서 / 한국의 바람들이 울음 운다 / 저네들끼리 부딪히고 깨어지고 / 껴안고 비비고 / 풀잎들이 쓰러지는 방향으로 / 꺼이꺼이 울음 운다. / 죽어간 자의 / 뼛가루 휘날리는 소리로 운다. / 죽어가는 자의 / 보글보글 피 끓는 소리로 운다. / 죽어갈 자의 / 살점 터지는 소리로 운다. / 시월 초순 / 아침 안개 속에서
>
> – 허형만(교사, 시인), 「안개 속에서」, 〈숭우〉24, 광주숭일중고등학교, 1978, 90~91.

34. 〈심인〉1, 심인고등학교, 1979

대구 광역시 달성군에 위치한 심인고등학교는 1957년 개교하였다. 〈심인〉1호의 서지사항을 보면, 편집인은 심인고등학교 문예반, 인쇄처는 경북

66 허형만: 현재 목포대학교 국문과 교수로 재직 중이다. 전라남도문화상 등을 수상하였으며, 2005년 IBC에서 뽑은 세계 100대 교육가로 선정되었다. 초등학교 6학년 1학기 교과서에 시 「동전 한 닢」이 실려있다.

인쇄소이다.

류시민의 글

노무현재단 이사장 류시민(1959~)의 대학시절 글을 실었다. 류시민은 1978년 심인고등학교를 졸업하였고, 44대 보건복지부 장관이었으며, 노무현재단 이사장이다. 저서로 『거꾸로 읽는 세계사』를 발간하였다.

> 피상적 만남과 본질적 만남…어느 대학생이 사회에 대한 대학과 대학인의 사명, 자기가 사는 사회의 구조, 졸업 후에 자신이 수행해야 할 일과 그 정당성에 대해 검토하고 그것을 실천에 옮길 때 그는 대학의 본질과 만난 것이다. 노동자가 자신의 노동이야말로 가치창조의 과정이며 자신의 노동은 자아의 실현을 가능케 하는 것이어야 한다고 인식하여 그를 방해하는 억압적 상황에 저항할 때, 남성이 상대방 여성을 '여자'이기 이전에 인간으로, 애완용 동물이 아니라 독립적 인격체로, 소유의 대상이 아니라 삶의 동반자로 여기고 진지하게 대화할 때 그들은 대상의 본질과 만나고 있는 것이다. 이러한 만남들을 총칭하여 본질적 만남이라 할 수 있다.
>
> – 류시민(서울대 사회계열), 「만남의 의미」, 〈심인〉1, 심인고등학교, 1979, 671~70.

35. 〈옥저〉18, 대구공업고등학교, 1979

대구광역시 동구에 위치한 대구공업고등학교는 1925 대구공업보습학교로 개교하였다. 〈옥저〉18호의 서지사항은, 1979년 12월 25일 발행, 편집은 대구공업고등학교 옥저 문학 동인회, 발행처는 대구공업고등학교, 인쇄처는 중외출판사이다. 〈옥저〉18호는 문학동인회 동인지이다.

안도현의 수필

특집 '오늘을 사는 지혜' 항목에 대구공고, 수원영복여고, 대건고등, 대성공고, 대구여상, 제일여상, 인천박문여고학생들의 글을 실었으며 안도현시인(1961~)[67]의 글을 실었다.

> 당신들이여! 새벽마다 만년필 튜우브에 새 잉크를 채울 수 있는 마음이 있다면, 초등학교 5학년 여식애들처럼 지나가는 바람 소리에도 부끄러워할 수 있다면, 바다처럼, 푸른 바다처럼 어떤 날도 살아 퍼덕일 수가 있다면 그렇게 몸부비며 사랑할 수가 있다면
>
> – 안도현(대건고 3학년), 「사람에게」, 〈옥저〉18, 대구공업고등학교, 1979, 112~113.

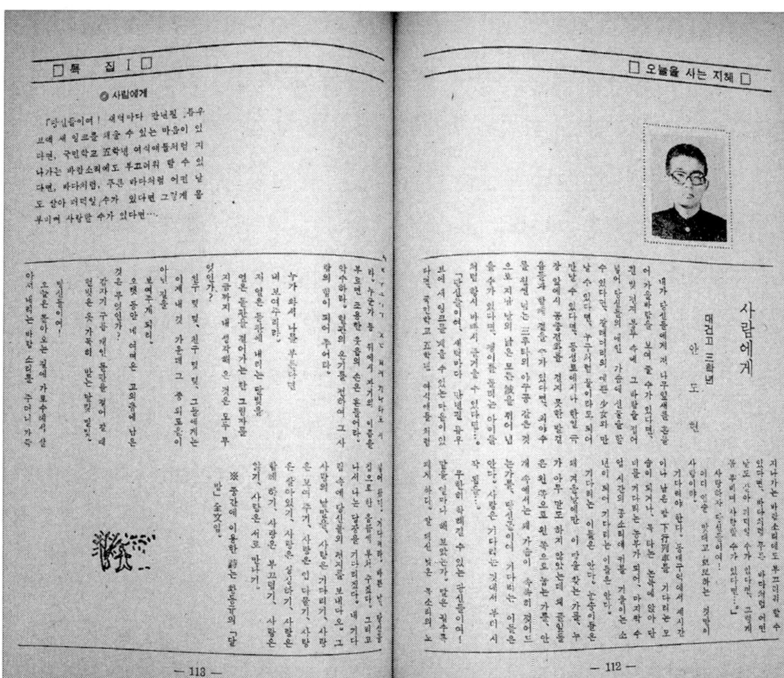
특 집 I
사람에게
「당신들이여! 새벽마다 만년필 튜우브에 새 잉크를 채울 수 있는 마음이 있다면, 국민학교 五학년 여식애들처럼 지나가는 바람소리에도 부끄러워 할 수 있다면, 바다처럼, 푸른 바다처럼 어떤 날도 살아 퍼덕일 수가 있다면 그렇게 몸부비며 사랑할 수가 있다면…
— 113 —
오늘을 사는 지혜
사람에게
대건고 三학년 안 도 현
— 112 —

67 안도현: 1980년 대건고등학교를 졸업하였다. 현재 우석대학교문예창작과 교수로 재직하고 있다.

연구를 마치며

10년이 넘는 동안 중고등학교와 대학교 교지를 연구하였다. 책을 구하기 위해 전국을 돌아다니며 헌책방을 뒤졌고, 인터넷 중고책도 '부지런히' 클릭했다. 그 결과 소장하게 된 교지는 4,000권에 가까워졌다. 찾고 구하면 가격이 터무니없어진다. 헌책방에서 교지 가격은 '너무' 비싸졌고, 나의 주머니는 '아주' 얇아졌다. 그리고 교지를 만져보고 냄새를 맡으면 가슴이 뛰는 '교지 수집가'가 되었다. 은퇴하면 교지박물관을 세울까 생각 중이다.

연구를 위해 교지를 한 권 한 권 확인하면서 순수한 학생들의 시나 산문이 학창 시절로 나를 데리고 갔다. 문학의 밤을 준비하며 운동장에서 밤하늘을 보던 때도 생각났다. 편집부 학생들은 자신들이 참여한 교지를 지금도 가지고 있는지, 교지의 상당 부분을 차지하는 시나 소설의 창작자, 수많은 문학 소녀, 문학 소년들은 여전히 글을 쓰시나 하는 생각도 했다.

교지들을 검토하던 중 소설 창작 부문에 김광규라는 이름을 발견하고 이 글이 김광규시인의 소설인지 파악하기 위해 여러 경로를 통해서 문의했더니, 본인의 학창 시절 소설이 맞다고 복사본을 보내줄 수 있냐는 답신을 받고 깨끗한 파일로 골라 전송할 때는 기분이 시원해졌더랬다. 문인들의 전집에 싣지 않은 작품을 발견할 때는 바다 가운데 섬을 본 듯하였다. 이 책이 여러 부분에 도움이 되었으면 좋겠다.

참고문헌

〈The Kyunggi Youth〉, 경기중고등학교, 1970.
〈갈매기〉8, 인천인일여중고, 1967.
〈갈매기〉9, 인천인일여중고, 1968.
〈갈매기〉10, 인천인일여중고, 1969.
〈갈매기〉11, 인천인일여중고, 1970.
〈강〉1, 용산여자중학교, 1972.
〈강문〉7, 강문중고등학교, 1959.
〈개나리〉1, 봉천여자중학교, 1973.
〈개나리〉8, 봉천여자중학교, 1979.
〈건축〉1, 영남대학교병설 공업고등전문학교, 1971.
〈경고학보〉10, 경남고등학교 재건학생회, 1966.
〈경고학보〉56, 경남고등학교 재건학생회, 1963.
〈경기〉2(통권43), 경기중고등학교, 1960.
〈경기〉3(통권44), 경기중고등학교, 1962.
〈경기〉4(통권45), 경기중고등학교, 1966.
〈경기〉7, 경기중고등학교, 1969.
〈경기〉8, 경기중고등학교, 1970.
〈경기〉12(통권53), 경기고등학교, 1974.
〈경기〉13(통권54), 경기고등학교 문예반, 1976.
〈경기〉14(통권55), 경기고등학교, 1977.
〈경기〉15(통권55), 경기중고등학교, 1978.
〈경맥〉2, 경북고등학교 학도호국단, 1955.
〈경맥〉5, 경북고등학교, 1958.
〈경맥〉10, 경북고등학교, 1964.
〈경맥〉12, 경북고등학교, 1965.
〈경맥〉15, 경북고등학교, 1969.
〈경맥〉16, 경북중고등학교, 1969.
〈경맥〉20, 경북고등학교, 1973.
〈경맥〉21, 경북고등학교, 1974.
〈경맥〉22, 경북고등학교, 1975.
〈경맥〉24, 경북고등학교, 1977.
〈경민〉2, 경민중학교, 1973.
〈경복〉27, 경복중고등학교, 1965.
〈경복〉28, 경복중고등학교, 1966.
〈경복〉31, 경복중고등학교, 1970.
〈경복〉33, 경복고등학교, 1971.
〈경복〉34, 경복고등학교, 1972.
〈경복〉38, 경복고등학교, 1976.
〈경신〉34, 경신중고등학교, 1968.
〈경신〉37, 경신중고등학교, 1971.
〈경우〉1, 경운, 경북중학교, 1972.
〈경우〉1, 경운중학교 편집부, 1972.
〈경황〉1, 경희중고등학교, 1962.
〈경희〉1, 경희여자중, 상업고등학교, 1979.
〈경희〉7, 서울중고등학교, 1957.
〈경희〉11, 서울중고등학교, 1961.
〈경희〉13, 서울중고등학교, 1963.
〈경희〉15, 서울중고등학교, 1966.
〈경희〉16, 서울중고등학교, 1967.

〈경희〉19, 서울중고등학교, 1970.
〈계성〉11, 계성학교, 1954.
〈계성〉12, 계성중고등학교, 1955.
〈계성〉13, 계성중고등학교, 1956.
〈계성〉21, 계성중고등학교, 1964.
〈계성〉23, 계성중고등학교, 1966.
〈계성〉25, 계성중고등학교, 1968.
〈계성〉26, 계성중고등학교, 1969.
〈계성〉36, 계성중고등학교, 1979.
〈계우〉34, 중앙중고등학교, 1958.
〈계절풍〉, 경동중학교, 3학년 1반 문예지, 1969.
〈고명〉1, 고명중, 상업고등학교, 1969.
〈고중〉1, 고흥중학교, 1954.
〈관맥〉1, 안양공업고등학교, 1971.
〈관악〉6, 상도중학교, 1977.
〈관악〉7, 상도중학교, 1978.
〈관악〉10, 서울공고, 영등포중학교, 1954.
〈관악〉13, 서울공업고등학교, 1958.
〈관악〉15, 서울공업고등학교, 1959
〈관악〉26, 서울공업고등학교, 1972.
〈관악〉30, 서울공업고등학교, 1975.
〈광고〉15, 광주고등학교, 1966.
〈광고〉17, 광주고등학교, 1967.
〈광고〉27, 광주고등학교, 1977.
〈광성〉5, 광성중고등학교, 1966.
〈광성〉6, 광성중고등학교, 1967.
〈광신〉2, 광신중, 상업고등학교, 1962.
〈광신〉7, 광신중, 상업고등학교, 1967.
〈교학〉9, 교통고등학교, 1960.
〈구남문화〉1, 구남여자중학교, 구남여자상업고등학교, 1973.
〈구남문화〉2, 구남여자중학교, 구남여자상업고등학교, 1976.
〈구덕〉42, 경남상업고등학교, 1974.
〈구암〉1, 유성농업고등학교, 1979.
〈구조〉6, 대전여자고등학교, 1960.
〈구조〉19, 대전여자고등학교, 1973.
〈구조〉20, 대전여자고등학교, 1979.
〈구지봉〉5, 김해농공고등학교, 1970.
〈구지봉〉7, 김해농공고등학교, 1973.
〈구학〉19, 대전여자고등학교, 1973.
〈군봉〉17, 동래고등학교, 1969.
〈군봉〉18, 동래고등학교, 1971.
〈군봉〉20, 동래고등학교, 1973.
〈군성〉10, 경북대학교 사범대학 부속고등학교, 1963.
〈군성〉11, 경대사대 부속고등학교, 1964.
〈군성〉14, 경대사대 부속고등학교, 1967.
〈군성〉15, 경북대학교 사범대학 부속고등학교, 1967.
〈군성〉19, 경북대학교 사범대학 부속고등학교, 1971.
〈군성〉21, 경북대학교 사범대학 부속고등학교, 1974.
〈군성〉22, 경북대학교 사범대학 부속고등학교, 1975.
〈군성〉25, 경북대학교 사범대학 부속고등학교, 1978.
〈군성〉26, 경북대학교 사범대학 부속고등학교, 1979.
〈금란〉8, 금란여자중학교, 1974.
〈금오〉1, 금오공업고등학교, 1976.
〈기건〉13, 목포공업고등학교, 1967.

〈기건〉14, 목포공업고등학교, 1968.
〈기계 학회지〉2, 대전공업고등학교 기계학회, 1972.
〈기림〉13, 이리공업고등학교, 1970.
〈길〉3, 광주북중학교, 1965.
〈길〉, 영광고등학교 3회 졸업반, 1959.
〈꽃 새암〉2, 경주여중고, 1963.
〈낙성대〉1, 봉천중학교, 1973.
〈난강〉9, 대구여자상업고등학교, 1978.
〈난꽃 피는 언덕〉6, 대구여자상업고등학교, 1970.
〈난우〉1, 성신여자중학교 학생회, 1976.
〈난원〉6, 광주여자고등학교 문예부, 1963.
〈난원〉8, 광주여자고등학교 문예부, 1963.
〈난원〉27, 광주여자고등학교, 1977.
〈난원〉28, 광주여자고등학교, 1979.
〈난초〉1, 도림여자중학교, 1971.
〈날개〉3, 공군기술고등학교, 1974.
〈날개〉5, 공군기술고등학교, 1975.
〈날뫼〉1, 경상여자상업고등학교, 1979.
〈날뫼〉1, 경상여자상업고등학교, 1979.
〈남강〉1, 남강중고등학교, 1978.
〈남성〉6, 남성중고등학교, 1966.
〈남성〉9, 남성중고등학교, 1969.
〈녹봉〉1, 경희여자중고등학교 재건학생회, 1963.
〈녹봉〉7, 경희여자고등학교, 1969.
〈녹사자〉1, 부평고등학교, 1974.
〈녹성학보〉1, 개운중학교 육성 교우회, 1970.
〈녹은〉1, 연무고등학교, 1983.
〈녹황〉1(통권7호), 경희여자고등학교, 1969.
〈녹황〉7, 경희여자고등학교, 1967.
〈녹황〉9, 경희여자고등학교, 1971.
〈농남〉1, 농남중학교, 1973.
〈농원〉15, 청주농업고등학교, 1969.
〈다섯매〉2, 오산중고등학교 학도호국단, 1957.
〈다섯매〉8, 오산중고등학교, 1970.
〈다섯매〉9, 오산중고등학교, 1971.
〈단비〉1, 박문여자중학교 1학년, 1966.
〈단석〉1, 무산종합고등학교, 1975.
〈달구〉2, 대구고등학교, 1961.
〈달구〉3, 대구고등학교, 1962.
〈달구〉4, 대구고등학교, 1963.
〈대건〉2, 대건중고등학교, 1963.
〈대건〉5, 대건중고등학교, 1967.
〈대건〉11, 대건중고등학교, 1972.
〈대경〉3, 대경중, 상고등학교, 1962.
〈대경〉17, 대경중, 상업고등학교, 1976.
〈대광〉19, 대광중고등학교, 1978.
〈대교〉19, 동도중학교, 1979.
〈대륜〉21, 대륜중학교, 1979.
〈대릉〉6, 대전고등학교, 1956.
〈대릉〉7, 대전고등학교, 1957.
〈대릉문학〉1, 대전고등학교, 1977.
〈대방〉1, 대방여자중학교, 1976.
〈대성〉1, 대성중학교, 1972.
〈대일〉1, 대일고등학교, 1975.
〈대헌〉1, 대헌중공업고등학교, 1970.
〈덕성〉7, 덕성여자중고등학교 학생자치회, 1962.
〈덕성〉속간호, 덕성여자중고등학교, 1955.
〈덕수〉11, 덕수중, 상업고등학교, 1968.

〈덕수〉12, 덕수중, 상업고등학교, 1969.
〈덕수 14, 덕수상업고등학교, 1971.
〈도봉〉1, 도봉여자중학교, 1973.
〈도봉〉13, 의정부중, 종합고등학교, 1965.
〈도봉〉15, 의정부중, 종합고등학교, 1967.
〈도봉〉19, 의정부중학교, 1974.
〈도전의 밤〉6, 경기고등학교, 1970.
〈독수리〉1, 선인중학교, 1971.
〈돌탑〉10, 남수중학교, 1966.
〈동녘빛〉3, 동인천중고등학교, 1964.
〈동녘빛〉8, 동인천고등학교, 1973.
〈동덕 23, 동덕여자중고등학교, 1967.
〈동래여상〉1, 동래여자상업고등학교, 1975.
〈동맥〉13,14합본, 광주공업고등학교, 1966.
〈동북춘추〉속간호, 동북중고등학교 학도호국단, 1956.
〈동산〉14, 신명상명여자중고등학교, 1963.
〈동산〉22, 성명신명중고등학교, 1972.
〈동산〉28, 신명성명여자중고등학교, 1977.
〈동산〉29, 신명성명여자중고등학교, 1978.
〈동성〉8, 동성중고등학교, 1965.
〈동성〉9, 동성중고등학교, 1967.
〈동성〉10, 동성중고등학교, 1968.
〈동성학보〉12, 부산동성고등학교, 1965.
〈동아탑〉8, 동아중학교, 1968.
〈동아탑〉9, 동아중학교, 1969.
〈동아탑〉10, 동아중학교, 1970.
〈동양〉13, 동양중학교, 1976.
〈동양〉59, 동양공업고등학교, 1972
〈동여고〉1, 부산동여자고등학교, 1976.
〈동원〉1, 상동중고등학교, 1963.
〈등나무〉12, 대전침성고등공민학교, 1979.
〈등룡〉1, 고흥중농업고등학교, 1972.
〈등불〉9, 마산중학교, 1960.
〈등불〉10, 마산중학교, 1961.
〈만남〉, 대신중고등학교, 1979 .
〈매산〉4, 순천매산중고등학교, 1966.
〈매원〉3 대구여자중학교 1968.
〈매원〉10, 경기여자중고등학교 재건학생회, 1966.
〈매원〉11, 경기여자중고등학교 재건학생회, 1967.
〈매원〉12, 경기여자중고등학교, 1968.
〈매원〉13, 경기여자중고등학교, 1968
〈매원〉14, 경기여자중고등학교, 1970.
〈매원〉15, 경기여자중고등학교, 1971.
〈매원〉속간호, 경기여자중고등학교 학도호국단, 1955.
〈매화문학의 밤〉1, 청주중앙여자고등학교 학도호국단 문예부, 1977.
〈맥〉2, 한독여자 실업학교 상업과, 1977.
〈명륜〉5, 강릉 명륜중고등학교, 1979.
〈명수대〉3-1, 동양중공업고등학교, 1960.
〈명지〉2, 서울 명지대학교 부설 명지여자중학교, 1972.
〈명지〉5, 명지중고등학교, 1966.
〈모란〉2, 조선대학교여자고등학교, 조선대학교 여자 중학교, 1967.
〈모원〉21, 모계중고등학교, 1977.
〈목댕기〉1, 대전성모여자고등학교, 1977.
〈목련〉1, 상도여자중학교, 1971.
〈목련〉1, 안양여자중고등학교, 1974.
〈목련〉6, 안양여자중고등학교, 1979.
〈무궁〉3, 경북대학교 사범대학 부속중학

교, 1955.
〈무궁〉21, 경북대학교 사범대학 부속중학교, 1968.
〈무궁〉24, 경북대학교 사범대학 부속중학교, 1971
〈무궁〉30, 경북대학교 사범대학 부속중학교, 1977.
〈무궁〉31, 경북대학교 사범대학 부속중학교, 1978.
〈무궁화〉11, 서울여자중고등학교, 1963.
〈무궁화〉17, 서울여자고등학교, 1970.
〈무등〉44, 광주서중, 제일고등학교, 1964.
〈무등〉45, 광주서중, 제일고등학교, 1965
〈무등〉47, 광주서중, 제일고등학교, 1967
〈무등〉48, 광주서중, 제일고등학교, 1968.
〈무심천〉44, 청주여자중학교, 1968.
〈무이봉〉9, 광혜원중고등학교 재건학생회, 1963.
〈무학〉10, 무학여자중고등학교, 1963.
〈무학〉12, 무학여자중고등학교 1965.
〈무학〉18, 마산고등학교, 1960.
〈무학〉21, 마산고등학교, 1963.
〈무학〉22, 마산고등학교 동창회, 1964.
〈문리〉2, 서울문리실과대학 부설 서울문리중고등학교, 1963.
〈문봉〉12, 청주고등학교, 1962.
〈문봉〉14, 청주고등학교, 1964.
〈문봉〉16, 청주고등학교, 1967.
〈문봉〉17, 청주고등학교, 1962.
〈문봉〉18, 청주고등학교, 1969.
〈문봉〉19, 청주고등학교, 1970.
〈문봉〉20, 청주고등학교, 1971.
〈문봉〉24, 청주고등학교, 1975.
〈문산〉1, 문산북중고등학교, 1970.
〈미추홀〉1, 인천고등학교, 1956.
〈미추홀〉3, 인천고등학교, 1959.
〈미추홀〉14, 인천고등학교, 1970.
〈미태산〉5, 신반중학교, 1960.
〈반석〉5, 대천중,종합고등학교, 1974.
〈배꽃〉, 이화여자중학교, 고등학교, 서울예술고등학교, 1954.
〈배명〉3, 배명중고등학교, 1968.
〈배영〉1, 배영고등학교 학도호국단, 1976.
〈배영〉1, 배영고등학교, 1976.
〈배재〉30, 배재중고등학교, 1978.
〈배화〉56, 배화여자중고등학교 1967.
〈배화〉58, 배화여자중고등학교, 1968.
〈배화〉60, 배화여자중고등학교, 1968.
〈배화〉68, 배화여자중고등학교, 1974.
〈백맥〉5, 대구중학교, 1961.
〈백상〉2, 조선대학교 부속고등학교,중학교 (2부), 1966.
〈백악〉10, 서울상업고등학교, 1957.
〈백악〉12, 서울상업고등학교, 1966.
〈백악〉14, 서울상업고등학교 1968.
〈백운대〉1, 도봉중학교, 1975.
〈백운대〉1, 도봉중학교, 1975.
〈백학〉2, 서울무학여자중학교, 1971.
〈백학〉3, 서울무학여자중학교, 1973.
〈백학〉4, 서울무학여자중학교, 1974.
〈백학〉11, 의정부여자고등학교, 1971.
〈백합〉8, 경북경혜여자중학교, 1971.
〈백합〉11, 경북여자고등학교, 1965.
〈백합〉12, 경북여자고등학교, 1965.

〈백합〉18, 19 청주여자고등학교, 1970.
〈백향〉1, 영화여자중학교, 1955.
〈버라이어티〉1, 거창대성고등학교 문예반, 1975.
〈보리수〉4, 능인중고등학교, 1964.
〈보문〉6, 보문중고등학교, 1961.
〈보문〉7, 보문중고등학교, 1961.
〈보문〉9, 보문중고등학교, 1963.
〈보문〉10, 보문중고등학교, 1964.
〈보문〉11, 보문중고등학교, 1965.
〈보문〉14, 보문중고등학교, 1968.
〈보문〉19, 대전보문중학교, 1973.
〈보문〉20, 대전보문중고등학교, 1974.
〈보문〉21, 대전보문고등학교, 1975.
〈보성〉1, 보성여자중고등학교, 1967.
〈복자〉1, 복자여자중고등학교, 1968.
〈봉학〉4, 균명중고등학교, 1964.
〈부중〉1, 서울대학교 사범대학 부속중학교, 1966.
〈부중〉3, 서울대학교 사범대학 부속중학교, 1967.
〈북두〉2, 서울북공업고등학교, 1973.
〈북인천〉1, 북인천중고등학교, 1963.
〈비둘기〉4, 원광여자중, 상업고등학교, 1968.
〈비봉〉15, 진주고등학교, 1960.
〈사유〉10, 대전고, 대전여고 대한 생활 불교회, 1974.
〈삼성〉1, 삼성여자고등학교, 1978.
〈삼현〉1, 삼현여자중고등학교, 1974.
〈상당〉14, 청주공업고등학교, 1968.
〈상당〉15, 청주공업고등학교, 1969.
〈상록수〉1, 수도여자사범대학 부속고등학교, 1972.
〈상명〉3, 상명여자중고등학교 문예반, 1955.
〈상명〉4, 상명여자중고등학교 문예반, 1956.
〈상명〉4, 상명여자중고등학교, 1956.
〈상문〉1, 상문고등학교, 1977.
〈상살미〉9, 거창농림고등학교, 1960.
〈상원〉2, 상명여자부속여중, 1975.
〈상인천〉14, 상인천중학교, 1971.
〈새길〉2, 백산중고 1969.
〈새벌〉14, 대성중학 학생회, 1972.
〈새벽〉1, 경북중학교, 1958.
〈새일군〉4, 대전공업고등학교 학예부, 1955.
〈새일군〉7, 대전공업고등학교, 1957.
〈샘물〉7, 대구농림고등학교, 1965.
〈샛별〉4, 대륜중고등학교, 1955.
〈샛별〉11, 대륜중고등학교, 1961.
〈샛별〉13, 대륜고등학교 학도호국단, 1963.
〈샛별〉16, 대륜고등학교 학도호국단, 1968.
〈샛별〉17, 대륜중고등학교, 1969.
〈샛별〉18, 대륜고등학교 학도호국단, 1970.
〈샛별〉19, 대륜고등학교 학도호국단, 1971.
〈샛별〉20, 대륜고등학교 학도호국단, 1972.
〈샛별〉22, 대륜고등학교, 1974.
〈샛별〉23, 대륜고등학교 학도호국단, 1975.
〈샛별〉24, 대륜고등학교 학도호국단, 1976.
〈샛별〉25, 대륜고등학교 학도호국단, 1977.
〈샛별〉26 대륜고등학교 학도호국단, 1978.
〈샛별〉27, 대륜고등학교 학도호국단, 1979.

〈샛별〉졸업생 환송호, 계성여자중고등학교, 1955.
〈서문〉1, 서문여자고등학교, 1976.
〈서석〉1, 광주서석고등학교, 1976.
〈석란〉2, 한모문학 동인, 1963.
〈석란〉5, 대전고등학교, 1966.
〈석란〉6, 대전고등학교, 1967.
〈석란〉7, 대전고등학교 한모문학 동인회, 1968.
〈석란〉14, 대전고등학교 한모문학 동인회, 1975.
〈석란〉17, 대전고등학교 한모문학 동인회, 1978.
〈선녀원〉12, 대성여자 종합고등학교, 1972.
〈선농단〉5, 서울대 사범대 부속중고등학교, 1955.
〈선농단〉8, 서울대학교 사범대학 부속고등학교, 1958.
〈선농단〉17, 서울대학교 사범대학 부속고등학교, 1969.
〈선린〉1, 선린중학교, 1970.
〈선린〉6, 선린상업고등학교, 1958.
〈선인〉1, 선인중, 종합고등학교, 1970.
〈선인장〉19, 의정부고등공민학교 문예부, 1968.
〈선화〉1, 선화여자상업고등학교, 1971.
〈성공〉6, 성동공업고등학교, 1961.
〈성광〉8, 성광중고등학교, 1969.
〈성광〉14, 성광중고등학교, 1974.
〈성광〉17, 성광중고등학교, 1977.
〈성광〉19, 성광중고등학교, 1979.
〈성남〉5, 성남중고등학교 학예부 문예반, 1960.
〈성동〉10, 성동중고등학교 문예반, 1964.
〈성북〉1, 성북중고등학교, 1963.
〈성수〉1, 성수여자 중상업고등학교, 1970.
〈성심〉3, 성심여자중고등학교, 1965.
〈성암〉14, 성암여자 중상업고등학교, 1972.
〈성여원〉11, 대성여자 종합고등학교, 1972.
〈성우〉11, 청주 대성중학교, 1970.
〈성원〉3, 대성여자 중종합고등학교, 1964.
〈성지〉4, 마산성지여자중고등학교, 1959.
〈성지〉5, 마산성지여자중고등학교, 1962.
〈성지〉12, 성지여자중고등학교 1971.
〈성지 예원〉2, 마산성지여자중고등학교, 1956.
〈성지 예원〉3, 마산성지여자중고등학교, 1956.
〈성화〉1, 강화중고등학교, 1971.
〈세광〉2, 세광중고등학교, 1968.
〈세광〉3, 세광중고등학교, 1969.
〈소사벌〉10, 평택고등학교, 1978.
〈소양강〉15, 춘천고등학교, 1967.
〈소양강〉17, 춘천고등학교, 1966.
〈솔〉12, 전주공업고등학교, 1964.
〈송곡〉3, 왕신고등공민학교, 서울경리고등 기술학교, 1966.
〈송곡〉8, 성동산업전수학교, 1969.
〈송곡〉1, 송곡여자중학교, 1973.
〈송설〉7, 김천중고등학교, 1963.
〈수련〉1, 소명여자중, 종합고등학교, 1973.
〈수산〉1, 영동여자중, 종합고등학교, 1974.
〈수선〉15, 대구남산여자고등, 신명여자중학교, 1972.

〈수송〉1, 월성중학교, 경주상업고등학교, 1975.
〈수심〉2, 대구남산여자고등, 신명여자중학교, 1959.
〈수심〉17, 대구남산여자고등학교, 신명여자중학교, 1973.
〈숙명〉30, 숙명여자중고등학교, 1971.
〈순심〉4, 순심중고등학교, 1965
〈순심〉5, 순심중고등학교, 1966
〈순심〉6, 순심중고등학교, 1967.
〈숭덕〉1, 숭덕중학교, 1970.
〈숭덕〉3, 숭덕여자고등학교, 1990.
〈숭우〉24, 광주숭일중고등학교, 1978.
〈숭의〉5, 숭의여자중고등학교, 1959.
〈숭의〉20, 숭의여자중고등학교, 1975.
〈슬기탑〉2 강서여중 1973.
〈승학〉1, 부산서여자중학교, 1973.
〈신경〉1(13권) 신경여자중학교, 신경여자상업고등학교, 1977.
〈신광〉4, 신광여자중고등학교, 1961.
〈신진〉1, 신진공업고등학교, 1977.
〈신흥〉10, 충남중학교, 1967.
〈신흥〉13, 충남중학교, 1970.
〈신흥〉14, 충남중학교, 1971.
〈신흥〉15, 충남중학교, 1972.
〈신흥〉16, 충남중학교, 1973.
〈심인〉1, 심인고등학교, 1979.
〈쌍백선〉16, 경남중학교, 1958.
〈쌍백선〉24, 경남중학교, 1966.
〈쌍백선〉25, 경남중학교, 1967.
〈쌍수〉2, 공주고등학교, 1957.
〈쌍수〉3, 공주고등학교, 1958.
〈쌍수〉4, 공주고등학교, 1960.
〈양지〉2, reading club, 1956.
〈여울〉3, 양평중농업고등학교, 1969.
〈영강〉2, 문경중학교, 1960.
〈영남〉1, 영남중고 문예반, 1953.
〈영남〉11, 영남중고등학교, 1975.
〈영남〉12, 영남중고등학교, 1978.
〈영도여고〉1, 영도여자고등학교, 1979.
〈영동〉2, 영동고등학교, 1978.
〈영락〉1, 영락중, 상업고등학교, 1978.
〈영란〉1, 이화여자대학교 병설 영란여자중, 상업고등학교, 1974.
〈영신〉3, 영신여자중고등학교, 1964.
〈영신〉6, 중앙대학교 사범대학 부속여중고, 1967.
〈영천〉1, 영천중학교, 1971.
〈영천〉1, 영천중학교, 1975.
〈예성〉4, 충주고등학교, 학도호국단, 1956.
〈오랑가〉1, 대전대신중학교, 1971.
〈오랑가〉2, 대전대신중학교, 1973.
〈옥댕기〉1, 대전성모여자고등학교 제2학년 4반, 1977.
〈옥샘〉24, 동래여자고등학교, 1971.
〈옥수〉1, 옥수여자중학교, 1971.
〈옥저〉9, 대구공업고등학교, 1966.
〈옥저〉10, 대구공업고등학교, 1967.
〈옥저〉12, 대구공업고등학교, 1969.
〈옥저〉14, 대구공업고등학교, 1974.
〈옥저〉15, 대구공업고등학교, 1976.
〈옥저〉17, 대구공업고등학교, 1978.
〈옥저〉18, 대구공업고등학교, 1979.
〈왕좌〉1, 협성상업고등학교, 1959.

〈왕희〉8, 대신중고등학교, 1969.
〈용광로〉19, 부산공업고등학교, 1971.
〈용광로〉21, 부산공업고등학교, 1973.
〈용마루〉1, 인하공과대학 부설중학교, 1971.
〈우석〉1, 우석상업고등학교, 1970.
〈우석〉2, 우석고등학교, 1977.
〈우신〉1, 우신중고등학교, 1976.
〈우암〉9, 청주상업고등학교, 1959.
〈우암〉10, 청주상업고등학교, 1960.
〈우암〉20, 청주상업고등학교, 1969.
〈우암〉24, 청주상업고등학교, 1973.
〈우애〉16, 성신중고등학교, 1960.
〈우애〉22, 성신중고등학교, 1963.
〈운봉〉1, 운봉공업고등학교, 1973.
〈울타리〉1, 송도고등학교 제1학년 3반, 1971.
〈원화〉11, 원화여자중고등학교, 1972.
〈유등문학〉2, 충남고등학교 청운령문학 동인회, 1975.
〈유란〉6, 대구여자고등학교, 1963.
〈유신〉1, 유신고등학교, 1975.
〈유한〉1, 유한공업고등학교, 1978.
〈은구〉1, 해송고등학교 학도호국단, 1977.
〈은원〉2, 부산 중앙여자중학교, 1964.
〈의화〉5, 한성여자중고등학교, 1962.
〈의화〉12, 한성여자중고등학교, 1969.
〈이원〉4, 이화여자대학교 사범대학 부속 중고등학교 학예부, 1959.
〈인수봉〉2, 수유중학교, 1977.
〈인수봉〉4, 수유중학교, 1978.
〈인일〉10, 인일여자고등학교, 1972.
〈인창〉3, 인창중고등학교, 1960.
〈인화〉1, 인화여자 중종합고등학교, 1970.
〈인화〉1, 인화여자중학교, 1971.
〈자수정〉1, 안양여자중, 상업고등학교, 1969.
〈작약〉1, 인천박문여고, 1967.
〈장끼〉1, 광주중농업고등학교, 1970.
〈장미〉1, 면목여자중학교, 1970.
〈장미〉4, 면목여자중학교, 1973.
〈장안〉1, 장안중학교, 1973.
〈장충〉1(속간), 장충중고등학교, 1971.
〈장호〉1, 장호원중고등학교, 1969.
〈전고〉7, 전주고등학교, 1960.
〈절영도〉1, 부산남녀상고, 1964.
〈정신〉18, 정신여자중고등학교, 1977.
〈정화〉1, 정화여자중고등학교, 1977.
〈정화〉1, 정화여자중, 상업고등학교, 1965.
〈정화〉2, 정화여자상업고등학교, 1966.
〈조양〉2, 충남홍성중학교, 1965.
〈종현〉8, 계성여자중고등학교, 1975.
〈주성〉25, 청주중학교, 1960.
〈주성〉26, 청주중학교, 1961.
〈주성〉32, 청주중학교, 1967.
〈주성〉33, 청주중학교, 1967.
〈주성〉34, 청주중학교, 1968.
〈주성〉35, 청주중학교, 1969.
〈주성〉36, 청주중학교, 1970
〈죽순〉1, 현대중학교, 1979.
〈중동〉8, 중동중고등학교, 1963.
〈중동〉15, 중동중고등학교, 1969.
〈중동〉21, 중동중고등학교, 1975.
〈중앙〉10, 부산 중앙여자중학교, 1973.
〈중앙〉11, 대구 중앙중, 중앙상업고등학교, 1971.

〈중앙〉11, 대구 중앙중, 중앙상업고등학교, 1971.
〈중앙〉12, 대구 중앙중, 중앙상업고등학교, 1972.
〈중앙여상〉1, 부산중앙여자상업전수학교, 1975.
〈중화〉1, 중화중학교, 1973.
〈지원〉16, 이리여자중고등학교, 1967.
〈지원〉18, 이리여자중고등학교, 1969.
〈지축〉2, 경남공업고등학교, 1960.
〈지축〉7, 경남공업고등학교, 1962.
〈지축〉12, 경남공업고등학교, 1967.
〈진달래〉, 부리중 1-5, 1978.
〈진원〉1, 대전성모여중고등학교, 1976.
〈진주문학〉2, 삼현여자중고등학교, 1973.
〈참대〉5, 중앙여자중고등학교, 1958.
〈참대〉22, 중앙여자중고등학교, 1975.
〈창문〉12, 중앙대학교 사범대학 부속중고등학교, 1968.
〈창성〉20, 대전여자상업고등학교, 1979.
〈창포〉1, 부평여자중학교, 1973.
〈천운〉2, 충남여자고등학교, 1972.
〈청구〉10, 경남여자고등학교, 1966.
〈청남〉16, 대전중학교, 1968.
〈청란의 숨결〉, 성신여자고등학교, 1978
〈청람〉6, 대전중학교 학도호국단 1959.
〈청람〉9, 대전중학교, 1962.
〈청람〉14, 대전중학교, 1967.
〈청량〉2, 청량중학교 문예반, 1973.
〈청량〉3, 청량중학교 문예반, 1974.
〈청맥문학발표회〉15, 용산중고등학교, 1968.
〈청운〉1, 충남여자고등학교, 1970.
〈청운〉2, 청운중학교, 1973.
〈청운령〉8, 충남고등학교, 1970.
〈청운령〉11, 충남고등학교, 1975.
〈청운탑〉1, 충남고등학교 청소년적십자, 1975.
〈청운탑〉2, 충남고등학교 청소년적십자, 1976.
〈청원〉9, 대전상업고등학교, 1965.
〈청원〉18, 대전상업고등학교, 1974.
〈청조〉7, 부산고등학교, 1957.
〈청조〉9, 부산고등학교, 1959.
〈청조〉24, 부산고등학교, 1970.
〈청중〉39, 청주중학교, 1973.
〈청천〉4, 동아고등학교, 1960.
〈청파〉22, 선린중학교, 1960.
〈청포도〉21, 수원여자고등학교, 1976.
〈청포도〉24, 수원여자 고등학교, 1978.
〈청학〉26, 오산중고등학교, 1977.
〈청호〉7, 부산고등학교, 1957.
〈추풍령〉1, 추풍령중학교, 1976.
〈춘추〉5, 제물포고등학교, 인천중학교, 1960.
〈춘추〉8, 제물포고등학교, 인천중학교, 1963.
〈춘추〉9, 제물포고등학교, 인천중학교, 1964.
〈춘추〉10, 제물포고등학교, 인천중학교, 1965.
〈춘추〉12, 제물포고등학교, 인천중학교 1967.
〈춘추〉15, 인천중학교, 제물포고등학교. 1970.
〈춘추〉16, 제물포고등학교, 1972.
〈춘추〉17, 제물포고등학교, 1974.
〈춘추〉18, 제물포고등학교, 1975.

〈코스모스〉4, 대구제일여중, 1960.
〈크로바〉9, 인천여자고등학교, 1961.
〈크로바〉10, 상인천여자중학교, 인천여자고등학교, 1964.
〈크로바〉13, 인천여자고등학교, 1968.
〈크로바〉15, 인천여자고등학교, 1969.
〈탑〉8, 조선대학교 부속고등학교, 1961.
〈팔마〉14, 순천중고등학교, 1968.
〈팽나무〉6, 강경산업고등학교, 1959.
〈팽나무〉12, 강경상업고등학교, 1971.
〈팽나무〉17, 강경상업고등학교, 1975.
〈팽나무〉20, 강경상업고등학교, 1978.
〈풍문〉7, 풍문여자중고등학교, 1960.
〈풍문〉13, 풍문여자중고등학교, 1967.
〈학소〉3, 주문진중학교 학도호국단 1960.
〈학원〉19, 경복중고등학교, 1959.
〈학원〉22, 경복중고등학교, 1960.
〈학원〉24, 경복중고등학교, 1962.
〈학원〉26, 경복중고등학교, 1964.
〈학해〉7, 경동고등학교, 1956.
〈학해〉8, 경동고등학교, 1957.
〈학해〉13, 경동중고등학교 문예반, 1965.
〈학해〉14, 경동중고등학교 문예반, 1966.
〈학해〉15, 경동중고등학교 문예반, 1967.
〈학해〉21, 경동고등학교, 1972.
〈학해〉22, 경동고등학교, 1973.
〈학해〉25, 경동고등학교, 1977.
〈학해별보〉15, 경동중고등학교, 1959.
〈학해별보〉21, 경동중고등학교, 1960
〈한가람〉1, 서울여자중학교, 1974.
〈한결〉1, 서울대학교 사범대학 부속여자중학교, 1970.
〈한모〉8, 대전고등학교, 1958.
〈한모〉9, 대전고등학교, 1959.
〈한모〉12, 대전고등학교, 1962.
〈한모〉13, 대전고등학교, 1963.
〈한모〉14, 대전고등학교, 1964.
〈한모〉16, 대전고등학교, 1966.
〈한모〉18, 대전고등학교, 1967.
〈한모〉19, 대전고등학교, 1969.
〈한모〉20, 대전고등학교, 1970.
〈한모〉21, 대전고등학교, 1971.
〈한모〉22, 대전고등학교, 1972.
〈한모〉24, 대전고등학교, 1974.
〈한모〉25, 대전고등학교, 1975.
〈한모〉26, 대전고등학교, 1977.
〈한모〉27, 대전고등학교, 1978.
〈한성〉16, 한성중고등학교, 1961.
〈한양〉1, 한양신학 부설 한양고등공민학교, 1967.
〈한양〉8, 한양중공업고등학교, 1967.
〈한영〉7, 한영중고등학교, 1968.
〈해송〉1, 마산경상고등학교 편집부, 1976.
〈해송〉2 마산경상고등학교 1977.
〈해양〉1, 부산해양고등학교, 1973.
〈해운〉1, 해운대중학교, 1978.
〈해음〉1, 주문진수산고등학교, 1967.
〈해전문화〉1, 목포해양고등전문학교, 1970.
〈향상〉6, 숙명여중고, 1959.
〈향토문화〉1, 장성여자중, 종합고등학교, 1970.
〈현우〉9, 제고 1-3반, 1966.
〈형설〉22, 서울중고등통신학교 고시학회, 1969.

〈호반〉13, 거창대성중, 종합고등학교, 1972.
〈호반〉14, 거창대성중, 종합고등학교, 1973.
〈호반〉17, 거창대성중, 종합고등학교, 1976.
〈호우〉1, 용산고등학교 동문회, 1974.
〈홍익〉1, 홍익여자중고등학교, 1970.
〈화원〉1, 화원중고등학교, 1974.
〈휘경〉1, 휘경중학교, 1973.
〈휘경〉5, 휘경중학교, 1976.
〈휘문〉30, 휘문고등학교, 1960.
〈휘문〉46, 휘문중고등학교, 1978.

저자소개

정경은

서울여대 문학박사, 고려대 비교문학박사.
현재 장로회신학대학교 강의연구교수.

저서

『한국 현대 민중가요사』(서정시학, 2008)
『박두진 박목월 김현승의 기독교시 연구』(한국학술정보, 2008)
『근대 학생들의 교지 만들기』(서정시학, 2012)
『한국 현대 시조 시인론』(월인출판사, 2013)
『기독교, 문학, 역사』(월인출판사, 2021)

* 이 책은 한국연구재단의 지원을 받았다. (연구번호 2020S1A5A2A01044813)

1950~1970년대 중고등학교 교지 소재 발굴 문헌 자료집

초판 1쇄 인쇄 2023년 12월 20일
초판 1쇄 발행 2023년 12월 31일

지은이 정경은
펴낸이 박성복
펴낸곳 도서출판 월인
주소 01047 서울특별시 강북구 노해로25길 61
등록 1998년 5월 4일 제6-0364호
전화 (02) 912-5000
팩스 (02) 900-5036
홈페이지 www.worin.net
전자우편 worinnet@hanmail.net

ISBN 978-89-8477-725-5 93810

값은 뒤표지에 있습니다.